AF464393

COLLECTION MICHEL LÉVY

CALEB WILLIAMS

Coulommiers. — Typog. A. MOUSSIN

ALEB WILLIAMS

OU

LES CHOSES COMME ELLES SONT

PAR

W. GODWIN

TRADUCTION PRÉCÉDÉE D'UNE NOTICE BIOGRAPHIQUE ET LITTÉRAIRE

PAR

AMÉDÉE PICHOT

TOME PREMIER

PARIS

MICHEL LÉVY FRÈRES, LIBRAIRES ÉDITEURS

RUE VIVIENNE, 2 BIS, ET BOULEVARD DES ITALIENS, 15

A LA LIBRAIRIE NOUVELLE

1868

NOTICE

SUR

WILLIAM GODWIN

ET SES OUVRAGES

Dans un de ses derniers écrits, William Godwin nous a donné quelques détails sur sa vie et ses ouvrages : cet écrivain si passionné, aimant en philosophie le paradoxe, en politique les théories hardies, en histoire les révolutions, et dans les romans les sentiments exaltés, ou ce qu'il appelle lui-même les tempêtes de l'âme ; l'auteur de la *Justice politique*, de l'*Histoire de la République d'Angleterre*, de *Caleb Williams* et de *Saint-Léon*, nous apprend qu'il fut toujours un esprit volontiers contemplatif, un travailleur patient, très-peu jaloux de se mêler au mouvement et à l'action, ou de courir après les grandes aventures. Sa biographie ne saurait avoir cet intérêt romanesque qui s'attache à Jean-Jacques Rousseau, à Byron et aux autres prosateurs ou poëtes auxquels la critique l'a quelquefois comparé. Nous devons donc nous contenter de placer en tête du principal roman de Godwin, quelques détails plus bibliographiques que biographiques.

William Godwin naquit le 3 mars 1756 à Wisbeach, dans le comté de Cambridge. Fils et petit-fils d'un ministre dissident, enfant remarquable, nous dit-il, par sa docilité et son goût pour l'instruction, on put facilement le décider à se destiner, comme son grand-père et son père, aux fonctions ecclésiastiques. Il dirigea pendant cinq ans un petit troupeau d'unitaires, prêcha exactement et publia même un volume de sermons; mais, au bout de ce terme, soit qu'il fût déjà dégoûté de sa paisible existence de pasteur, soit qu'un voyage qu'il fit à Londres imprimât tout à coup un autre cours à ses idées, il laissa là ses ouailles et préféra vivre obscurément de sa plume dans la capitale. C'était en 1783, il était pauvre : il ne nous dit pas quels furent les écrits qui lui procurèrent de quoi vivre; mais ils le recommandèrent sans doute aux hommes politiques de l'opposition, car il fréquenta Fox et Sheridan, se lia avec Hardy, Horne Tooke, Holcroft et Thelwal; et, quand la crise de 1789 éclata en Europe, l'ex-pasteur unitaire fut un de ces publicistes qui saluèrent avec enthousiasme la Révolution française.

Son ouvrage sur la *Justice politique*, publié en 1793, se ressent de ses opinions démocratiques. Cet ouvrage fit du bruit et provoqua une vive polémique. Quelques amis de l'auteur, surtout les quatre derniers que nous venons de nommer, étaient encore plus exaltés que lui; ils se compromirent au point d'être cités en justice : procès fameux dans les annales du barreau anglais. Godwin faillit être prévenu de conspiration avec ses amis; mais cela ne lui ôta pas le courage de les défendre par un pamphlet qui eut une immense publicité. Grâce à ce plaidoyer éloquent, il put même s'attribuer en partie le verdict de leur acquittement.

Les opinions politiques de Godwin se retrouvent dans l'ouvrage qu'il fit succéder à la *Justice politique :* il est très-probable que l'idée première de *Caleb Williams* était une satire des institutions anglaises ; il en reste bien quelque chose encore ; mais, dans la chaleur de la composition, Godwin se laissa volontiers aller à développer la partie purement romanesque de son sujet, et nous n'avons qu'à nous en féliciter, car il en est résulté un beau roman philosophique plutôt qu'une œuvre d'opposition partiale, un de ces ouvrages qui se placent dans la littérature à côté des plus originales créations du génie. Godwin consacra une année entière à cette composition. Son libraire, M. Robinson, s'était engagé à le nourrir et à lui faire une avance mensuelle jusqu'à l'achèvement du dernier volume. Il attendit le manuscrit avec une généreuse patience dont il fut bien récompensé par le succès. Peut-être, sans le désir qu'avait l'auteur de s'acquitter avec l'éditeur, *Caleb* n'eût pas vu le jour ; car, Godwin ayant montré une partie de son travail à un ami, celui-ci lui conseilla franchement de le jeter au feu, de peur que le public n'en fît justice.

« Ce sera, lui déclara-t-il, le tombeau de votre réputation littéraire. »

Godwin fut pendant quelques jours fort embarrassé, tant un pareil avis, de quelque part qu'il vienne, décourage facilement un pauvre auteur, et Godwin n'avait pas de ces vanités imperturbables qui n'ont foi qu'en elles-mêmes ; mais enfin il reprit confiance, et le public donna tort à son critique.

Godwin nous a révélé que, pour se monter l'imagination, il lisait dans les intervalles de sa composition quelque histoire sombre, tantôt la *Vie des pirates et flibustiers*, tantôt ces annales du crime connues en Angleterre sous le titre de *Calendrier de Newgate*, ou tout autre ouvrage bien terrible et bien lamentable. Parmi tous ces livres, il ajoute que celui qui lui fit le plus d'impression contenait les *Aventures de mademoiselle de Saint-Phal*, protestante française, qui, à l'époque de la Saint-Barthélemy, parcourut la France en se déguisant avec soin, et qui, à travers mille périls, échappa à ses persécuteurs. C'est faire remonter à une source toute française les aventures de Caleb Williams, d'autant plus que Godwin prétend encore que, dans son admiration pour un conte de Perrault, qu'il regardait comme un modèle du genre terrible, il s'était proposé de calquer son Falkland sur Barbe-Bleue. « Falkland, dit-il, était mon Barbe-Bleue, qui, ayant commis des crimes atroces, vit dans la crainte perpétuelle d'être dénoncé à la vengeance des hommes. Caleb Williams était sa femme; Caleb, en effet, en dépit de ses avertissements réitérés, persiste à vouloir découvrir le secret défendu, et, après avoir réussi, tente en vain d'échapper aux conséquences de sa fatale curiosité; semblable à la femme de Barbe-Bleue, qui s'efforce de laver la clef de la chambre sanglante et n'a pas plus tôt fait disparaître la tache de sang qu'elle la voit reparaître avec une effrayante obstination. »

Voilà, certes, une humble origine pour cette grande conception de Falkland, qui n'en est pas moins un caractère digne de la haute tragédie. Nous ne sommes, hélas ! que trop accoutumés depuis quelque temps aux effets du procédé contraire : que de nobles sujets de tragédie et de roman, qui dégénèrent en mélodrames ou en contes surannés ! —soit dit sans faire le moindre tort à Barbe-Bleue, que nous n'estimons pas moins que ne l'estimait Godwin.

De 1794 à 1797 l'auteur de *Caleb Williams* publia une suite d'*Essais politiques* (*the Enquirer*), tendant à développer les principes de son premier ouvrage. Sa réputation de publiciste marcha donc de pair avec sa réputation de romancier. Ce fut la première qui le recommanda surtout à une femme célèbre qui défendait courageusement les droits de son sexe par une polémique sérieuse, Mary Wollstonecraft, mâle génie qui n'était pas sans quelque analogie de caractère avec madame de Staël et une seconde Corinne non moins éloquente et plus hardie dans ses théories que la première. Mary Wollstonecraft avait le légitime orgueil de se croire supérieure à beaucoup d'écrivains de l'autre sexe. Mais elle s'humilia devant l'ardent et amoureux Godwin, qui l'épousa.

Ce mariage fut naturellement un événement littéraire; Godwin ne fut pas peu glorieux de l'avoir emporté sur de nombreux rivaux, les uns riches, les autres très-haut placés dans le monde intellectuel; il fut plus glorieux encore de rendre sa femme mère : il a assez vécu pour voir sa fille épouse d'un grand poëte et digne de porter son nom aussi bien que celui de Godwin. Malheureusement Mrs. Godwin ne survécut pas à la naissance de celle qui devait être Mrs. Shelley.

Godwin éprouvait le besoin de consacrer littérairement le souvenir des neuf mois de bonheur domestique qu'il avait dus à une femme aimée et admirée. Il composa son roman de *Saint-Léon*, dont l'héroïne a presque tous les attributs de Mary Wollstonecraft. Inférieur à *Caleb Williams*, parce que la fable en est moins naturelle, *Saint-Léon* eut tout autant de succès, et son influence en littérature a peut-être été plus grande; car il a fait vraiment école : Brockden Brown en Amérique, Maturin en Irlande, se sont inspirés du *merveilleux* de *Saint-Léon*, sans parler d'une imitation plus récente de Harrison Ainsworth et de quelques compositions analogues de la Grande-Bretagne, de l'Allemagne et de la France, où nous retrouvons un reflet direct ou indirect de la fiction de Godwin, soit que le principal personnage ait bu, comme Saint-Léon, l'élixir de longue vie, soit qu'il ait donné son âme au diable ou volé au juif errant son immortalité nomade.

En 1800 Godwin visita l'Irlande; il s'y lia avec Curran, Grattan et les autres patriotes irlandais. — En 1801 il se remaria avec une veuve aimable et belle, qui le rendit père d'un fils en 1803. Ce fils est devenu aussi un romancier, et quelques-uns de ses romans ont eu le succès de ceux de son père. En 1803 Godwin publia une vie du poëte Chaucer, biographie qui prouve une grande érudition; mais sous prétexte de peindre les mœurs du temps, le biographe sacrifie à des digressions pittoresques l'unité biographique. — En 1804 parut *Fleetwood*, roman inférieur aux deux premiers, quoiqu'on y reconnaisse encore la touche du maître. Après *Fleetwood*, ce ne fut qu'en 1817 que *Mandeville* rappela au public si oublieux que l'auteur de *Caleb Williams* écrivait encore.

Mandeville est un roman qui peut se placer à côté des meilleurs de Godwin; mais depuis deux ans un nouveau magicien littéraire avait surpris le secret des continuels succès. *Waverley* et *Guy Mannering* étaient déjà publiés. Pendant vingt ans le *grand inconnu* devait laisser dans l'ombre miss Edgeworth, lady Morgan et Godwin lui-même. Néanmoins celui-ci n'aurait pu se plaindre de son heureux rival. C'était Constable, l'éditeur de Walter Scott, qui lui avait demandé *Mandeville* lors d'une excursion qu'il fit à Edimbourg, où l'auteur de *Waverley* l'accueillit en frère et parla de lui à son éditeur comme du premier romancier de l'époque.

Godwin jugea prudent, malgré ce compliment, de laisser l'arène libre au nouveau champion, et il revint à son talent de publiciste, en faisant paraître une *Réfutation des doctrines de Malthus* (1820) ; puis, pendant huit ans, il s'occupa d'une *Histoire de la république d'Angleterre*, publiée en 1824, 1826, 1827 et 1828. — Un dernier roman, *Cloudesley*, fit quelque sensation en 1830, et prouva que le feu sacré n'était pas éteint dans l'imagination de l'auteur de *Caleb Williams*, plus que septuagénaire. Il s'occupa aussi d'une édition complète de ses autres fictions, faisant précéder chaque volume d'une préface nouvelle. L'ouvrage d'autobiographie (*Thoughts on man, his nature, productions and discoveries*), que nous avons cité en commençant cette courte notice, fut une sorte de testament philosophique qui couronna la carrière de Godwin.

Il nous reste quelques mots à dire sur cette nouvelle traduction de *Caleb Williams*. Il y a une vingtaine d'années qu'un éditeur nous confia la révision d'une traduction déjà fort ancienne, où nous rétablîmes d'abord de nombreuses suppressions et entre autres le poétique épisode de l'histoire de Laura, cette fille de l'Italie auprès de laquelle Caleb espère avoir trouvé enfin l'obscurité et le bonheur dans un coin du pays de Galles. Mais quand nous voulûmes collationner avec le texte les autres parties du roman, nos corrections devenaient si nombreuses que nous préférions souvent traduire de nouveau. C'est ce travail que nous avons encore une fois refait avec un nouveau soin, de manière à pouvoir y mettre loyalement notre nom et réclamer l'humble mérite de publier une version complète et scrupuleusement exacte. Si cette fidélité littérale nous a permis de respecter la langue française trop souvent sacrifiée par les traducteurs, c'est que le style de Godwin est réellement facile à reproduire.

AMÉDÉE PICHOT

PREMIÈRE

PRÉFACE DE L'AUTEUR

L'histoire suivante a un but plus général et plus important que le titre ne semble d'abord l'annoncer. La question agitée aujourd'hui dans le monde sur les CHOSES COMME ELLES SONT est la plus intéressante qu'on puisse proposer à l'esprit humain. Pendant qu'un parti réclame la réforme et les innovations, l'autre exalte la constitution existante de la société. Il m'a semblé que ce serait hâter la solution de cette question que de développer fidèlement dans ses effets pratiques cette constitution tant vantée. L'ouvrage offert aujourd'hui au public n'est point une abstraction ni un tableau idéal, mais une étude et une représentation exacte de ce qui se passe dans le monde moral. Ce n'est que depuis peu que la haute importance des principes politiques a été justement appréciée. Les philosophes reconnaissent enfin que l'esprit et le caractère du gouvernement se communiquent à tous les rangs de la société. Mais c'est là une vérité digne d'être enseignée aussi à ceux par qui les ouvrages de philosophie et de science ne sauraient jamais être compris. En conséquence, autant que pouvaient le permettre les accidents d'une seule vie, on s'est proposé, dans l'invention du livre suivant, d'embrasser une revue générale de toutes les formes de despotisme domestique par lesquelles l'homme devient le destructeur de l'homme. Si l'auteur a pu donner une utile leçon, sans rien ôter à l'intérêt qui est le point essentiel dans une composition de la nature de celle-ci, il croira pouvoir se féliciter d'avoir choisi ce cadre [1].

12 mai 1794.

[1] Cette préface avait été omise dans la première édition à la prière des libraires.

AVERTISSEMENT

PLACÉ EN TÊTE DE L'ÉDITION DE 1841

Ce roman fut publié pour la première fois en mai 1794, dans le même mois où éclata le complot sanguinaire contre la liberté anglaise, complot si heureusement terminé à la fin de la même année par l'acquittement des premières victimes qu'on avait désignées, Thomas Hardy, John Horne Tooke, Thomas Holcroft, etc. La terreur était à l'ordre du jour, et l'on craignait qu'un romancier ne pût être aussi dénoncé comme coupable de haute trahison. Tous les amis des vrais intérêts de l'humanité se féliciteront avec l'auteur des grands progrès qu'a faits depuis la cause de la liberté et de l'intelligence.

WILLIAM GODWIN

Avril 1841.

CALEB WILLIAMS

I

Ma vie est depuis plusieurs années un drame composé d'une succession de calamités. Je me suis vu en butte aux poursuites d'une tyrannie vigilante, et je n'ai pu lui échapper; mes plus nobles espérances d'avenir ont été anéanties; mon ennemi s'est montré inaccessible aux prières et infatigable dans la persécution. Il a immolé ma réputation et mon bonheur. Tous ceux qui ont connu mon histoire ont refusé de me secourir dans ma détresse et ont exécré mon nom. Je ne méritais pas ce traitement. J'en appelle au témoignage de ma conscience, quoique le monde repousse ma prétention de paraître innocent. Hélas! il y a peu à espérer que j'échappe aux piéges qui m'environnent de toutes parts. Si j'ai été poussé à rédiger ces mémoires, ce n'est que par le désir de distraire mon esprit de ma situation déplorable, avec la timide pensée que la postérité pourra

me rendre, en les lisant, la justice qui m'est déniée

par mes contemporains. Dans mon histoire, du moins, on remarquera cette logique qui n'accompagne en général que la vérité.

Je suis né dans une des provinces éloignées de l'Angleterre, d'une famille pauvre et obscure. Mes parents, livrés aux travaux auxquels les paysans sont généralement destinés, ne pouvaient me donner de leur vivant qu'une éducation protégée contre les piéges ordinaires de la corruption, et après eux une honnête réputation pour héritage : héritage, hélas! perdu depuis longtemps pour leur malheureux fils. On me fit apprendre, pour toute science, à lire et à écrire, avec les éléments de l'arithmétique; mais j'avais l'esprit curieux, très-avide d'instruction, et je ne négligeai aucun des moyens que la conversation ou la lecture pouvaient me fournir pour acquérir des connaissances : aussi mes progrès allèrent-ils plus loin que ma situation ne semblait le permettre.

Quelques autres circonstances ne laissèrent pas dans la suite d'exercer leur influence sur l'histoire de ma vie. D'une taille un peu au-dessus de la moyenne, sans être en apparence d'une constitution athlétique, j'étais pourtant doué d'une vigueur et d'une agilité peu communes. J'avais les membres souples, et j'étais fait pour exceller dans tous les exercices de la jeunesse; mais les habitudes de mon esprit ne me portaient guère à placer ma vanité dans ce genre de supériorité. La gaieté bruyante des jeunes galants du village ne m'inspirait que de l'aversion, et je préférai me faire remarquer à mon avantage en me montrant très-rarement à leurs amusements. Néanmoins mes méditations solitaires ne laissaient pas que de se ressentir de mes exercices. Je me plaisais à la lecture des tours d'adresse : rien ne m'intéressait autant que ces histoires dont les héros trouvaient dans leur force ou leur dextérité des moyens de surmonter tous les obstacles. Je m'appliquai surtout aux inventions mécaniques, et j'y donnai une grande partie de mon temps.

Le mobile qui peut-être plus que tout autre caractérisa ma vie entière fut la curiosité. C'est ce mobile qui fit de moi un esprit inventif et une sorte de savant par nature : j'étais désireux de remonter à la source de tout effet ou à la cause de tout résultat, et de me rendre compte de toutes les solutions imaginées pour les phénomènes de l'univers. De là encore mon amour invincible des livres romanesques. L'explication d'une aventure me faisait éprouver une anxiété presque égale à celle de l'homme dont le malheur ou le bonheur futur dépendait du dénouement. Je lisais, je dévorais ces sortes de récits. Ils prenaient possession de mon âme : leur influence se faisait ressentir souvent dans l'expression de mes traits et dans ma santé. Ma curiosité cependant n'était pas tout à fait vulgaire : les anecdotes et la médisance du village n'avaient aucun attrait pour moi. Mon imagination avait besoin d'être excitée, sinon ma curiosité s'éteignait bientôt.

La demeure de mes parents était située dans la seigneurie de Ferdinando Falkland, squire de province[1] extrêmement riche. L'intendant de ce gentilhomme, M. Collins, qui avait occasion de venir de temps en temps chez mon père, me distingua de fort bonne heure; charmé des progrès qu'il me voyait faire, il parla à son maître de mon esprit et de mes dispositions naturelles dans les termes les plus favorables.

Dans l'été de l'année.... M. Falkland, après une absence de plusieurs mois, vint visiter la terre qu'il possédait dans notre province. Ce fut là pour moi une date funeste; j'avais alors dix-huit ans, mon père venait de mourir; j'avais perdu ma mère quelques années avant. C'est dans cet état de délaissement que je reçus, à mon grand étonnement, un message de la part du squire pour me rendre au château le lendemain de la mort de mon père.

J'avais étudié dans les livres, mais il me manquait la connaissance pratique des hommes; jamais je n'avais eu occasion de me présenter devant une personne d'un rang aussi élevé, et je ne pus me défendre, en cette circonstance, d'un peu d'embarras mêlé de crainte. Je trouvai dans M. Falkland un homme d'une petite taille, avec les formes les plus délicates. Au lieu de ces visages rudes et sans flexibilité que j'avais l'habitude de voir, c'était une physionomie où il n'y avait pas un muscle et pas un trait qui ne fussent comme l'expression d'une pensée significative. Ses manières étaient douces, affables, pleines de bonté : ses yeux étaient vifs;

[1] Le *squire* est, en Angleterre, le propriétaire principal d'un domaine : ce mot correspond à celui de *laird* en Écosse.

mais il régnait dans son maintien une sorte de réserve et de dignité, je ne sais quoi de solennel que mon peu d'expérience me fit regarder comme une prérogative attachée à sa haute naissance, un moyen donné aux grands pour maintenir la distance qui les sépare de leurs inférieurs. Ses regards, qui souvent erraient douloureusement et avec inquiétude de tous côtés, décelaient l'agitation et la mélancolie de son âme.

Il m'était impossible de désirer une réception plus gracieuse et plus propre à m'encourager que celle que je reçus. M. Falkland me fit quelques questions sur mes études et sur les idées que je m'étais formées des hommes et des choses ; il écouta mes réponses avec condescendance et approbation. Son affabilité m'enhardit, je me sentis beaucoup plus sûr de moi, quoique je fusse encore gêné par la dignité qu'il conservait toujours dans son maintien, quelques grâces qu'il y mît d'ailleurs. Quand la curiosité de M. Falkland fut satisfaite, il m'apprit qu'il avait besoin d'un secrétaire; que je lui paraissais avoir toutes les qualités propres pour être le sien, et que, si dans le changement d'état où je me trouvais par la mort de mon père, un pareil emploi pouvait me convenir, il me prendrait volontiers dans sa maison.

Cette proposition me flatta beaucoup, et ma reconnaissance éclata dans les expressions de ma réponse. Aidé de M. Collins, je disposai bien vite du peu de bien qu'avait laissé mon père. Il ne me restait plus dans le monde un seul parent dont je pusse réclamer la tendresse et les bons offices; mais, bien loin de me sentir effrayé de cet abandon, je me livrais aux visions les plus brillantes sur le poste que j'allais occuper. J'étais loin de soupçonner que cette gaieté et cette douce insouciance dont j'avais joui jusqu'alors allaient bientôt me déserter pour jamais, et que le reste de mes jours était dévoué à des alternatives continuelles d'alarmes et de douleur.

Mon emploi était facile et agréable. Il consistait en partie à transcrire et à mettre en ordre quelques papiers, en partie à écrire, sous la dictée de mon maître, des lettres d'affaires ou quelques morceaux de littérature. Ceux-ci étaient pour la plupart des extraits analytiques de compositions de différents auteurs avec des réflexions et des idées nouvelles sur la matière qu'ils traitaient, et qui avaient pour objet ou de réfuter leurs erreurs, ou de pousser plus loin leurs découvertes. Tous ces essais portaient l'empreinte d'un esprit profond et élégant, riche en connaissances littéraires, doué d'une activité et d'une finesse de discernement peu communes.

Chargé des fonctions de bibliothécaire, aussi bien que de celles de secrétaire, je logeais dans la partie de la maison destinée aux livres. Là, mes moments auraient pu s'écouler dans la plus douce tranquillité, si ma nouvelle situation ne m'eût pas placé dans des circonstances totalement différentes de celles où j'étais naguère sous l'humble toit de mon père. La lecture et la méditation avaient de très-bonne heure absorbé toutes les facultés de mon esprit; je n'avais eu que très-peu de commerce avec les hommes; mais, dans ma résidence actuelle, mille motifs d'intérêt et de curiosité m'excitaient à étudier le caractère de mon maître, et je trouvais là un vaste champ pour mes conjectures et mes réflexions.

Il était impossible de mener une vie plus retirée et plus solitaire que la sienne. Les lieux de divertissement, les amusements ordinaires du monde n'avaient aucun attrait pour lui ; il évitait les lieux de réunion, et ne paraissait pas chercher un dédommagement de cette privation de la société dans les épanchements de l'amitié. Il semblait absolument étranger à tout ce qu'on nomme communément les plaisirs. A peine le voyait-on quelquefois sourire, et cette teinte de mélancolie qui annonçait les pensées douloureuses de son âme, ne l'abandonnait pas un seul instant. Cependant le fond de son caractère ne paraissait pas porté à une morosité misanthropique. Il était compatissant et rempli d'égards pour les autres, sans jamais sortir toutefois de son maintien froid et réservé. Son extérieur et sa conduite étaient faits pour intéresser vivement tout le monde en sa faveur; mais les démonstrations affectueuses qu'on aurait été tenté de lui faire, semblaient repoussées par l'air froid de son abord et son impénétrable réserve.

Tel était en général M. Falkland; mais son humeur était extrêmement inégale. Cette disposition maladive, qui lui donnait en tout temps une habitude de sombre méditation, avait ses paroxysmes de violence. Quelquefois il était emporté, quinteux et tyrannique; mais c'était moins l'effet d'un penchant à la dureté que du tourment intérieur de son âme; et, dès que le moment de réflexion était venu, on voyait qu'il cherchait à ne faire tomber que sur lui seul tout le poids de son malheur. Quelquefois il n'était plus maître de lui-même et paraissait comme dans un état de démence. Il se frappait la tête, il fronçait les sourcils, ses traits devenaient convulsifs et il grinçait des dents. Quand il sentait l'approche de ces symptômes, il se levait brusquement; quelle que fût l'affaire qui l'occupât, il l'abandonnait précipitamment et courait s'enfermer chez lui, où personne n'osait le troubler.

Il ne faut pas croire que tout ce que je viens de dire pût être remarqué par les personnes qui l'entouraient; moi-même je ne l'ai appris que successivement, et après beaucoup de temps. Quant aux domestiques en général, ils voyaient très-peu leur maître. Excepté moi, à cause de la nature de mes fonctions, et M. Collins, son plus ancien serviteur et le plus considéré de tous, aucun d'eux n'approchait M. Falkland qu'à des heures fixes et pour très-peu de moments. Ils ne le connaissaient que par sa bienfaisance et son inflexible intégrité, principes qui semblaient régler toutes ses actions; encore qu'ils se permissent quelquefois des conjectures sur ses singularités, ils ne le regardaient pas moins avec une sorte de vénération et comme un être d'un ordre supérieur.

Il y avait déjà trois mois que j'étais au service de

mon protecteur, lorsqu'un jour je m'avisai d'entrer dans un cabinet séparé de la bibliothèque par une galerie étroite qu'éclairait une simple lucarne. Je n'imaginais pas qu'il y eût quelqu'un dans cet endroit, et je n'y allais que pour y placer quelque chose afin d'être sûr de le retrouver. En ouvrant la porte, j'entends au moment même un long gémissement qui était comme l'expression d'une angoisse intolérable. Le bruit de la porte parut alarmer la personne qui était dans la pièce; je distinguai comme le son du couvercle d'un coffre qu'on baissait avec précipitation et d'une serrure qu'on fermait. Je présumai alors que M. Falkland était là, et je me hâtais de me retirer, lorsqu'une voix, qui me parut singulièrement terrible, s'écria : « Qui est là ? » c'était la voix de M. Falkland. Ce cri me glaça d'effroi : je voulus répondre, mais la parole me manqua, et, dans l'impuissance de parler, je m'avançai machinalement dans la pièce en dedans de la porte. M. Falkland ne faisait que de se lever de dessus le parquet où il avait été assis ou agenouillé; son maintien portait toutes les marques de l'embarras et de la confusion. Toutefois un effort violent dissipa bientôt ces premiers symptômes, qui firent place à un visage étincelant de fureur. « Misérable, me dit-il, que venez-vous faire ici? » Je balbutiai quelques mots d'excuse. « Traître! s'écria M. Falkland en m'interrompant avec une impatience qu'il ne pouvait contenir, vous vous attachez à mes pas comme un espion. Je vous ferai cruellement repentir de votre insolence. Croyez-vous que je souffrirai impunément que vous veniez guetter ainsi toutes mes actions? » Je cherchai à me défendre. « Va-t'en, démon d'enfer! s'écria-t-il : sors d'ici, ou je vais t'écraser sous mes pieds. »

En parlant ainsi, il s'avança sur moi; mais j'étais déjà assez effrayé, et je disparus bien vite. J'entendis la porte se refermer avec violence. Ainsi finit cette scène extraordinaire.

Le soir je revis M. Falkland : il me parut assez bien remis; ses manières, qui étaient toujours affables, furent alors beaucoup plus attentives et plus caressantes; on aurait dit qu'il avait sur le cœur quelque chose dont il voulait se débarrasser, mais qu'il manquait de paroles pour l'exprimer. Je le regardai avec un air mêlé d'inquiétude et d'affection. Il fit plusieurs efforts pour parler, mais sans succès; il secoua la tête, et puis me mettant cinq guinées dans la main, il me la pressa d'une manière qui me révélait que son âme était agitée d'émotions contradictoires, mais qu'il m'était impossible alors d'interpréter. Presque aussitôt d'ailleurs je le vis se recueillir en lui-même et se retrancher dans sa réserve et sa solennité habituelles.

Je compris bien que le secret était une des choses qu'il attendait de moi : en effet, j'avais l'esprit trop disposé à méditer sur ce que j'avais vu et entendu pour aller indiscrètement le communiquer à d'autres. Toutefois il se trouva que ce soir même je soupai avec M. Collins, ce qui arrivait rarement, parce que ses affaires le retenaient souvent dehors. Il ne put s'empêcher de remarquer dans mon air quelque chose d'étrange qui anonçait de l'inquiétude et du chagrin, et il m'en demanda affectueusement la cause. Je cherchai à éluder ses questions, mais ma jeunesse et mon peu d'expérience du monde ne pouvaient que me trahir. D'ailleurs, j'étais habitué à regarder M. .Collins comme une personne digne de tout mon attachement et de toute ma confiance; il me sembla que, vu la position où il était, il y avait peu d'inconvénient à le prendre pour mon confident. Je lui racontai dans le plus grand détail tout ce qui s'était passé, et je terminai par une ferme déclaration que, bien que j'eusse été la victime d'un véritable caprice, je n'étais nullement inquiet pour mon propre compte; qu'aucun danger, aucune considération d'intérêt personnel ne me ferait jamais faiblir dans ma conduite; mais que j'étais uniquement touché du sort de mon malheureux maître, qui, au milieu de tous les avantages faits pour conduire au bonheur et avec tout ce qui peut en rendre digne, me paraissait livré à un état de souffrance non mérité.

M. Collins, pour répondre à cette communication, m'apprit quelques autres incidents de même ature venus aussi à sa connaissance, et il me dit que de tout cela il ne pouvait guère s'empêcher de conclure que notre infortuné maître avait de temps en temps l'esprit un peu dérangé. « Hélas! ajouta-t-il, il n'a pas toujours été de même. Ferdinando Falkland fut autrefois le plus gai des hommes; non as qu'il eût cette gaieté désordonnée qui n'inspire guère que du mépris et qui est plutôt l'indice d'une légèreté naturelle que du contentement de l'âme. Sa gaieté n'était jamais sans quelque dignité; c'était la gaieté des nobles cœurs et des hautes intelligences comme voilée d'une nuance de raison et de sentiment, elle ne s'écartait jamais du goût ni de la décence. Telle qu'elle était cependant, cette gaieté annonçait une humeur naturellement enjouée, qui donnait un charme extraordinaire à sa conversation. Sa présence faisait les délices de tous les cercles. Croyez-moi, mon cher Williams, vous ne voyez plus qu'un fantôme de ce Falkland recherché par les hommes de mérite et adoré des femmes. Sa jeunesse, dont le début éclatant avait donné les plus hautes espérances, s'est flétrie soudain. Sa sensibilité a été paralysée par une suite d'événements de la nature la plus mortifiante et la plus cruelle pour une âme comme la sienne : après s'être nourri des rêves d'un honneur visionnaire, il prétend que la blessure reçue par son orgueil n'a plus laissé survivre que la partie la plus grossière, l'enveloppe purement matérielle Falkland. »

Ces réflexions de mon ami Collins ne servirent qu'à irriter ma curiosité, et je le pressai d'entrer dans une explication plus étendue. Il ne se fit pas beaucoup prier, pensant bien que, quelque réserve qu'il se fût imposée sur cet article, sa discrétion eût été déplacée à mon égard, et regardant comme assez probable que, sans l'état de trouble et d'agitation où il était, M. Falkland lui-même aurait été disposé à me faire la même confidence. Afin de donner à cette succession d'événements toute la clarté possible, je joindrai au récit que me fit alors M. Collins divers éclaircissements que j'ai reçus d'ailleurs dans la suite. Au premier coup d'œil, le lecteur pourra croire que ces détails de la vie passée de M. Falkland sont étrangers à mon histoire. Hélas! une cruelle expérience me fait sentir le contraire : en retraçant ses infortunes, mon cœur saigne comme si elles étaient les miennes propres. Comment pourrait-il en être autrement? ma destinée tout entière a été liée à son histoire : c'est parce qu'il fut malheureux que mon bonheur, mon nom, toute mon existence ont été à jamais flétris.

II

Parmi les auteurs qui firent les délices de la première jeunesse de Falkland étaient les poëtes héroïques de l'Italie; c'est dans leurs ouvrages qu'il puisa l'amour de la chevalerie et des actes romanesques. Ce n'est pas qu'il n'eût trop de bon sens pour regretter le temps de Charlemagne ou d'Arthur; mais en même temps qu'une dose de philosophie calmait son imagination, il se figurait que dans les mœurs dépeintes par ces poëtes célèbres il y avait quelque chose à imiter aussi bien que quelque chose à éviter. Rien n'était plus propre, selon lui, à rendre un homme brave, humain et généreux, qu'une âme sans cesse exaltée par les sentiments de l'honneur et de la noblesse. Sa conduite répondit aux opinions qu'il s'était formées à cet égard, et il eut grand soin de la régler sur le modèle d'héroïsme que lui offrait son imagination.

Tels étaient ses sentiments, lorsqu'à l'âge ordinaire il commença son tour d'Europe; les aventures qu'il eut furent plus propres à fortifier ses idées qu'à les ébranler. Son inclination le porta à s'arrêter plus longtemps en Italie, et là il se lia avec plusieurs jeunes seigneurs, dont les études et les opinions étaient conformes aux siennes, qui le recherchèrent avec empressement et lui donnèrent les marques les plus flatteuses de leur estime. Ils étaient charmés de voir un étranger adopter aussi vivement les principes qui caractérisaient parmi eux les hommes les plus distingués et les plus accomplis. Le beau sexe ne le traita pas avec moins de faveur. Quoique de petite taille, il y avait dans toute sa personne un air de distinction peu ordinaire. Cet extérieur était alors relevé par d'autres qualités qui depuis se sont effacées : une vive expression de franchise et de naturel, l'ardeur et l'enthousiasme de la jeunesse. Jamais peut-être Anglais ne fut à ce point l'idole de la société italienne.

Il n'était pas possible que Falkland, enivré comme il l'était des idées de la chevalerie, n'eût pas de temps en temps quelques affaires d'honneur, et il les termina toutes d'une manière qui n'eût pas fait honte au chevalier Bayard lui-même. En Italie les jeunes gens de qualité se divisent en deux classes : ceux qui tiennent à la pureté des principes des anciens preux, et ceux qui, non moins chatouilleux sur le point d'honneur, ont à leur solde des *bravi* qu'ils emploient pour le moindre affront comme instruments de leurs vengeances. Ils ne varient, comme on voit, que dans la manière d'appliquer une règle généralement adoptée parmi eux. Le noble italien le plus généreux n'en pensera pas moins qu'il y a certaines personnes avec lesquelles on ne saurait se mesurer sans déshonneur. Or, comme, suivant lui, un outrage ne peut se laver que dans le sang, il est convaincu qu'auprès de la réparation due à son honneur offensé, la vie d'un homme n'est qu'une bagatelle. Il y a donc peu d'Italiens qui, dans certaines circonstances, se fissent scrupule d'un assassinat. Les nobles cœurs ne peuvent, malgré les préjugés de leur éducation, se défendre de sentir la bassesse d'une pareille lutte, et ils désirent étendre aussi loin que possible le cartel de l'honneur. Les autres, par une arrogance réelle ou affectée, s'accoutument à regarder tous les autres hommes comme d'une nature inférieure; et ce sentiment les porte, par une conséquence toute simple, à satisfaire leur vengeance sans exposer leur personne. M. Falkland eut affaire avec quelques-uns de ces derniers; mais il trouva dans la résolution et l'intrépidité de son caractère des ressources pour sortir avec avantage de rencontres aussi périlleuses. Je ne citerai qu'un exemple, entre beaucoup d'autres, de sa manière de se conduire au milieu d'un monde aussi fier et aussi impétueux. M. Falkland est le principal agent de l'histoire de mes malheurs, et il n'est pas possible de bien comprendre M. Falkland tel que je l'ai trouvé, dans son automne et dans le déclin de sa vigueur, sans avoir une connaissance parfaite de son caractère avant cette époque, lorsque, encore dans le feu de sa jeunesse, il n'avait pas essuyé lui-même les coups de l'adversité, et que les angoisses de la douleur ou du remords n'avaient pas brisé les ressorts de son âme.

Il fut reçu avec une distinction particulière à Rome, dans la maison du marquis Pisani, qui n'avait qu'une fille héritière de son immense fortune, et l'objet de l'admiration de toute la jeune noblesse de cette métropole du monde chrétien. Lucretia Pisani était grande, remplie de grâces, de dignité, et extraordinairement belle. Elle ne manquait pas de qualités aimables, mais elle était d'un caractère hautain, sujette à prendre souvent des airs fiers et dédaigneux. Ses charmes, son rang et l'adoration qui la suivaient partout nourrissaient son orgueil.

Parmi la foule de ses adorateurs, le comte Malvesi était celui que le père de Lucretia favorisait davantage, et sa fille ne l'écoutait pas avec indifférence. Le comte était un homme distingué en tous points, d'une grande intégrité et d'une humeur naturellement douce. Mais il aimait trop ardemment pour pouvoir conserver toujours l'affabilité de son caractère. Tous ces admirateurs dont les vœux flattaient sa belle maîtresse étaient pour lui un supplice perpétuel. Plaçant tout son bonheur dans la possession de cette beauté impérieuse, il s'alarmait des moindres circonstances qui lui semblaient porter atteinte au privilége de ses prétentions; mais par-dessus tous, le jeune Anglais était l'objet de sa jalousie. Le marquis Pisani, ayant passé plusieurs années en France, n'avait pas l'habitude des précautions soupçonneuses des pères de famille italiens, et il laissait à sa fille une très-grande liberté. Les hommes avaient un libre accès auprès d'elle, sans autre cérémonie que celle qu'exigent les bienséances. Mais surtout M. Falkland, en sa qualité d'étranger et comme un homme qui n'était pas dans le cas d'avoir des prétentions à la main de Lucretia, était admis sur le pied d'une grande familiarité. La jeune Italienne, dans l'innocence de son cœur, ne se faisait pas scrupule d'écouter des compliments sans conséquence, et se comportait avec la franchise d'une femme qui se sent au-dessus du soupçon.

M. Falkland, après avoir demeuré plusieurs semaines à Rome, se rendit à Naples. Pendant ce temps, divers incidents différèrent le mariage projeté de l'héritière de Pisani. Quand il revint à Rome, le comte Malvesi était absent. Lucretia, qui avait extrêmement goûté la conversation de M. Falkland, était douée d'un esprit vif; avide d'instruction, elle avait conçu, dans l'intervalle de ses deux séjours à Rome, une grande envie de savoir l'anglais; envie qui lui avait été inspirée par l'enthousiasme avec lequel elle avait entendu vanter nos meilleurs auteurs par leur compatriote. Elle s'était procuré tous les livres nécessaires, et avait fait quelques progrès dans son absence; mais quand elle le vit de retour, elle se décida à profiter d'une occasion qui ne se retrouverait peut-être jamais : elle témoigna le désir de lire des passages choisis de nos poëtes avec un Anglais qui avait autant de goût que M. Falkland.

Cette proposition amena nécessairement un commerce plus fréquent. Le comte Malvesi revint à son tour, et trouva M. Falkland établi dans le palais de Pisani, presque comme un commensal de la maison. Il ne fut pas maître de lui dans une situation aussi critique. Peut-être sentait-il en secret toute la supériorité du voyageur anglais, et tremblait-il que ces deux personnes n'eussent déjà fait dans le cœur l'un de l'autre bien des progrès, même avant d'y avoir songé. Il regardait l'alliance de Lucretia comme faite, sous tous les rapports, pour flatter l'ambition de M. Falkland, et il ne pouvait souffrir l'idée de se voir enlever par cet étranger d'au delà les monts celle qui faisait tout le charme de sa vie.

Il eut encore assez de prudence néanmoins pour commencer par aller demander à Lucretia une explication. Celle-ci le reçut en riant et plaisanta sur son inquiétude. La patience du pauvre comte était déjà à bout, et il se mit à répéter ses interrogations dans des termes que l'altière Lucretia n'était pas d'humeur à écouter tranquillement. Elle avait été habituée à rencontrer partout de la déférence et de la soumission : quand elle eut surmonté cette première impression de terreur que lui avait d'abord inspiré le ton impérieux sur lequel elle s'entendait catéchiser pour la première fois, son mouvement fut celui du plus vif ressentiment. Elle ne voulut pas prendre la peine de répondre à l'impertinent questionneur, et elle se permit même de laisser tomber exprès quelques mots obliques propres à fortifier encore ses soupçons. La présomption et la folie du comte furent un moment tournées en ridicule. Après lui avoir lancé quelques sarcasmes des plus amers, changeant tout à coup de style, Lucretia lui défendit de jamais se présenter devant elle autrement que sur le pied d'une simple connaissance, en lui déclarant qu'elle était déterminée à ne plus s'exposer dorénavant à s'entendre traiter d'une manière aussi indigne. « Il » était fort heureux pour elle qu'il eût enfin développé » son véritable caractère, et elle saurait très-bien » profiter de l'expérience qu'elle en faisait pour éviter » à l'avenir de retomber dans le même danger. » Toute cette explication se ressentit des premiers mouvements d'une irritation mutelle, et Lucretia n'eut pas le temps de réfléchir à la conséquence d'exaspérer ainsi son amant.

Le comte Malvesi la quitta en proie à toutes les tortures de la jalousie. Il s'imagina que cette scène était préméditée pour trouver un prétexte de rompre un engagement solennel ; ou plutôt mille conjectures opposées déchiraient son cœur dans tous les sens. Tantôt il rejetait la faute sur Lucretia et tantôt sur lui-même ; il s'accusait, il accusait sa maîtresse, il accusait tout le monde. Ce fut dans cet état qu'il courut à l'hôtel du gentilhomme anglais. Le moment des éclaircissements était passé, et il se sentait entraîné d'une manière irrésistible à justifier la précipitation de sa conduite envers Lucretia, en prenant pour une chose convenue et hors de doute que Falkland était son heureux rival.

M. Falkland était chez lui. Les premiers mots du comte furent l'accusation de duplicité et une provocation en duel. L'Anglais avait une sincère estime pour Malvesi, qui était vraiment un homme de beaucoup de mérite, et qui avait été une des premières connaissances de Falkland en Italie, car ils s'étaient d'abord rencontrés à Milan. Mais une chose le frappa plus vivement encore, et ce fut la conséquence qu'un duel pouvait avoir dans la circonstance. Quoiqu'il n'eût pour Lucretia aucun sentiment d'amour, il avait conçu pour elle une très-haute estime, et il savait d'ailleurs que, malgré tous les déguisements de sa fierté, elle avait au fond du cœur de la tendresse pour le comte. Il ne pouvait soutenir l'idée d'avoir, par une indiscrétion dans sa conduite, porté atteinte au bonheur d'un couple aussi bien assorti. Il essaya donc d'entrer en explication, mais tous ses efforts furent inutiles. Son adversaire, dominé par la colère, ne voulait pas écouter le moindre mot qui pût arrêter son emportement. Il traversait la chambre à grands pas et l'écume à la bouche. M. Falkland, voyant qu'il n'était pas possible de le détromper, dit au comte que, s'il voulait revenir le lendemain à la même heure, il l'accompagnerait au lieu qu'il jugerait à propos de choisir.

En quittant le comte Malvesi, M. Falkland courut au palais Pisani; là il lui fut bien difficile d'apaiser l'indignation de Lucretia. L'honneur s'opposait à ce qu'il pût lui apprendre le cartel, quoiqu'il fût bien résolu au fond de l'âme de ne jamais tirer l'épée dans cette querelle. La moindre ouverture sur cet article eût bientôt désarmé cette fière beauté; mais, si elle avait quelque crainte de ce genre, ce n'était qu'une crainte trop vague pour la déterminer à se départir en rien de son ressentiment. Toutefois M. Falkland lui fit un tableau si intéressant du trouble où elle avait jeté Malvesi, il excusa, par des raisons si flatteuses pour elle, les emportements de sa conduite, qu'il finit par vaincre tout à fait le courroux de Lucretia. Quand il vit son projet près de réussir, il ne balança plus à lui tout découvrir.

Le lendemain, le comte Malvesi, exact au rendez-vous, se présenta chez M. Falkland : celui-ci vint à la porte le recevoir, et le pria d'entrer un moment dans la maison, où il avait une affaire de trois minutes à terminer. Ils passèrent dans le salon. M. Falkland y laissa le comte, et l'instant d'après il reparut, tenant par la main la belle Lucretia elle-même, parée de tous ses charmes, que relevait encore en ce moment l'air de noblesse et de triomphe d'une femme généreuse qui veut bien faire grâce. M. Falkland la conduisit vers le comte, qui était pétrifié d'étonnement; pour elle, posant sa main sur le bras de son amant, elle lui dit du ton le plus aimable : « Me pardonnerez-vous de m'être laissé trahir par ma fierté offensée? »

Le comte, transporté, croyant à peine ses yeux et ses oreilles, se précipita à ses genoux en balbutiant quelques mots qui voulaient dire que lui seul avait un pardon à implorer, et que, quand même elle aurait la bonté de lui faire grâce, il ne se pardonnerait jamais à lui-même sa conduite sacrilége envers elle et envers ce généreux Anglais qu'il avait offensé. Quand les premiers élans de sa joie furent un peu calmés, M. Falkland lui parla en ces termes :

« Comte Malvesi, j'éprouve un plaisir extrême d'avoir pu ainsi, par des moyens pacifiques, désarmer votre ressentiment et assurer votre bonheur; mais je dois vous avouer que vous m'avez mis à une rude épreuve. Mon humeur est tout aussi fière et tout aussi peu endurante que la vôtre; je ne serais pas toujours aussi sûr de la contenir; mais j'ai considéré que j'avais le premier tort; vos soupçons étaient mal fondés, mais ils n'étaient pas déraisonnables. Nous nous sommes trop permis de jouer sur les bords du précipice. Connaissant la faiblesse du cœur humain et les usages actuels de la société, je n'aurais pas dû rechercher avec autant d'assiduité cette personne enchanteresse. Il n'y aurait eu rien d'étonnant qu'ayant tant d'occasions de la voir, et faisant le précepteur avec elle comme je l'ai fait, je me fusse trouvé pris au piége avant de m'en apercevoir, et qu'il se fût glissé dans mon cœur des sentiments que je n'aurais pas été le maître de vaincre. Je vous devais donc une réparation pour l'imprudence de ma conduite.

» Mais les lois de l'honneur sont rigoureuses, et il y avait à craindre qu'avec tout le désir que j'ai d'être votre ami, je ne me visse obligé d'être votre meurtrier. Heureusement que ma réputation en fait de courage est assez bien établie pour que le refus que je fais de votre cartel ne puisse m'exposer à rien de déshonorant. Je regarde comme un bonheur véritable que vous m'ayez trouvé seul dans notre entrevue d'hier. Cette circonstance m'a rendu absolument le maître de l'affaire. Si l'aventure venait à s'ébruiter, la manière dont tout s'est terminé entre nous serait connue en même temps que la provocation, et cela me suffit. Mais si le défi eût été public, toutes les preuves que j'ai pu donner jusqu'à présent de mon courage n'excuseraient pas ma modération actuelle, et, malgré tout mon désir de ne pas me battre, cela n'eût pas dépendu de moi. Que cela nous serve donc à tous les deux pour nous mettre en garde contre un premier mouvement, puisqu'il peut en résulter des conséquences qui forcent à verser du sang, et puisse le ciel vous rendre heureux avec une compagne dont je vous crois tout à fait digne ! »

J'ai déjà dit que ce ne fut pas là le seul exemple où, dans le cours de ses voyages, M. Falkland fit voir d'une manière éclatante qu'il n'avait pas moins de vertu que de courage. Il resta encore plusieurs années hors de son pays, et chaque jour ajoutait à l'estime qu'il avait acquise aussi bien qu'à l'opinion qu'on avait de son extrême délicatesse sur l'article de l'honneur. Enfin il jugea à propos de revenir en Angleterre, avec l'intention de passer le reste de ses jours dans la résidence de ses ancêtres.

III

Du moment où M. Falkland entreprit l'exécution de ce projet, probablement dicté par un principe de devoir, il put dater le cours de ses malheurs. Dans tout ce qui me reste à raconter de son histoire, on verra une fatale destinée s'attachant sans relâche à le poursuivre; une suite d'aventures qui prennent leur source dans divers accidents, mais qui toutes paraissent tendre au même but. Elles l'ont accablé de cette douleur qu'il était de tous les hommes le moins propre à supporter. Cette destinée n'a pas fait tomber sur lui seul sa funeste amertume; d'autres ont senti l'atteinte de ses poisons : et, de toutes les victimes qu'elle a faites, c'est moi qui suis la plus infortunée.

Celui qui fut la première origine de cette chaîne de calamités était un gentilhomme nommé Barnabas Tyrrel, le plus proche voisin de M. Falkland, et son égal en titres et en fortune. A voir cet homme, on aurait dû croire, d'après son éducation première et toutes les habitudes de sa vie, qu'il était l'être le moins propre et le moins disposé à contrarier les jouissances d'un esprit aussi richement doué que celui de M. Falkland. M. Tyrrel eût pu passer pour un type des squires anglais. Il était resté de très-bonne heure sous la tutelle de sa mère, femme d'un esprit fort étroit et qui n'avait d'autre enfant que ui. La seule personne de la famille dont il soit nécessaire de parler était miss Emily Melville, fille orpheline d'une tante paternelle de M. Tyrrel, demeurant dans la maison, et qui dépendait entièrement de la bienveillance des maîtres.

Mistress Tyrrel se figurait qu'il n'y avait rien au monde d'aussi précieux que son charmant Barnabas. Rien ne lui était refusé; chacun devait obéir servilement à ses volontés; il n'était pas fait pour être assujetti à aucune gêne, à aucune règle pour son instruction : aussi ses progrès furent-ils fort lents, même pour la lecture et l'écriture. Il était né très-robuste et très-brutal; tant qu'il resta confiné dans la *ruelle* de sa mère, il avait tout l'air d'un petit lionceau qu'un sauvage amoureux donnerait en place d'épagneul à sa maîtresse.

Mais il rompit bientôt ses lisières, et il se lia intimement avec le groom et le garde-chasse. Sous ces deux instructeurs, il montra d'aussi heureuses dispositions qu'il avait fait voir d'indocilité et de répugnance sous le pédant qui lui servait de précepteur. Il était dès lors bien évident qu'il ne fallait pas attribuer à un défaut d'intelligence son peu de progrès dans les belles-lettres. On ne put lui refuser une sagacité peu commune dans l'art des maquignons. Distingué par une habileté supérieure à la chasse et à la pêche, le jeune Tyrrel ne borna même pas là tout son savoir; car il y joignit non-seulement la théorie, mais encore la pratique de l'art de boxer et le talent de jouer du bâton. Ces exercices ajoutaient à toutes ses autres qualités une force de corps extraordinaire.

Sa taille, quand elle eut acquis tout son développement, passait cinq pieds huit pouces, et ses formes athlétiques eussent pu servir de modèle à un peintre pour ce héros de l'antiquité, dont le plus bel exploit consistait à tuer un bœuf d'un coup de poing et à l'engloutir dans son estomac en un repas. Sentant bien tous ses avantages, M. Tyrrel était d'une arrogance insoutenable, tyrannique envers ses inférieurs et insolent avec ses égaux. C'était de ce côté que s'était jetée toute l'activité de son esprit. Repoussé des occupations intellectuelles, il s'attacha donc à briller par toutes les grosses malices d'un vrai rustre. Sur ce point, comme sur tout le reste, il l'emportait sur ses émules; s'il avait été possible, en écoutant ses saillies, d'oublier un moment la dureté et l'insensibilité de cœur où elles prenaient leur source, on n'aurait pu se défendre d'applaudir à la vivacité d'imagination qu'elles annonçaient et au sarcasme dont elles étaient assaisonnées.

M. Tyrrel n'était nullement d'humeur à laisser rouiller des talents aussi rares. Il y avait toutes les semaines, à la ville la plus voisine, un cercle qui était le rendez-vous de tous les gentillâtres du comté. Jusqu'alors il y avait figuré avec tout l'avantage possible; et, comme il n'y avait là personne qui l'égalât en opulence, que même la majorité de l'assemblée, quoique prétendant comme lui à la noblesse, lui était de beaucoup inférieure sur cet article essentiel, il était le grand-maître de la coterie. Tous les jeunes gens, reconnaissant ses droits incontestables à la supériorité, ne regardaient qu'avec circonspection et timidité cet insolent pacha qui maintenait son rang avec une jalousie despotique. Il est vrai que souvent ses traits s'adoucissaient et prenaient une teinte passagère de familiarité, mais on savait par expérience que, si quelqu'un, encouragé par condescendance, venait à oublier un moment la déférence que M. Tyrrel regardait comme lui étant due, il était bientôt traité de manière à se repentir de sa présomption. C'était un tigre qui jugeait à propos de jouer quelques instants avec une souris, mais qui voulait que le petit animal eût toujours la conscience du danger qu'il courait sous les griffes monstrueuses du féroce compagnon de ses jeux. Comme M. Tyrrel avait une assez grande facilité à parler, et qu'il était doué d'une imagination très-fertile, toute désordonnée qu'elle était, il était toujours sûr d'un auditoire. Ses voisins faisaient cercle autour de lui, et ses paroles étaient bientôt suivies d'un rire universel, dû en partie aux égards qu'on lui portait, et en partie aussi à une véritable admiration. Il arrivait souvent, néanmoins, qu'au milieu de cette bonne humeur, un raffinement de tyrannie bien caractéristique venait se présenter à son esprit. Quand ses sujets, excités par sa familiarité, commençaient à négliger de se tenir sur leurs gardes, tout à coup il lui prenait un accès d'humeur, un nuage soudain se répandait sur son front, le ton de sa voix passait du plaisant au terrible, et il s'ensuivait aussitôt une querelle sans motif avec le premier homme dont la figure avait le malheur de lui déplaire. Ainsi, le plaisir que les autres pouvaient trouver dans les saillies de son imagination n'était jamais sans un mélange de crainte. On croira sans peine que son despotisme n'avait pu arriver jusqu'à cet excès sans quelque opposition. Mais notre Antée rustique avait renversé tout ce qui s'était trouvé sur son passage ; au moyen de l'ascendant que lui donnaient sa fortune et la réputation qu'il s'était faite parmi ses voisins, il réduisait toujours son adversaire à la nécessité de lui abandonner le choix des armes, et, quand il avait pris ses avantages, il ne le quittait plus sans lui avoir bien fait sentir, dans tous ses membres, la peine de sa présomption. On n'aurait pas enduré aussi patiemment la tyrannie de M. Tyrrel, si ses talents pour la parole ne fussent pas continuellement venus au secours de cette autorité que lui avaient originairement obtenue son rang et ses prouesses.

Notre squire était près du beau sexe dans une position encore plus digne d'envie que celle qu'il avait conquise parmi les hommes. Il n'y avait pas une mère qui n'enseignât à sa fille à regarder la main de M. Tyrrel comme l'objet le plus élevé de son ambition. Il n'y avait pas une fille qui ne jetât un coup d'œil favorable sur ses formes athlétiques et sur la gloire de ses prouesses. Comme il n'y avait pas d'homme assez hardi pour lui contester la supériorité, il n'y avait pas non plus de femme dans ce cercle provincial qui se fît scrupule de préférer son hommage à celui de tout autre soupirant. Son esprit rodomont avait pour elles un charme tout particulier; et voir cet Hercule troquer à leurs pieds sa massue contre une quenouille, était le spectacle le plus séduisant pour leur vanité. Elles étaient enchantées de sentir qu'elles pouvaient en toute sécurité folâtrer avec les griffes terribles de ce lion qui portaient l'épouvante dans le cœur des plus vaillants.

Tel était le rival que la fortune eut le caprice d'opposer à un homme accompli comme Falkland. Cette sorte de brute, farouche, mais non sans intelligence, eut le pouvoir d'empoisonner pour jamais l'avenir de l'homme le plus fait pour goûter et répandre le bonheur. La haine qui s'éleva entre eux fut nourrie par le concours de différentes circonstances, jusqu'à ce qu'enfin elle devînt extrême; et c'est parce qu'ils ont été l'un pour l'autre ennemis mortels que je me suis vu moi-même un objet de misère et d'aversion.

L'arrivée de M. Falkland porta un terrible coup à l'autorité de M. Tyrrel dans le village. Le premier n'était nullement disposé à s'éloigner des lieux de rendez-vous de la bonne compagnie; mais lui et son rival étaient comme deux astres que l'ordre de la nature a destinés à ne jamais paraître à la fois sur l'horizon. Il est évident que la comparaison était tout à l'avantage de M. Falkland; mais quand il en eût été autrement, les *sujets* de son rustique voisin n'étaient que trop disposés à secouer son joug insupportable. Ils s'étaient soumis à lui jusqu'à ce moment par crainte et non par amour; s'ils ne s'étaient pas encore révoltés, ce n'était que faute d'avoir pu trouver un chef. Les femmes mêmes regardèrent M. Falkland avec une complaisance particulière. La politesse de ses manières était parfaitement en harmonie avec la délicatesse de leur sexe. Ses saillies l'emportaient de beaucoup sur celles de M. Tyrrel par une portée plus grande et plus de variété; ajoutez à cela qu'elles étaient toujours réglées et adoucies par le bon goût d'un esprit cultivé. Les agréments de sa personne étaient relevés par les grâces et l'élégance de toutes ses manières; la bonté et la noblesse de son caractère se manifestaient dans toutes les occasions. C'était, il est vrai, une qualité commune à M. Tyrrel et à M. Falkland d'être fort peu accessibles à la timidité et à l'embarras; mais cette qualité, M. Tyrrel la devait à une effronterie contente d'elle-même et à un verbiage tranchant dont il avait coutume d'accabler ses adversaires, tandis que M. Falkland, avec un esprit noble et franc, savait à merveille, par sa grande connaissance du monde et une juste appréciation de ses propres ressources, juger en un instant ce qu'il devait faire pour en tirer parti.

M. Tyrrel voyait avec dépit et inquiétude les progrès de son rival. Il en raisonnait souvent avec ses confidents particuliers comme d'une chose impossible à concevoir et à expliquer. Il dépeignait M. Falkland comme un être au-dessous même du mépris. « Selon lui, Falkland, avec sa taille de nain, aurait voulu changer toutes les proportions de l'espèce humaine, et persuader aux gens que l'homme avait été créé pour passer sa vie cloué sur un fauteuil, à pâlir sur des livres. A l'entendre, ajoutait-il, on ferait fort bien de laisser là tous ces exercices, qui procurent tant de distraction pour le moment, et qui donnent pour l'avenir une santé si robuste, afin de se livrer au noble travail de se creuser la tête pour trouver une rime et scander un vers sur ses doigts. Autant vaudrait un peuple de singes que des hommes de cette espèce. Pour mettre en fuite une pareille nation, il ne faudrait qu'un régiment de nos vieux Anglais nourris de bœuf et de pudding. Il terminait ces diatribes en déclarant n'avoir jamais vu le savoir servir à autre chose qu'à rendre les gens pleins de fatuité et d'impertinence. Un homme sensé ne pourrait rien désirer de pire aux ennemis de son pays que de les voir tous se livrer à ces dangereuses absurdités. Était-il possible qu'on eût sérieusement quelque estime pour une espèce aussi ridicule que ces Anglais d'outre-mer, de fabrique étrangère? Mais il n'ignorait pas ce qui en était. On jouait là une mauvaise pièce pour le vexer, et il jurait de s'en venger sur tous de la belle manière.

Si M. Tyrrel avait cette opinion de M. Falkland, il trouvait ample matière à exercer sa patience dans les discours de ses voisins sur le même sujet. Tandis qu'il ne voyait rien en M. Falkland qui ne fût digne de mépris, ceux-ci semblaient ne pouvoir se lasser de chanter ses louanges. Que de dignité, que d'affabilité dans toutes ses manières! quelle attention continuelle pour les autres! quelle délicatesse de sentiments et de langage! Instruit sans ostentation poli sans fadeur, gracieux sans afféterie! Occupé sans cesse à prendre garde que sa supériorité en fortune et en talents ne pesât sur les autres! Qu'en résultait-il? Qu'on la reconnaissait d'autant mieux, bien loin d'y porter envie.

Il n'est pas besoin de remarquer ici que cette révolution qui s'était faite dans les idées de cette société rustique est une des conséquences les plus ordinaires de la nature des choses. Les essais les plus grossiers, les premières ébauches de l'art excitent d'abord l'admiration, jusqu'à ce qu'on nous présente un travail plus fini, et alors nous nous étonnons nous-mêmes de la facilité avec laquelle nous nous étions laissé charmer. M. Tyrrel se figurait que ce subit enthousiasme n'aurait point de terme, et d'un moment à l'autre il s'attendait à voir tout le voisinage tomber aux pieds du nouveau-venu comme devant une idole. Le moindre mot d'éloge échappé par hasard en faveur de son rival lui faisait subir la torture des démons; son dépit était une sorte de convulsion; ses traits s'altéraient et ses regards devenaient effrayants. Un pareil état de souffrance aurait aigri le caractère le plus doux. Que ne dut-il pas opérer sur une âme de la trempe de celle de M. Tyrrel, toujours hautaine, bouillante et implacable?

Les avantages de M. Falkland ne diminuèrent point en perdant même le relief de la nouveauté; tous ceux qui avaient à se plaindre de la tyrannie de M. Tyrrel venaient aussitôt se ranger sous la bannière de son adversaire. Les femmes mêmes, quoique traitées par ce galant campagnard avec plus de douceur que les hommes, étaient pourtant exposées de temps à autre aux écarts de son humeur insolente et capricieuse. Elles ne pouvaient s'empêcher de remarquer un contraste entre ces deux champions rivaux, dont l'un semblait uniquement occupé de ses plaisirs, tandis que l'autre était tout générosité et complaisance. Ce fut vainement que M. Tyrrel chercha à tempérer la rudesse de son caractère. Il était dominé par un sentiment d'impatience et tourmenté par les idées les plus sombres; ses politesses étaient lourdes et brutales, sa grâce ressemblait aux gentillesses d'un éléphant. On aurait dit qu'il y avait plus d'humanité dans son caractère quand il le laissait aller à son penchant naturel que lorsqu'il faisait des efforts pour l'enchaîner et le contraindre.

Parmi les dames qui fréquentaient cette société, aucune ne paraissait avoir plus de droits aux attentions de M. Tyrrel que miss Hardingham. Elle était aussi du petit nombre de celles qui n'avaient pas encore passé à l'ennemi, soit qu'elle préférât réellement celui des deux qui était sa plus ancienne connaissance, soit qu'elle eût calculé qu'une telle conduite réussirait mieux à le lui assurer pour mari. Avec cela, peut-être uniquement pour en faire l'épreuve en passant, elle jugea un jour à propos de montrer à M. Tyrrel qu'elle pourrait bien, comme une autre, prendre l'attitude hostile s'il lui arrivait jamais de la provoquer. En conséquence, un soir elle s'arrangea de manière à se faire prier pour la danse par M. Falkland, sans que de la part de celui-ci, qui n'était nullement au fait des anecdotes de la coterie, il y eût la plus légère intention d'offenser M. Tyrrel.

Quoique les manières de M. Falkland fussent extrêmement courtoises, cependant les discussions d'une assemblée de paroisse[1], ou les intrigues d'une élection de bourg n'occupaient pas ses loisirs, et c'était à des objets d'une tout autre espèce qu'il consacrait ses études et sa retraite.

Peu de moments avant l'ouverture du bal, M. Tyrrel aborda sa belle favorite et entra en conversation avec elle sur quelque bagatelle, pour remplir le temps et comme se disposant à lui donner la main pour danser. Il avait pris l'habitude de passer pardessus la cérémonie ordinaire de demander préalablement cette faveur, comme ne supposant pas possible que personne osât lui disputer l'antériorité convenue de ses droits; mais quand il n'aurait pas eu cette habitude, la formalité lui aurait toujours paru superflue dans la circonstance, parce qu'on connaissait assez la préférence générale qu'il donnait à miss Hardingham.

Pendant qu'il était ainsi engagé dans cette conversation, survint M. Falkland. M. Tyrrel ne le voyait jamais sans humeur. Toutefois, M. Falkland se mêla, sans affectation, à la conversation commencée, et la grâce avec laquelle il se présenta alors était telle que la malice la plus infernale en eût été désarmée. M. Tyrrel probablement s'imagina que cette

[1] *Vestry : sacristie*, assemblée ainsi nommée du lieu où se tient la réunion des notables de la paroisse.

manière d'aborder ainsi miss Hardingham n'était qu'un acte de politesse vague de la part de M. Falkland, et il attendait à tout moment que celui-ci s'éloignât.

La compagnie commençant à se mettre en mouvement pour la danse, M. Falkland avertit miss Hardingham qu'il était temps de se placer.

« Monsieur, interrompit brusquement M. Tyrrel, miss Hardingham est ma danseuse.

— Je ne le pense pas, monsieur; miss Hardingham m'a fait la grâce d'accepter mon invitation.

— Et moi, je vous dis que non, monsieur; je crois avoir quelque droit sur le cœur de miss Hardingham, et je ne permettrai pas que personne aille sur mes brisées.

— Il ne s'agit pas en ce moment du cœur de miss Hardingham !

— Monsieur, nous ne sommes pas ici pour parlementer. Laissez-moi passer, monsieur. »

M. Falkland repoussa doucement son adversaire.

« Monsieur Tyrrel, dit-il d'un ton ferme, il n'y a pas besoin de disputer pour régler cette affaire; c'est au maître des cérémonies à en décider, et comme ni vous ni moi n'avons certainement l'intention de troubler la fête, ni de faire montre de notre bravoure devant ces dames, nous devons nous soumettre à sa sentence.

— Dieu me damne, monsieur, si je l'entends comme cela.

— Doucement, monsieur Tyrrel; je n'ai nulle intention de vous offenser, mais aucune puissance sur terre ne saurait m'empêcher de soutenir un droit. »

Ce fut avec le plus grand sang-froid du monde que M. Falkland prononça ces derniers mots. Il n'y avait rien dans tout son extérieur qui eût la moindre apparence d'un défi, rien qui sentît la hauteur ou le dédain; mais son ton, à la fois si calme et si élevé, avait quelque chose d'imposant qui réduisit son farouche adversaire à l'impuissance de répliquer. Miss Hardingham avait commencé à se repentir de son épreuve; mais ses alarmes furent bientôt dissipées par la modération de son nouveau partenaire. M. Tyrrel se retira sans répondre un mot. Il murmura en s'en allant quelques jurements que les lois de l'honneur n'obligeaient pas M. Falkland d'entendre, et qu'en vérité il n'aurait pas été facile d'entendre bien exactement. M. Tyrrel n'aurait peut-être pas cédé si aisément, si son bon sens ne lui eût pas bien fait voir qu'avec toute l'envie possible de tirer vengeance de son rival, il n'était pas sur un bon terrain pour cela. Mais s'il ne put ouvertement obtenir satisfaction de cette atteinte portée à son autorité, il n'en garda pas moins profondément l'impression dans le secret de son âme, et il était assez évident que sa haine amassait des griefs dont il espérait bien quelque jour faire sentir tout le poids à son adversaire.

IV

Ce n'est là qu'un exemple des petites mortifications sans nombre que M. Tyrrel était condamné à endurer de la part de M. Falkland, et qui semblaient se multiplier tous les jours. Dans chacune de ces occasions, M. Falkland se comportait avec une convenance si parfaite, et avec une douceur de caractère si franche et si naturelle, qu'il ajoutait toujours quelque chose à la réputation qu'il s'était acquise. Plus M. Tyrrel se débattait contre la destinée qui l'entraînait, plus elle se précipitait et devenait évidente. Il maudissait mille fois sa mauvaise étoile qui s'était plu, selon lui, à choisir ce Falkland pour l'instrument continuel de ses humiliations. Exaspéré par une suite d'incidents fâcheux qui tournaient tous à sa confusion, il ressentait de la manière la plus cruelle les moindres succès de son rival, même là où personnellement il n'avait pas lui-même la plus légère prétention. Il s'en présenta bientôt un exemple.

M. Clare, ce poëte célèbre, dont les ouvrages seront l'honneur immortel du pays qui lui a donné naissance, était venu depuis peu dans ce canton, pour y jouir de sa petite fortune et de sa gloire, après une longue vie consacrée aux plus sublimes productions du génie. Un homme d'un mérite aussi rare n'était vu qu'avec une sorte de vénération par tous les gentilshommes du pays. Le lecteur connaît les ouvrages de ce poëte illustre; souvent sans doute il les a goûtés avec délices, et je n'ai pas besoin d'en vanter le mérite. Mais peut-être ne connaît-il pas de même les qualités personnelles de M. Clare; peut-être ne sait-il pas que sa conversation était presque aussi digne d'admiration que les productions de sa plume. Dans la société, il paraissait le seul qui ne connût pas toute l'étendue de sa renommée. Ses écrits demeureront longtemps comme une preuve éclatante de la hauteur où l'esprit humain est capable d'atteindre; mais personne n'a su apercevoir, avec autant de sagacité que lui, les défauts qui s'y trouvaient ou ce qui restait encore à y faire. Lui seul semblait porter sur ses ouvrages un regard de supériorité et d'indifférenceè. Un des traits qui le distinguaient le plus, c'était une douceur de mœurs inaltérable, une élévation d'âme qui lui faisait voir les fautes des autres sans le plus petit mélange de ressentiment, et qui rendait impossible pour qui que ce fût d'être son ennemi. Il indiquait aux hommes leurs erreurs franchement et sans réserve; sa censure excitait la surprise et entraînait la conviction, mais sans affecter jamais péniblement la personne qui en était l'objet. Telles étaient les qualités morales qui le distinguaient dans la société habituelle; les qualités intellectuelles qu'il y déployait, c'était principalement un enthousiasme doux et éloquent, qui s'exprimait dans son langage avec une verve si abondante, que la réflexion seule et la mémoire pouvaient vous faire apercevoir l'étonnante variété d'idées qu'il avait fait passer en un moment devant vous.

Dans ce canton retiré, M. Clare trouva sans doute peu de personnes en état de le comprendre et de partager ses goûts. Il n'est pas rare que de grands hommes aient aimé à se cacher dans la retraite, et à préférer la solitude des bois et des campagnes aux cercles brillants et spirituels dont ils avaient fait les délices. Du moment où M. Falkland arriva dans le pays, M. Clare le distingua bientôt d'une manière marquée. Il ne fallait pas beaucoup d'observation ni d'expérience à un génie aussi pénétrant, pour découvrir le mérite ou les défauts de ceux qui se présentaient à lui. Est-il surprenant qu'il se soit bien vite intéressé à une âme qui avait, à certains égards, tant de rapports avec la sienne? Mais, pour l'imagination malade de M. Tyrrel, toute distinction accordée à son rival semblait une insulte dirigée contre lui-même. D'un autre côté, M. Clare, quoique plein de douceur et d'aménité dans sa censure, n'était pas aussi réservé dans ses éloges; et, pour faire rendre justice aux gens de mérite, il ne se faisait pas scrupule de tirer parti de la déférence personnelle qu'on avait pour lui.

Dans une de ces assemblées publiques où se trouvaient présents M. Falkland et M. Tyrrel, la conversation d'un des groupes les plus nombreux de la compagnie vint à tourner sur le talent de M. Falkland pour la poésie. Une dame distinguée par la finesse de son esprit dit qu'elle avait eu le plaisir de voir une pièce de vers qu'il avait composée sous le titre d'*Ode au génie de la Chevalerie*, qui lui avait paru exquise. Il n'en fallut pas davantage pour exciter la curiosité, et la dame ayant ajouté qu'elle en avait une copie sur elle qui était bien au service de la société, si l'auteur ne le trouvait pas mauvais, tout le cercle se réunit pour prier M. Falkland de leur donner ce plaisir, et M. Clare, qui était là, joignit ses instances à celles des autres. Rien ne charmait plus celui-ci que de trouver l'occasion de rendre justice publiquement au talent. M. Falkland n'avait ni affectation ni fausse modestie : il ne résista pas longtemps aux instances qui lui furent faites.

Par hasard, M. Tyrrel était assis à l'extrémité de ce groupe : on croira bien qu'il n'avait pas vu avec plaisir le tour qu'avait pris la conversation. Il paraissait vouloir se retirer, mais il y avait comme un pouvoir inconnu qui le retenait, pour ainsi dire, par enchantement à sa place, et qui l'obligea à avaler jusqu'à la lie le breuvage amer que lui avait préparé l'envie.

La pièce fut lue à la compagnie par M. Clare, qui possédait à un degré supérieur le talent de bien lire. Son débit était plein de simplicité, d'intelligence et d'énergie, et on ne peut guère se faire une idée du plaisir qu'on trouvait à l'entendre. En conséquence, les beautés de l'ode de M. Falkland parurent avec tout l'avantage possible. Les passions successives qui avaient animé l'auteur passèrent dans l'âme du lecteur. Chaque mot fut rendu dans toute la vérité de son accent; toutes les images évoquées par l'imagination créatrice du poëte, tantôt faisaient pénétrer jusqu'au fond de l'âme des auditeurs une religieuse solennité, tantôt les ravissaient de plaisir et d'admiration.

On connaît déjà le caractère de ceux qui composaient cet auditoire. C'était pour la plupart des gens simples, peu lettrés, et dont le goût n'était pas très-raffiné; s'ils lisaient jamais de la poésie, c'était simplement par pure imitation et sans y trouver de grands charmes; mais la pièce de M. Falkland était pleine d'inspiration et de verve. Peut-être même l'ode toute seule aurait-elle fait peu d'effet sur la plupart d'entre eux, mais la déclamation de M. Clare lui avait donné un nouveau relief. Il acheva la lecture; et, quand il eut cessé, les auditeurs, dont la figure et le maintien avaient suivi successivement toutes les passions exprimées par le poëte, cherchèrent tous à la fois à marquer leur approbation. Ils venaient d'éprouver des sensations auxquelles ils étaient peu accoutumés. L'un parlait, l'autre suivait avec une sorte d'entraînement, et le ton bruyant et confus de leurs louanges les rendait encore plus frappantes et plus remarquables; mais ce qui fut surtout le plus difficile à supporter pour M. Tyrrel, ce fut la conduite de M. Clare. Il remit le manuscrit à la dame qui le lui avait donné, et, se retournant vers M. Falkland avec un ton plein d'âme et d'enthousiasme : « Bien, bien, monsieur, voilà qui est frappé au bon coin ; ce n'est pas là un de ces essais laborieux et pédantesques qui attestent les sueurs et les veilles de l'auteur, ni de ces niaiseries pastorales qui ne présentent pas à l'esprit le moindre sens. Nous avons besoin d'hommes tels que vous; mais souvenez-vous bien, jeune homme, que ce n'est pas pour enfanter des chimères oiseuses, c'est pour éclairer le monde que le ciel a fait aux hommes le don du génie. Élevez-vous à la hauteur de vos destinées. »

Un instant après, M. Clare, quittant son siége, se retira avec M. Falkland et deux ou trois autres personnes. Aussitôt qu'ils furent sortis, M. Tyrrel s'avança un peu plus en dedans du cercle. Il avait été si longtemps réduit au silence, qu'il semblait prêt à étouffer d'indignation : « Vraiment, dit-il, comme se parlant à lui-même, et sans adresser la parole à personne, c'est une belle chose que des vers. Dieu me damne, je voudrais un peu savoir ce qu'on ferait d'une cargaison entière d'une telle marchandise.

— Assurément, dit la dame qui avait la première parlé de l'ode de M. Falkland, vous ne disconviendrez pas que la poésie ne soit un amusement très-noble et très-agréable.

— Très-noble! Parbleu, oui. Voyez un peu ce Falkland! Voilà-t-il pas un beau petit homme? Au nom du diable, madame, est-ce que vous croyez qu'il ferait des vers s'il était en état de mieux faire autre chose? »

La conversation ne s'arrêta pas là. La dame répliqua. Quelques autres personnes encore, toutes remplies des émotions qu'elles venaient d'éprouver, se mirent de la partie. M. Tyrrel devint plus emporté dans ses invectives, et se soulagea en exhalant sa bile. Les personnes qui pouvaient, à certain point, contenir ses violences s'étaient retirées : soit timidité, soit faiblesse, les orateurs, l'un après l'autre, retombaient dans le silence. Tyrrel semblait, en apparence, avoir repris son ancien ascendant, mais il sentait bien le peu de solidité de ce triomphe passager, et la rage était au fond de son cœur.

En s'en retournant de l'assemblée il fut accompagné par un jeune homme qui, par une conformité de manières et d'inclinations, était devenu un de ses principaux confidents. On aurait pu croire que l'humeur de M. Tyrrel s'était suffisamment satisfaite dans la conversation qu'il venait d'avoir en quittant la société; mais il lui était impossible de distraire ses idées du tourment qu'il endurait. « Damné soit ce Falkland! dit-il : quel misérable drôle pour faire ici tant de fracas! Mais les sots sont toujours des sots, et les femmes des sottes; il n'y a pas moyen d'empêcher cela! Les plus à blâmer, ce sont ceux qui les soutiennent, et M. Clare plus que tout autre. C'est un homme qui devrait un peu connaître le monde, et ne pas se laisser éblouir par du clinquant et des niaiseries. Il paraissait avoir du jugement : je ne l'aurais pas soupçonné d'avoir ainsi mis en train tout ce charivari contre la raison et la bienséance. Mais tout le monde est fait de même; ceux qu'on croit valoir mieux sont seulement les plus adroits. S'ils prennent une autre route, c'est toujours pour aller au même but. Celui-ci m'a trompé pendant quelque temps, mais c'est bien fini. Tout le mal vient de là. Les sots se trompent; mais ils ne persisteraient pas dans leur sottise, s'ils n'y étaient encouragés par ceux qui seraient faits pour les éclairer.»

Peu de jours après cette aventure, M. Tyrrel fut fort surpris de recevoir une visite de M. Falkland. Sans autre compliment, M. Falkland débuta par exposer le sujet de sa visite.

« Monsieur Tyrrel, dit-il, je suis venu pour avoir avec vous une explication amicale.

— Une explication ! Vous ai-je offensé ?

— Pas le moins du monde, monsieur, et c'est pour cela que je crois que c'est le moment de nous entendre.

— Que diable venez-vous me dire là, monsieur? Êtes-vous bien sûr que votre explication ne soit pas plus propre à brouiller les choses qu'à les éclaircir?

— Je crois en être sûr, monsieur; je me fie beaucoup sur la pureté de mes intentions, et je ne doute pas que, quand vous les connaîtrez bien, vous ne vous prêtiez volontiers à y concourir.

— Mais, mais, monsieur Falkland, nous pourrions n'être pas d'accord là-dessus. Un homme pense d'une manière, un autre d'une autre. Et puis, ma foi, je ne crois pas avoir grand sujet de me louer de vous jusqu'à présent.

— Cela peut être. Avec cela, je ne crois pas non plus vous avoir donné quelque raison de vous en plaindre.

— Fort bien, monsieur, mais vous n'avez pas le droit de venir ici me vexer. Si votre projet a été de vous divertir à mes dépens et de savoir à quel homme vous aviez affaire, Dieu me damne si vous aurez sujet de vous en applaudir.

— Rien n'est plus aisé, monsieur, que de nous susciter une affaire. Si c'est là ce que vous voulez, n'ayez pas peur que les occasions vous manquent.

— Dieu me damne, je crois que vous êtes venu ici pour me braver.

— Monsieur Tyrrel! monsieur... prenez garde!...

— Quoi, monsieur? Entendez-vous me menacer? De par tous les diables, que me voulez-vous? qu'êtes-vous venu faire ici? »

Les manières brutales de M. Tyrrel rendirent à M. Falkland tout son sang-froid.

« J'ai tort, reprit-il, je l'avoue. Je n'ai que des intentions pacifiques, et c'est ce qui m'a fait prendre la liberté de venir vous voir. Quel que puisse être mon ressentiment dans d'autres circonstances, je dois me vaincre en ce moment.

— Ah ah!... Eh bien, monsieur! qu'avez-vous donc de plus à me dire?

— Monsieur Tyrrel, poursuivit M. Falkland, vous vous imaginerez sûrement bien que le sujet qui m'a amené ici n'est pas une bagatelle. Je ne serais pas venu chez vous sans de très-fortes raisons. Ma démarche seule vous est un sûr garant que je suis profondément convaincu de l'importance de ce que j'ai à vous dire.

» Nous sommes à l'égard l'un de l'autre dans une situation des plus critiques : nous sommes tout près d'un tourbillon qui, s'il nous entraîne une fois, ne nous laissera plus le temps de la réflexion. Un malheureux esprit de jalousie semble s'être glissé entre nous deux; je ne désire rien tant que de l'éloigner, et je viens réclamer votre aide. Nous sommes tous les deux d'humeur peu endurante; nous avons tous les deux une propension à nous laisser emporter. Dans l'état où sont les choses, il n'y a rien de déshonorant ni pour vous ni pour moi à prendre des précautions contre l'avenir; il pourrait venir un temps où nous aurions à regretter de n'avoir pas usé de prudence, et où il serait trop tard pour y avoir recours. Pourquoi deviendrions-nous ennemis? Si nos goûts sont différents, poursuivons chacun notre carrière sans chercher à nous traverser. Nous possédons l'un et l'autre assez abondamment tous les moyens de bonheur; nous avons tout ce qu'il faut pour vivre longtemps tranquilles et heureux, respectés de tout ce qui nous environne. N'y aurait-il pas de la folie à abandonner une pareille perspective pour courir les chances d'une rivalité et d'une lutte pénibles? Entre gens de notre humeur, une telle position entraîne des conséquences dont l'idée me fait frémir. Je tremble, monsieur, qu'il n'en résulte la mort au moins pour l'un de nous deux, et pour le survivant le remords et le malheur pendant le reste de ses jours.

— Sur mon âme, vous êtes un homme étrange! Quel besoin avez-vous de m'importuner de vos prédictions et de vos pressentiments?

— Parce que cela est nécessaire pour votre bonheur; parce que je crois convenable de vous avertir maintenant du danger que nous courons, plutôt que d'attendre jusqu'au point où ce que je dois à mon caractère ne me permettra plus de rester aussi tranquille. En faisant de ceci une querelle, nous ne ferions qu'imiter le commun des hommes, qui, à notre place, vraisemblablement en viendrait bientôt là; mais faisons mieux: montrons que nous avons assez d'élévation dans l'âme pour mépriser de petits sujets de mésintelligence. En nous rendant ainsi justice, nous en retirerons une gloire bien plus solide et plus vraie. En adoptant une conduite contraire nous en serons nous-mêmes les victimes, et nous nous donnerons en spectacle à nos connaissances.

— Vous croyez cela? Peut-être y a-t-il là quelque chose de vrai; mais, pour ma part, Dieu me damne, si je consens à être jamais le jouet d'aucun homme au monde.

— Vous avez raison, monsieur Tyrrel; conduisons-nous donc chacun de la manière la plus propre à nous faire respecter. Ni vous ni moi n'avons envie de changer la carrière que nous nous sommes faite; poursuivons donc notre route l'un et l'autre sans nous contrarier respectivement; que ce soit là notre traité, et, par une condescendance réciproque, arrivons à nous donner mutuellement la paix. »

En disant ceci, M. Falkland lui tendit la main en signe de concorde; mais ce geste était trop significatif: le farouche Tyrrel, qui semblait un peu ébranlé par ce qui avait précédé, se sentant alors pris comme par surprise, recula quelques pas. M. Falkland, à ce nouveau trait de rudesse, fut sur le point de prendre feu, mais il eut la force de se contenir.

« Je ne comprends rien à tout ceci! s'écria

M. Tyrrel; pourquoi, diable, me pressez-vous comme cela? Il faut, pardieu, que vous ayez là-dessous quelque intention de me faire donner dans le piége.

— Mon intention, répliqua M. Falkland, est franche et honnête. Pourquoi voudriez-vous vous refuser à une proposition dictée par la raison et conforme également à votre intérêt comme au mien ? »

M. Tyrrel avait eu le temps de se remettre, et il était revenu à son caractère habituel.

« Bien, bien, monsieur; je dois convenir qu'il y a là quelque franchise. Et moi je vais de mon côté vous rendre la pareille : mon humeur est un peu rude, n'importe pourquoi ni comment; je n'aime pas à être contrôlé. Peut-être trouverez-vous que c'est une faiblesse; mais, certes, je ne me changerai pas, je vous en réponds. Avant que vous vinssiez dans ce pays, j'y vivais fort bien, j'aimais mes voisins, et j'étais bien vu d'eux. A présent, c'est tout autre chose, et c'est à vous que je m'en prends. Tant que je ne pourrai faire un pas hors de chez moi sans vous trouver sur mon chemin et sans endurer tous les jours quelque nouvelle mortification, où vous êtes toujours pour quelque chose de près ou de loin, je suis résolu à vous haïr. Ainsi, monsieur, si vous voulez vous en aller hors du pays, du royaume même, ou au diable, si cela vous fait plaisir, pourvu que je n'entende plus parler de vous, je vous donne ma parole de ne pas vous chercher la moindre querelle de ma vie. Alors on pourra prôner vos vers, vos rébus, vos couplets, vos balivernes, comme la chose la plus merveilleuse, sans que je m'en mette en peine le moins du monde.

— Monsieur Tyrrel, soyez raisonnable. Ne pourrais-je désirer votre éloignement comme vous le mien ? Je suis venu vous trouver comme mon égal et non comme mon supérieur. Dans la société des hommes, il y a des choses à supporter et des devoirs à remplir. Personne ne doit se figurer que le monde a été fait pour lui tout seul. Prenons donc les choses comme nous les trouvons, et accommodons-nous sagement aux inconvénients que nous ne pouvons éviter.

— En vérité, monsieur, voilà qui est parfaitement bien dit; mais je reviens à mon texte : nous sommes comme Dieu nous a faits ; je ne suis, moi, ni philosophe ni poëte; je ne saurais niaisement me façonner autrement que je ne suis. Quant aux conséquences, il en sera ce qui en sera ; nous ferons comme nous pourrons : il faut faire son pain selon sa farine. Ainsi, voyez-vous, je ne me creuserai par la tête sur ce qui arrivera; mais je me tiendrai, pardieu ! en bonne posture pour attendre tous les événements. Tout ce que je puis vous dire, c'est que, tant que je vous verrai vous jeter devant moi, toujours à la traverse, je vous haïrai comme une médecine noire; et, Dieu me damne, si je ne crois pas que je vous hais encore plus pour être venu aujourd'hui avec vos diables de formes pragmatiques, quand personne ne songe à vous, pour me prouver seulement que vous êtes plus sage que tout le monde ensemble.

— Monsieur Tyrrel, j'ai fini. Je prévoyais de fâcheuses conséquences, et je suis venu amicalement vous en avertir. Je me flattais qu'une explication franche n'aurait fait que ramener entre nous la bonne intelligence. Je vois que je me suis un peu trompé; mais je crois encore pourtant que, quand vous réfléchirez de sang-froid à ce qui s'est passé entre nous, vous finirez par rendre justice à la pureté de mes intentions, et par sentir que ma proposition n'était pas déraisonnable. »

M. Falkland se retira. Dans tout le cours de cet entretien, il s'était conduit, sans doute, de façon à inspirer une véritable confiance dans ses paroles. Avec cela, son caractère bouillant n'avait pas été sans effet dans cette scène, et, dans les moments mêmes où il avait fait voir le plus de retenue, il y avait dans sa manière une sorte de hauteur qui ne pouvait manquer d'irriter son adversaire; l'élévation qu'il déployait, en se montrant maître de lui, était une espèce de reproche indirect. Les plus nobles sentiments lui avaient dicté sa démarche; mais, sans contredit, elle n'eut d'autre effet que d'envenimer la plaie qu'il s'agissait de guérir.

Quant à M. Tyrrel, il recourut à sa ressource ordinaire, et alla se débarrasser dans le sein de son confident des idées tumultueuses qui le tourmentaient. « Voilà encore, disait-il, une nouvelle ruse de cet homme pour prouver sa prétendue supériorité. Nous savons fort bien qu'il a le talent de babiller. A coup sûr, si l'on gouvernait le monde avec des paroles, il aurait beau jeu. Oh! certes, oui, il peut bavarder tout à son aise. Mais qu'est-ce que c'est que du caquet? Ce n'est pas avec cela qu'on vide une affaire ; au bout du compte, je ne sais quel diable me retenait pour ne l'avoir pas jeté à la porte ; mais tout cela trouvera sa place : c'est un article de plus au compte que nous avons à régler ensemble et qu'il me payera tout au long. Ce Falkland est un vrai démon à ma poursuite. Il ne me laisse pas respirer un moment : le jour, je le trouve partout; la nuit, je le vois en rêve : il empoisonne toute ma vie. Je voudrais le voir déchirer pièce à pièce avec des tenailles et lui manger le cœur. Je n'aurai pas un moment de repos qu'il ne soit à tous les diables. Je ne sais ce qu'il peut avoir de bon; mais, pour moi, c'est un instrument de torture continuelle. Y penser seulement pèse sur mon cœur comme un cauchemar; c'est trop longtemps le supporter. Croit-il qu'il me fera souffrir impunément tout ce que j'endure? »

Malgré toute l'exaspération de M. Tyrrel, il est probable cependant qu'il rendit quelque justice à son rival. De ce moment il le vit avec encore plus d'aversion, mais ne le regarda plus comme un ennemi méprisable. Il évita davantage sa rencontre il ne se mit plus à tout propos en attitude hostile contre lui. Il semblait guetter sa victime dans le silence et recueillir tout son venin pour lui porter le coup mortel.

V

Peu de temps après, il se déclara dans le pays une maladie contagieuse, dont les ravages furent extrêmement rapides, et qui attaqua un grand nombre d'habitants. Une des premières personnes qui en éprouvèrent les atteintes fut M. Clare. On peut se figurer quel chagrin et quelles alarmes cet accident causa dans tous les environs. M. Clare y jouissait d'une considération presque au-dessus de celle d'un simple mortel. L'égalité de son humeur, la douceur de son commerce, l'extrême bonté de son cœur, jointes à ses talents, à l'aimable gaieté de sa conversation et aux richesses de son esprit, en avaient fait l'idole de tous ceux qui le connaissaient. Au moins n'avait-il pas un seul ennemi dans tout ce qui l'entourait. Son danger fut le sujet d'un deuil universel; il semblait promettre une longue vie, et avoir à parcourir encore une belle carrière d'années et de gloire. Peut-être n'était-ce qu'une apparence trompeuse; peut-être les efforts de son intelligence, plus violents et plus continus que ne l'aurait permis un juste ménagement pour sa santé, avaient-ils déjà jeté en lui les germes d'une maladie. Mais un observateur plus confiant aurait hardiment prédit que ses habitudes de tempérance, l'activité de son esprit et son enjouement inaltérable suffiraient pour tromper longtemps la mort, à moins qu'elle ne vînt à le prendre par surprise; et cette circonstance redoublait encore l'affliction générale.

Mais personne n'en fut aussi affecté que M. Falkland. Peut-être n'y avait-il pas un homme capable d'apprécier aussi bien que lui la vie qui était alors menacée. Il se hâta de se rendre près du malade : mais il éprouva quelque difficulté à se faire introduire. M. Clare, qui n'ignorait pas la nature contagieuse de son mal, avait donné ordre qu'on laissât approcher de lui le moins de monde possible : M. Falkland se fit nommer et on lui fit réponse qu'il était compris dans l'ordre général. Mais il n'était pas d'humeur à se rebuter aisément, il insista avec opiniâtreté, et à la fin il l'emporta; on se contenta de lui recommander de prendre toutes les précautions d'usage pour se garantir de la contagion.

Il trouva M. Clare dans sa chambre à coucher, mais levé : il était en robe de chambre, assis à un bureau, près de la fenêtre. Il avait l'air serein et tranquille, mais il portait l'empreinte de la mort. « J'avais grande envie, M. Falkland, dit-il, qu'on ne vous laissât pas entrer jusqu'ici, quoiqu'il n'y ait personne au monde que j'aie plus de plaisir à voir; mais en y pensant mieux, je crois qu'il y a peu de gens qui puissent s'exposer à ce danger-ci avec plus d'espoir de lui échapper. Au moins chez vous, si la garnison était prise, ce ne serait pas par la trahison du commandant de la place. Je ne saurais vous dire comment moi, qui vous prêche ici la prudence, j'ai été imprudent moi-même; mais que mon exemple ne vous décourage pas; je ne connaissais pas tout le danger, sans quoi je me serais conduit avec plus de circonspection. »

M. Falkland, une fois établi dans l'appartement de son ami, ne voulut plus absolument en désemparer. M. Clare pensa qu'il y avait peut-être moins de risque dans ce parti que dans un changement continuel d'air, et il n'insista plus. « M Falkland, dit-il, quand vous êtes entré, j'achevais mon testament. Ce que j'avais écrit autrefois sur mes dernières volontés ne me convenait pas, et je ne me souciais guère, dans ma situation, de faire appeler un légiste. Dans le fait, il serait bien étrange qu'un homme de sens, avec des intentions pures et droites, ne fût pas en état de remplir cette fonction par lui-même. »

M. Clare continua à agir avec autant d'aisance et de liberté que s'il eût été dans la plus parfaite santé. A voir son maintien assuré et son ton calme et enjoué, on n'aurait jamais imaginé qu'il touchât à son dernier moment. Il marchait, il raisonnait, il badinait d'une manière qui annonçait un homme parfaitement maître de soi ; mais de quart d'heure en quart d'heure sa figure s'altérait d'une manière sensible. M. Falkland ne le perdait pas un instant de vue, et le contemplait avec une inquiétude mêlée d'admiration.

« Falkland, dit le malade après avoir paru quelques minutes absorbé dans ses pensées, je sens que je vais mourir ; c'est un étrange mal que le mien. Hier je paraissais être en parfaite santé, et demain je serai un corps insensible. Que la ligne qui sépare la vie et la mort des misérables humains est curieuse à étudier! Être tout à l'heure actif, gai, pénétrant, riche, par la mémoire, d'une foule de connaissances, capable d'amuser les hommes, de les instruire et de les exalter, puis, le moment d'après, n'être plus qu'une matière dépourvue de vie et de mouvement, un poids inutile sur la surface de la terre : voilà l'histoire de bien des hommes, et ce sera bientôt la mienne.

» Il me semblait que j'avais encore beaucoup de choses à faire en ce monde; mais cela ne sera pas. Il faut se contenter de ce qui est fait : c'est vainement que je rappelle toute mon énergie morale, l'ennemi est trop fort et trop acharné contre moi : il ne veut pas me donner le temps de respirer; ces choses-là sont hors de mon pouvoir, elles tiennent à un enchaînement de circonstances qui se succèdent continuellement sans s'arrêter. Le bien-être général, la grande affaire de l'univers ira toujours son train, quoiqu'il ne me soit plus donné d'y travailler pour ma part. Cette tâche est réservée à des mains plus fortes et plus jeunes, à vous, Falkland, et à ceux qui vous ressemblent. Nous serions bien méprisables vraiment, si l'espoir du perfectionnement de l'espèce humaine ne nous faisait pas goûter un plaisir pur et parfait, sans cependant que nous sachions si nous existerons pour en partager les fruits. Les hommes auraient bien peu à envier à l'avenir, s'ils avaient tous joui de la paix du cœur aussi complétement que je l'ai fait. »

M. Clare demeura levé toute la journée, se livrant

à quelques légères distractions et exerçant agréablement ses facultés morales, ce qui était peut-être plus propre à rafraîchir et fortifier ses organes, que s'il eût cherché à prendre du repos. Par intervalles, il survenait une crise; mais il ne l'avait pas plus tôt sentie, qu'il avait l'air de se mettre au-dessus du mal et de sourire de l'impuissance de ses attaques. Trois ou quatre fois il fut baigné de sueurs abondantes auxquelles succédaient une extrême sécheresse de la peau et une chaleur brûlante. Bientôt il fut couvert de petites taches livides; puis il parut quelques symptômes de frisson, mais il les soutint avec un grand courage. Ensuite il devint calme; et, après quelques moments, comme il était déjà nuit, il se détermina à se mettre au lit.

« Falkland, dit-il en lui serrant la main, mourir n'est pas une tâche aussi difficile que bien des gens se le figurent. Quand on contemple de près la mort, on est tout étonné qu'une subversion aussi totale puisse s'opérer si facilement. »

Il y avait déjà quelques moments qu'il était au lit, et comme tout paraissait tranquille, M. Falkland pensa qu'il dormait, mais c'était une erreur. M. Clare à l'instant ouvrit le rideau et jeta les yeux sur son ami. « Je ne puis dormir, dit-il. Non; si je pouvais dormir, je me regarderais comme hors d'affaire; mais il est décidé que j'aurai le dessous dans cette lutte contre la maladie.

» Falkland, c'était à vous que je pensais. Je ne connais personne à qui l'avenir semble offrir de plus belles espérances; mais veillez sur vous. Que le monde ne soit pas frustré des avantages que lui promettent vos vertus. Je connais vos faiblesses aussi bien que votre force; vous avez une humeur bouillante chatouilleuse à l'excès sur le point d'honneur; si cette humeur une fois vous entraîne dans un faux pas, vous pouvez devenir aussi funeste à vos semblables que vous auriez pu leur être utile. Travaillez sérieusement à vous délivrer de cette susceptibilité.

» Mais si, dans la courte explication que me permet ma situation actuelle, il ne m'est pas possible de songer à opérer en vous une réforme aussi désirable, il y a au moins une chose que je puis faire : je puis vous prévenir de vous mettre sur vos gardes contre un danger que je vois très-imminent. Prenez garde à M. Tyrrel. Ne faites pas la faute de le mépriser comme un adversaire indigne de vous. De petites causes peuvent amener de grands maux. M. Tyrrel est arrogant, dur et grossier; et vous, vous êtes trop passionné, trop sensible à la moindre offense. Ne serait-il pas bien déplorable qu'un homme qui vous est si inférieur et si peu fait pour vous être comparé sous aucun rapport, fût dans le cas de changer une vie comme la vôtre en une suite de crimes et d'infortunes? Pensez-y bien. Je n'exige pas de promesse de vous. Je ne chercherai pas à vous enchaîner par des liens superstitieux; je veux que ce soit la raison et la justice seules qui vous commandent. »

Cette explication affecta profondément M. Falkland. Une attention aussi généreuse de la part de

M. Clare, dans un moment semblable, le pénétra d'un si vif sentiment de reconnaissance, qu'il fut presque hors d'état de trouver une réponse. Il ne prononça que quelques phrases fort courtes et exprimées avec effort. « Je me conduirai mieux... Ne craignez rien de ma part... Vos excellents avis ne sortiront pas un seul moment de ma mémoire. »

M. Clare passa à un autre sujet. « Je vous ai nommé mon exécuteur testamentaire : vous ne me refuserez pas ce dernier service de l'amitié. Il n'y a que peu de temps que j'ai le bonheur de vous connaître ; mais dans ce peu de temps je vous ai bien observé, et j'ai lu jusqu'au fond de votre âme. Ne trompez donc pas les glorieuses espérances que j'ai conçues de vous !

» J'ai fait quelques legs. Mes anciennes connaissances, du temps où je vivais dans le monde, au moins celles avec lesquelles je vivais dans l'intimité, sont encore toutes chères à mon cœur. Je n'ai pas eu le temps de les appeler auprès de moi dans la circonstance présente ; je ne l'ai même pas désiré ; mais j'espère qu'elles se rappelleront ma mémoire avec plus d'utilité qu'il n'arrive ordinairement dans de semblables occasions. »

M. Clare, ayant ainsi soulagé son cœur, demeura plusieurs heures sans parler. Vers le matin, M. Falkland entr'ouvrit doucement les rideaux, et contempla le sage à son lit de mort. Les yeux de M. Clare étaient ouverts, et ils se tournèrent aussitôt vers son jeune ami. Son visage était défait et marqué du sceau fatal. « J'espère que vous vous trouvez mieux, » dit Falkland à demi-voix, comme craignant de le troubler. M. Clare sortit sa main hors du lit et la lui tendit ; M. Falkland s'avança et la pressa dans la sienne. « Beaucoup mieux, dit M. Clare d'une voix sourde et à peine articulée ; c'en est fait : ma tâche est finie... Adieu ;... souvenez-vous... » Ce furent là ses derniers mots. Il vécut encore quelques heures ; ses lèvres semblaient quelquefois se mouvoir ; il expira sans faire entendre une seule plainte.

Toute cette scène avait extrêmement agité M. Falkland. L'espérance qu'il conservait d'une crise favoable et la crainte de troubler les derniers moments de son ami l'avaient rendu muet. Pendant la derière demi-heure, il était resté immobile, les yeux xés sur M. Clare ; il épiait le moindre soupir, le lus léger mouvement du malade. Il resta encore ans la même attitude ; il croyait quelquefois voir a vie reparaître sur ces traits insensibles. A la n, renonçant à se tromper lui-même, il s'écria ouloureusement : « C'en est donc fait !... »

Il voulait se précipiter sur le corps de son ami ; es assistants le retinrent et cherchèrent à l'entraîner ans une autre chambre ; mais il se débattait entre eurs bras, et se penchait violemment vers ce lit de ouleur :

« Voilà donc ce qui reste de tant de génie, de ant de vertus, de l'assemblage des plus belles quaités ! La lumière du monde est disparue pour jaais ! oh ! hier, hier !.... Clare, pourquoi ne suis-je as mort à votre place ! moment terrible ! perte irréparable! enlevé ainsi dans toute la maturité de son génie, dans la vigueur de son âme! ses jours tranchés au moment où ils étaient mille fois plus utiles au monde qu'ils ne l'avaient encore jamais été! Ah! il était né pour l'instruction des sages, pour servir de guide aux hommes! Et voilà tout ce qui nous reste de lui! Ces lèvres éloquentes seront à jamais fermées! ce cœur si actif et si ardent est pour toujours froid et immobile! Le meilleur, le plus sage des hommes n'est plus, et le monde paraît insensible à sa perte. »

M. Tyrrel n'apprit pas sans émotion la mort de M. Clare ; mais son émotion était d'une nature bien différente. Il avouait qu'il ne pouvait lui pardonner sa partialité envers Falkland, et qu'ainsi il ne pouvait porter de grands regrets à sa mémoire; mais que, quand même il aurait oublié les injustices passées de M. Clare, on n'avait rien négligé pour entretenir jusqu'au bout son ressentiment : Falkland n'avait pas un instant quitté le chevet de son lit, comme si personne autre n'eût été digne de recevoir ses confidences et ses dernières pensées. Mais ce qui était pis encore, c'était cette confiance testamentaire. « En tout, dit-il, absolument, ce pédant misérable veut me supplanter, lui qui n'a rien de ce qui constitue un homme! toujours ainsi l'emporter sur ceux qui valent mieux que lui! Est-ce que tout le monde est devenu fou? ou n'y a-t-il plus de mesure pour apprécier le mérite? Et ce M. Clare qui va aussi se laisser prendre à ses grimaces! qui préfère le frivole et le clinquant au solide! et à son lit de mort encore!... »

M. Tyrrel, avec sa brutalité sauvage et le peu de culture de son esprit, avait, comme cela est fort ordinaire, certaines idées religieuses assez grossières. Il disait encore :

« A coup sûr il en aurait eu quelque honte s'il eût mieux connu son état. Ah! son âme a un compte à rendre; il a cruellement aidé à troubler mon repos; et, quelles qu'en puissent être les conséquences, c'est à lui que nous en aurons l'obligation. »

La mort de M. Clare enleva la personne qui pouvait modérer le plus efficacement l'animosité des deux rivaux et détruisit le frein qui prévenait les derniers excès de M. Tyrrel. L'ascendant moral de son illustre voisin avait toujours tenu le tyran rustique sous un joug involontaire; et, malgré la férocité habituelle de son caractère, il n'avait pas paru, avant ces derniers instants, porter de la haine à M. Falkland. Dans le peu de temps qui s'était écoulé depuis l'époque où M. Clare avait fixé sa résidence dans le canton, jusqu'au retour de M. Falkland du continent, la conduite de M. Tyrrel semblait même avoir gagné quelque chose en mieux. Car, tel était l'avantage des manières séduisantes de Clare, qu'il se conciliait ceux mêmes qu'il contenait, et que ceux dont les actions étaient les plus contraintes par la crainte de lui déplaire n'en éprouvaient pas de sentiment pénible contre lui. Ce n'est pas que M. Tyrrel n'eût préféré de ne pas voir un homme aussi distingué prendre son rang dans un cercle où depuis longtemps il régnait en maître. Mais avec une personne telle que M. Clare, il ne pouvait y avoir lieu à rivalité; M. Tyrrel se soumettait au respect qu'inspirait une si haute réputation, et la jalousie tracassière et pointilleuse du faux honneur ne pouvait que se taire devant un homme si supérieur aux autres.

L'esprit d'animosité qu'on observait entre les deux rivaux avait suspendu, jusqu'à un certain point, les bons effets que la présence et les vertus de M. Clare avaient commencé à opérer sur M. Tyrrel. Mais, dès que cette influence vint à cesser tout à fait, l'humeur violente de celui-ci, ne connaissant plus de frein, se manifesta par des excès plus coupables encore qu'auparavant. Le voisinage d'un rival odieux le rendit plus sombre et plus farouche; tous ceux qui l'entouraient n'en sentirent que plus durement le poids de la tyrannie. Chaque jour on voyait naître de nouveaux incidents, qui réagissaient encore sur cette haine fatale et l'envenimaient de plus en plus.

VI

Les conséquences de tout ce qui précède ne tardèrent pas à se manifester. Le premier incident qui allait survenir devait en quelque sorte décider la catastrophe. Jusqu'ici je n'ai parlé que des préliminaires de cette histoire, de choses qui n'ont en apparence aucune liaison entre elles, quoique conduisant les deux parties à cette disposition réciproque qui a eu des conséquences si fatales. Mais ce qui me reste à dire est rapide, épouvantable. Le dénoûment de ce drame de mort s'avance irrésistible, défiant toute sagesse et toute force humaines de l'arrêter.

Les vices de M. Tyrrel, en se multipliant sans cesse, pesaient plus particulièrement sur ses domestiques et les personnes dans sa dépendance. Mais celle qui en eut le plus à souffrir était la jeune orpheline, fille d'une sœur de son père et dont j'ai déjà parlé. La mère de miss Melville s'était mariée imprudemment, ou plutôt malheureusement, contre l'aveu de ses parents, et tous s'étaient accordés, d'après cette démarche, à lui retirer entièrement leur appui. Son mari s'était trouvé n'être qu'un véritable aventurier; il avait dissipé toute la fortune de sa femme, que la haine irréconciliable de la famille avait diminuée fort au-dessous de ses espérances, et l'infortunée était morte de douleur. Sa fille était restée encore enfant sans aucune ressource au monde. Dans cette situation, les personnes auprès desquelles elle se trouva être placée parvinrent à obtenir de Mrs. Tyrrel qu'elle reçût cette jeune orpheline dans sa maison. En équité, peut-être celle-ci avait droit à cette portion de fortune dont sa mère avait été privée par son imprudence, et qui était allée grossir la part de la ligne masculine. Mais cette idée n'était jamais venue dans la tête ni de la mère, ni du fils: Mrs. Tyrrel s'imaginait faire un acte signalé de bienfaisance en donnant à miss Émilie, dans sa maison, une sorte d'état équivoque, qui n'était pas précisément une condition de domesticité, mais qui n'était pas non plus ce qu'aurait pu attendre une personne de la famille.

Cependant l'orpheline n'avait pas essuyé d'abord toutes les mortifications auxquelles cette situation pouvait l'exposer. Mrs. Tyrrel était impérieuse et hautaine, mais n'avait pas un mauvais cœur. La femme qui gouvernait la maison sous le titre de femme de charge était une personne qui avait autrefois vécu dans l'indépendance, et qui était d'un caractère droit et aimable. Elle conçut de bonne heure de l'amitié pour la petite Émilie, qui, dans le fait, était presque exclusivement abandonnée à ses soins. De son côté, Émilie répondit de tout cœur à l'affection de son institutrice, et apprit avec la plus grande docilité tout ce que Mrs. Jakeman pouvait lui enseigner. Mais, par-dessus tout, elle prit d'elle son caractère franc et enjoué. Comme Mrs. Jakeman, elle s'accoutuma à voir tous les événements de la vie du côté le plus agréable et le plus consolant. Aucune pensée indélicate ne souillait cette âme naïve, et elle n'avait aucun besoin de déguiser ses sentiments. Outre les avantages qu'Émilie retirait des soins de Mrs. Jakeman, elle avait encore la permission de prendre des leçons des maîtres qui venaient à Tyrrel-Place pour l'éducation de son cousin; et, comme le jeune gentillâtre avait toujours quelque indisposition de commande pour se dispenser de les écouter, ils n'auraient eu pour l'ordinaire rien à faire au logis sans la présence de miss Melville. Mrs. Tyrrel encouragea donc pour cette raison les études d'Émilie;

elle se figurait d'ailleurs que cet exemple de docilité et d'instruction agirait sur son bien-aimé Barnabas, seul mobile indirect qu'elle se permît d'employer avec lui, prévenant toute punition et ne devinant pas que la littérature et la science avaient des attraits par elles-mêmes.

Émilie, à mesure qu'elle croissait en âge, développa une sensibilité extrême, qualité qui aurait été, dans sa situation, une source de peines continuelles, sans sa grande douceur et la facilité de son caractère. Elle était loin d'être ce qu'on peut appeler une beauté. Sa taille était petite et commune, son teint celui d'une brune, et son visage assez marqué de petite vérole pour avoir perdu le poli et le velouté de la peau, mais non pas assez pour avoir perdu son expression. Quoiqu'elle ne fût pas jolie, elle avait pourtant quelque chose de singulièrement intéressant. Sa figure respirait à la fois la santé et la délicatesse; ses longs sourcils noirs se pliaient avec facilité aux divers mouvements de son âme, et ses regards portaient à la fois l'empreinte d'un discernement actif et d'une franchise enjouée. L'instruction qu'elle avait reçue, étant le fruit du hasard et des circonstances, l'avait bien exemptée des défauts qu'entraîne l'ignorance, mais non pas de cette sorte d'ingénuité naturelle qui annonce une âme incapable de songer au mal ou d'en soupçonner chez les autres. Elle amusait, sans paraître penser à la finesse et à la justesse de ses observations; ou plutôt, n'ayant jamais été gâtée par des éloges, elle brillait de ses qualités naturelles et suivait les inspirations d'un jeune cœur et d'un sens droit, sans songer le moins du monde à se faire remarquer ou admirer.

La mort de sa tante apporta très-peu de changement à sa situation. Cette dame prudente, qui aurait presque eu peur de commettre un sacrilége si elle eût regardé miss Melville comme un rejeton de la souche des Tyrrel, ne fit pas d'autre mention d'elle dans son testament que de la porter simplement pour une somme de cent livres sterling à l'article des legs des domestiques. Émilie n'avait jamais été admise dans l'intimité et la confidence de Mrs. Tyrrel; le jeune squire, sous la protection duquel elle passait, semblait disposé à la traiter même avec plus d'égards que n'avait fait sa mère. Il l'avait vue croître sous ses yeux, et, quoiqu'il n'y eût guère que six ans de différence entre les cousins, il avait pris une sorte d'intérêt paternel à son sort. L'habitude la lui avait rendue comme nécessaire, et, dans tous les intervalles de la chasse et de la table, il se trouvait isolé et triste quand la compagnie de miss Melville lui manquait. Toutefois, la parenté qui les unissait et le peu de beauté d'Émilie empêchaient qu'il eût jamais pensé à jeter sur elle un regard de désir. Les talents qu'elle avait étaient du genre le plus ordinaire et le plus superficiel; c'était la danse et la musique. Les dispositions qu'elle montrait pour le premier de ces talents avaient engagé M. Tyrrel à lui donner quelquefois la place vacante dans son carrosse quand il allait à l'assemblée du canton; car, sous quelque point de vue qu'il jugeât à propos de la regarder, il pensait que sa servante même, introduite par lui, devait trouver place, sans nulle difficulté, dans le cercle le plus brillant. Comme musicienne, Émilie servait souvent à le distraire; elle avait de temps en temps l'honneur de l'endormir, avec un air, au retour de la chasse; et, s'étant aperçue qu'il n'était pas insensible à la musique, elle en tirait parti pour adoucir quelquefois les agitations auxquelles son humeur sombre le rendait si sujet. Au total, on pouvait la regarder comme une espèce de favorite. C'était à sa médiation qu'avaient coutume de recourir les domestiques et tenanciers qui avaient encouru le déplaisir de leur maître; elle était la compagne privilégiée qui pouvait impunément approcher le lion rugissant. Elle lui parlait sans crainte; et, comme ses prières partaient toujours d'un bon cœur et d'une âme désintéressée, même en la refusant, M. Tyrrel adoucissait encore la sévérité de ses traits et se contentait de sourire de sa présomption.

Telle avait été pendant quelques années la situation de miss Melville : traitée avec tant de clémence par son farouche protecteur, elle avait fermé les yeux sur ce qu'il y avait de précaire dans sa destinée. Mais depuis l'établissement de M. Falkland dans le voisinage, le caractère toujours brutal de M. Tyrrel avait pris un nouveau degré de férocité. Depuis ce temps, il arrivait souvent que la pauvre cousine était traitée plus rudement qu'à l'ordinaire; les petits soins et les badinages qu'elle avait coutume d'employer ne réussissaient plus de même, et quelquefois M. Tyrrel se retournait vers elle avec un regard dur et impatient qui la faisait trembler. Cependant ces accès d'humeur cédaient bien vite à son enjouement naturel, et elle revenait à ses anciennes habitudes.

Enfin, une circonstance vint contribuer à augmenter encore l'aigreur de M. Tyrrel et mettre un terme au bonheur dont avait joui jusqu'alors miss Melville en dépit de la fortune contraire. Émilie avait précisément dix-sept ans quand M. Falkland revint du continent. A cet âge, elle était particulièrement susceptible de se laisser séduire par les agréments de la figure et les belles qualités de l'âme, quand ces charmes se trouvaient unis dans une personne de l'autre sexe. Elle était imprudente précisément, parce que son cœur était incapable de déguisement. Elle n'avait jamais senti le malheur de la pauvreté à laquelle elle était condamnée, et n'avait pas réfléchi à la distance immense que la fortune a mise entre les diverses classes de la société. Elle vit M. Falkland toutes les fois qu'il se rencontra avec elle dans les assemblées publiques, et elle le vit avec admiration, sans se rendre précisément compte à elle-même du sentiment qui l'entraînait. Elle suivait des yeux, avec inquiétude, ses moindres mouvements : elle ne voyait pas en lui, comme le reste de l'assemblée, l'homme né pour posséder une des plus belles terres de la province et fait pour prétendre à la main de la plus riche héritière. Elle ne voyait que Falkland, orné de ces avantages qui tenaient plus intimement à sa personne, et dont aucun revers de fortune ne pouvait le priver. En un mot, elle était émue et ravie quand il était présent; absent, il était le sujet continuel de ses rêveries et de ses songes; mais cette image ne faisait rien naître chez elle au delà du plaisir attaché à l'idée même.

L'attention qu'à son tour M. Falkland fit à elle était assez propre à encourager un cœur aussi prévenu que celui d'Émilie. Il y avait dans ses regards un air de complaisance, quand ils lui étaient adressés. Il avait dit dans une société, et une personne présente l'avait répété à miss Melville « qu'elle lui paraissait tout à fait intéressante, qu'il était bien touché de lui voir un sort aussi peu assuré et aussi précaire, et que s'il n'avait pas peur de lui faire tort dans l'esprit soupçonneux de M. Tyrrel, il serait charmé de faire plus particulièrement sa connaissance. »

Émilie avait écouté ces paroles avec ravissement et comme si elles fussent venues d'un être supérieur qui daignait descendre jusqu'à elle ; car, si elle s'occupait trop peu, dans Falkland, des dons de la fortune, d'un autre côté, elle ne voyait qu'avec une sorte de vénération ses vertus et ses qualités personnelles. Mais, tandis qu'elle semblait ainsi écarter bien loin toute espèce de comparaison entre elle et M. Falkland, vraisemblablement elle nourrissait dans son âme l'espoir vague que les destinées, par quelque événement extraordinaire, pourraient un jour concilier les choses les plus incompatibles en apparence. Préoccupée ainsi, toutes les petites civilités qu'elle avait pu recevoir de Falkland par hasard dans le monde, son éventail qu'il avait ramassé, une tasse vide dont il l'avait débarrassée, en un mot, la prévenance la plus simple faisait palpiter ce jeune cœur, et naître dans cette imagination abusée les chimères les plus romanesques.

Vers ce temps à peu près, il survint un événement qui aida beaucoup à donner une détermination précise aux idées confuses qui agitaient miss Melville. Peu après la mort de M. Clare, M. Falkland avait été appelé un soir à la maison de son défunt ami, par des affaires relatives à sa qualité d'exécuteur testamentaire; et quelques incidents, peu importants au fond, l'y avaient retenu trois ou quatre heures plus tard qu'il ne comptait rester. Il ne quitta la maison, pour s'en retourner chez lui, que vers les deux heures du matin. Dans un lieu aussi éloigné de la métropole, à une pareille heure, il règne un silence aussi parfait que dans une région tout à fait inhabitée. Il faisait un beau clair de lune et tous les objets environnants, marqués par de fortes variations d'ombre et de lumière, sans être en même temps vus d'une manière très-distincte, imprimaient à cette scène une sorte de solennité religieuse. M. Falkland avait amené avec lui M. Collins, parce que l'affaire qu'il s'agissait de régler chez M. Clare avait quelque rapport avec celles qui composaient les fonctions habituelles de ce fidèle serviteur. Ils étaient à causer ensemble, car M. Falkland n'avait pas alors pris l'habitude de ces formes graves et réservées qui rappellent sans cesse son rang à ceux qui l'approchent. Charmé du spectacle qui se déployait à ses yeux, et comme pour en jouir à son aise, il cessa tout d'un coup la conversation. Ils n'avaient fait que quelques pas lorsqu'un vent sourd et impétueux parut s'élever à quelque distance, et qu'ils entendirent comme les mugissements de la mer. A l'instant, sur un des côtés de l'horizon le ciel prit une teinte rougeâtre, et la route faisant alors un coude, ce phénomène se trouva directement devant eux. A mesure qu'ils avançaient, il parut plus distinctement, et à la fin ils ne purent plus douter qu'il ne fût causé par un incendie. M. Falkland pressa son cheval, et plus ils approchaient, plus l'objet d'un moment à l'autre prenait un caractère effrayant : les flammes s'élançaient avec fureur; elles embrasaient une vaste partie de l'horizon ; et, comme elles entraînaient avec elles une grande quantité de petits fragments embrasés et étincelants, elles présentaient une image de l'éruption d'un volcan.

Le feu venait d'un village qui était directement sur leur route. Il y avait déjà huit ou dix maisons embrasées, et le reste paraissait menacé d'une destruction prompte et inévitable. Les habitants, qui n'avaient jamais éprouvé une semblable calamité, étaient dans la dernière consternation. Ils transportaient précipitamment leurs meubles et leurs effets dans les champs voisins. Quand ils avaient rempli ce triste soin, autant qu'ils le pouvaient avec sûreté, ils étaient hors d'état d'imaginer d'autre remède à leur désastre, et ils restaient à contempler les ravages du feu en se tordant les bras et dans les angoisses d'un désespoir impuissant. Toute l'eau qu'il était possible de se procurer dans ce lieu par les moyens d'usage, n'était qu'une goutte opposée aux fureurs du plus terrible des éléments. Le vent qui s'élevait en même temps ajoutait encore de plus en plus à l'activité des flammes.

M. Falkland contempla ce spectacle pendant quelques minutes, comme méditant en lui-même sur ce qu'il y avait à faire. Mais bientôt il dit aux paysans qui étaient autour de lui de jeter bas une maison qui n'était pas encore endommagée, mais qui touchait à une autre déjà tout en feu. Les paysans semblaient étonnés. Ils ne comprenaient pas qu'on pût leur conseiller cette destruction volontaire. Et, d'ailleurs, il eût fallu pour l'entreprendre se jeter au cœur du danger. Voyant donc qu'ils restaient immobiles, M. Falkland descend de son cheval et d'un ton d'autorité leur ordonne de le suivre. En un instant, il était monté dans la maison, et reparaissait sur le faîte comme s'il eût été au milieu des flammes. Ensuite, à l'aide de deux ou trois personnes qui le suivaient de plus près, et qui s'étaient pendant ce temps pourvues des premiers outils qui se trouvèrent sous leurs mains, il détache le support d'un rang de cheminées et les précipite au milieu du feu. Il passe et repasse le long du toit, et, après avoir mis du monde à l'ouvrage de tous les côtés, il redescend pour voir ce qu'il y avait à faire ailleurs.

A ce moment on vit s'élancer hors d'une maison tout en flammes une femme âgée qui avait la consternation peinte sur le visage. Aussitôt qu'elle put assez revenir à elle pour prendre une idée de sa situation, le sujet de ses alarmes sembla en un instant totalement changé. « Où est ma fille ? » s'écria-t-elle en jetant un œil perçant et inquiet dans la foule autour d'elle. « Ah! elle est perdue ! elle est au milieu des flammes! sauvez-la, sauvez-la, ma fille ! » et elle remplissait l'air de ses cris déchirants. Elle retourne vers la maison ; les gens qui étaient auprès d'elle tâchent de l'arrêter; mais elle se débarrasse d'eux en un moment, elle entre dans l'allée, jette un coup d'œil sur l'horrible amas de ruines, et court se plonger dans l'escalier embrasé. M. Falkland la voit, la suit et la retient par le bras; c'était Mrs. Jakeman. « Arrêtez! » cria-t-il d'une voix à la fois imposante et secourable. Restez là; je vais la chercher, la sauver. » Mrs. Jakeman obéit. M. Falkland charge ceux qui étaient présents de la retenir, et s'informe où était la chambre d'Émilie. Mrs. Jakeman était venue voir une sœur qui demeurait dans ce village, et elle avait amené Émilie avec elle. M. Falkland monte dans la maison voisine, et s'élance, par une fenêtre du toit, dans la maison où est Émilie; au moment où il la trouva, elle venait de se réveiller et, commençant à s'apercevoir du danger qu'elle courait, elle avait jeté sur elle à la hâte une partie de ses vêtements ; telle est chez les femmes l'effet irrésistible de l'habitude, mais, cela fait, elle s'était mise à promener autour d'elle les yeux égarés du désespoir. Ce fut alors que M. Falkland entra dans la chambre : elle se précipite dans ses bras avec la rapidité de l'éclair; entraînée par une impulsion trop forte pour admettre aucune réflexion, elle s'attache à lui et le serre étroitement; son émotion était impossible à peindre : ce peu d'instants avait équivalu pour elle à un siècle d'amour.

En un moment on vit reparaître M. Falkland dans la rue avec ce précieux fardeau entre ses bras. Après avoir ainsi arraché Émilie à une mort affreuse, dont personne autre que lui n'eût osé la délivrer, et après l'avoir remise entre les mains de sa tendre protectrice, il retourne à sa première tâche. Par sa présence d'esprit, par son infatigable humanité, par ses efforts sans relâche, il sauva de la destruction les trois quarts de ce village.

Enfin, l'incendie commençant à céder, M. Falkland revint trouver Mrs. Jakeman et Émilie. Il fit voir la sollicitude la plus tendre pour la santé de la jeune miss, et donna ordre à Collins d'aller avec toute la diligence possible chercher sa voiture pour la reconduire. Il s'écoula plus d'une heure dans l'intervalle. Miss Melville n'avait jamais eu l'occasion de voir si bien M. Falkland; et le spectacle de tant d'humanité, de générosité, de courage et de justice, de tant de vertus réunies enfin dans un homme, était aussi nouveau que séduisant pour elle. Elle éprouvait aussi une secrète confusion en songeant à la manière dont elle avait agi au moment où M. Falkland était venu à son secours; et ce trouble, joint à ses autres émotions, y ajoutait un charme qui les portait jusqu'à l'ivresse.

Elle ne fut pas plus tôt arrivée au château, que M. Tyrrel accourut pour la recevoir. Il venait d'apprendre le triste événement qui avait eu lieu dans le village, et il tremblait pour son aimable cousine. Sa vue lui causa une de ces émotions involontaires qui sont communes à presque tous les individus de l'espèce humaine. Il était tourmenté de la crainte qu'Émilie ne fût victime d'une catastrophe survenue au milieu de la nuit. Agréablement rassuré à sa vue, il la serra dans ses bras avec cette joie réelle qui succède à une effrayante incertitude. Émilie ne se vit pas plus tôt rendue au lieu de sa demeure, qu'elle oublia tout ce qu'elle avait souffert; dans l'exaltation de son âme, sa langue ne se lassait pas de parler de son danger et de sa délivrance. Elle avait déjà plus d'une fois mis M. Tyrrel à la torture par les louanges qu'elle prodiguait innocemment à M. Falkland; mais ce n'était rien en comparaison de son enthousiasme. L'amour n'agissait pas sur elle, dans cette circonstance, comme il eût fait sur une personne accoutumée à rougir et qui aurait eu dans le cœur moins d'innocence. Elle exalta l'activité de Falkland, sa promptitude à concevoir, sa prudence courageuse à exécuter. Dans son récit naïf, tout était féerie et enchantement; on y voyait un génie bienfaisant qui surveillait et dirigeait tout; mais on ne pouvait rien deviner des moyens humains qui avaient servi à l'accomplissement de ses desseins.

M. Tyrrel écouta pendant quelque temps avec patience les effusions de ce cœur innocent; il supporta même d'entendre applaudir l'homme duquel il venait de recevoir un tel service. Mais, par trop d'amplification, le récit finit par lui déplaire, et il ne put s'empêcher d'y mettre un terme par une remontrance un peu dure. Probablement, lorsqu'il le repassa dans sa mémoire, il le trouva encore plus insolent et plus insupportable qu'il ne lui avait paru à l'entendre; le premier mouvement de reconnaissance était effacé : mais les louanges hyperboliques qui avaient été prodiguées revenaient toujours fatiguer son oreille. Il lui semblait qu'Émilie était entrée aussi dans la conjuration formée contre le repos de sa vie. Émilie cependant n'avait pas la moindre idée d'avoir pu offenser personne, et dans toutes les occasions elle citait M. Falkland comme le modèle des grâces et de la vertu humaines. Elle ne savait ce que c'était que dissimuler et ne pouvait pas se figurer que l'objet de son admiration continuelle ne fût pas vu par tout le monde des mêmes yeux qu'elle le voyait elle-même. Ce fut ainsi que son innocent amour s'enflammait de plus en plus. Elle se flatta que rien autre qu'une passion réciproque n'eût pu porter M. Falkland à la tentative désespérée qui l'avait arrachée aux flammes, et elle ne doutait plus que cette passion le forcerait bientôt à rompre le silence, comme elle lui fermerait aussi les yeux sur la distance immense qui le séparait d'elle.

M. Tyrrel chercha d'abord avec une certaine modération à arrêter le cours des éloges de miss Melville, et de la convaincre par divers signes qu'un pareil sujet lui était peu agréable. Il était accoutumé à la traiter avec douceur; Émilie, de son côté, était disposée à lui obéir aveuglément et sans résistance; ainsi il ne lui était pas difficile de la faire taire; mais le moment d'après, à la première occasion, son thème favori revenait malgré elle sur ses lèvres. L'obéissance était chez elle la soumission d'un cœur bon et simple; mais c'eût été la chose du monde la plus difficile que de la lui inspirer par la crainte : elle, qui n'aurait pas fait de mal à un ver de terre, ne pouvait pas s'imaginer que personne conçût des sentiments de rancune et de méchanceté contre elle. Par caractère, elle n'était jamais dans le cas de disputer avec obstination contre les personnes sous la dépendance desquelles elle était placée; et, comme elle cédait sans hésiter, elle n'avait jamais eu de traitement sévère à éprouver. Les réprimandes de M. Tyrrel, au seul nom de Falkland, devenant plus marquées, miss Melville se tint davantage sur ses gardes. Elle s'arrêtait tout à coup quand elle se surprenait à dire des phrases à demi commencées à sa louange. Ce genre de précaution produisait nécessairement un très-mauvais effet. C'était une satire mordante de la faiblesse de son parent. Quelquefois, dans ce cas-là, elle hasardait, d'un air libre et enjoué, quelques mots d'explications : « Mon cher cousin! en vérité, je ne conçois rien à votre humeur! sûrement M. Falkland vous rendrait tous les services du monde... ; » mais tout à coup quelque geste d'impatience et d'humeur farouche la forçait de se taire.

A la fin cependant elle vint à bout de se corriger

tout à fait de cette inattention; mais il était trop tard. La passion, dont son cœur s'était laissé innocemment pénétrer, avait déjà excité les soupçons de M. Tyrrel. L'imagination de celui-ci, ingénieuse à le tourmenter, lui suggérait tous les moyens d'amener la conversation au point où Émilie n'aurait pas manqué de placer l'éloge de M. Falkland, sans les entraves qui retenaient sa langue. La réserve qu'elle gardait alors lui était plus insupportable que ne l'avait été la répétition de ses éloges. Toute la bienveillance qu'avait montrée M. Tyrrel pour cette innocente orpheline vint à s'effacer de jour en jour. Cet engouement pour l'homme qui était par-dessus tout l'objet de sa haine, lui parut le dernier trait de la persécution d'une maligne destinée. Il se regarda comme arrivé au terme de la prédiction de M. Falkland, condamné par une fatale étoile à être abandonné par toute créature ayant figure humaine; tous les hommes lui semblaient être sous l'influence d'un maudit enchantement qui ne leur faisait aimer que le clinquant et l'artificiel, en leur inspirant une antipathie mortelle pour les productions vraies et simples de la nature. Frappé de tous ces sinistres présages, il ne vit plus miss Melville qu'avec aversion; et, habitué comme il l'était à s'abandonner sans réserve à tous ses penchants, il se détermina bientôt à sacrifier cette faible victime à son implacable vengeance.

VII

M. Tyrrel consulta, sur le plan qu'il avait à suivre, son confident ordinaire; celui-ci, qui ne le cédait guère au squire en brutalité et en insolence, ne pouvait pas se figurer qu'une misérable petite fille, sans richesse et sans beauté, dût gêner le moins du monde les caprices d'un homme de l'importance de M. Tyrrel. La première idée qui vint à ce barbare parent fut de jeter à la porte la malheureuse orpheline, et de l'abandonner entièrement; mais il ne pouvait pas se dissimuler qu'un pareil procédé ferait beaucoup crier contre lui : et à la fin il s'arrêta à un projet qui, en mettant suffisamment sa propre réputation à couvert, lui donnait encore bien plus l'assurance de punir et de mortifier sa victime.

Il jeta les yeux, pour son dessein, sur un jeune homme de vingt ans, fils d'un certain Grimes qui tenait une petite ferme dans le domaine de son confident. Ce fut ce garçon qu'il résolut de donner pour mari à miss Melville, soupçonnant dans sa malice qu'entraînée par les sentiments de tendresse qu'elle avait malheureusement conçus pour M. Falkland, elle ne recevrait une proposition de mariage qu'avec une extrême répugnance. Il choisit Grimes comme étant, sous tous les rapports, diamétralement l'opposé de M. Falkland. Grimes n'était pas précisément un garçon qui eût des inclinations vicieuses, mais il était grossier et rustre au dernier point. Son teint était celui d'un sauvage; il avait les lèvres épaisses, la voix rauque, tous les traits de son visage durs et sans harmonie. Enfin, de la tête aux pieds, rien n'était plus repoussant que toute sa personne. Il n'avait rien de méchant dans le caractère, mais il était tout à fait incapable de tendresse, et ne pouvait pas comprendre dans les autres des sentiments dont il ne trouvait aucun germe en lui-même. Habile boxeur, il était porté par inclination aux amusements où se déploie la force, et les jeux de main étaient pour lui des plaisanteries favorites qu'il ne regardait pas comme injurieuses quand elles ne laissaient aucunes traces après elles. En général, ses manières étaient très-bruyantes; il n'avait pas la moindre attention pour les autres et était opiniâtre dans ses volontés, non par une vraie dureté de caractère, mais parce qu'il n'était nullement susceptible de ces impressions délicates qui jouent un si grand rôle dans des organisations plus délicates.

Tel était l'être à demi civilisé que la malice ingénieuse de M. Tyrrel avait cherché comme le plus propre à ses desseins. Jusqu'à ce moment l'oppression du despotisme ne s'était guère fait sentir à Émilie; son heureuse insignifiance lui avait tenu lieu de protection : personne n'avait imaginé qu'elle valût la peine qu'on employât pour elle ces mille petites entraves dont on tourmente les filles nées dans l'opulence. On pouvait la comparer au faible oiseau qui gazouille paisiblement dans les bosquets qui l'ont vu naître.

Quand elle entendit donc son cousin lui proposer M. Grimes pour mari, elle resta pour un moment muette de surprise; mais, dès qu'elle eut recouvré la parole, elle répondit : « Non, monsieur, je vous remercie. Dieu merci! je n'ai pas besoin de mari.

— Si fait, vous en avez besoin ! n'êtes-vous pas toujours à courir après les hommes? Il est bien temps de vous établir.

— Et M. Grimes, encore! Non, non, s'il vous plaît. Si j'ai jamais un mari, ce ne sera pas quelqu'un comme M. Grimes.

— Taisez-vous! Comment osez-vous vous permettre de pareilles impertinences?

— Mais, Seigneur! je ne sais pas ce que vous voudriez que j'en fisse : c'est comme si vous m'ordonniez de prendre votre vilain barbet pour le mettre dans ma chambre, sur un beau petit coussin de soie : et puis, M. Grimes n'est qu'un simple artisan, et je suis bien sûre d'avoir entendu dire à ma tante que notre famille était une très-noble famille.

— Cela n'est pas vrai. Notre famille! Avez-vous l'impudence de vous regarder comme de notre famille?

— Hé! comment! est-ce que votre grand-papa n'était pas mon grand-papa aussi, monsieur? Comment ne serions-nous donc pas de la même famille?

— Pour une bonne raison. Vous n'êtes que la fille d'un coquin d'Écossais qui a mangé jusqu'au dernier shilling de la fortune de ma tante Lucy, et qui vous a laissée sans pain. Vous avez en tout 100 liv. sterling, et le père de Grimes s'engage à lui en donner autant. Comment osez-vous ainsi regarder vos égaux avec tant de hauteur.

— Non, monsieur, non, je ne suis pas fière, assurément. Mais, en vérité, monsieur, il ne m'est pas possible d'aimer jamais M. Grimes... Je me trouve très-heureuse comme je suis ; pourquoi irais-je me marier ?

— Finissez votre bavardage; Grimes sera ici cette après-midi, songez à vous bien comporter avec lui. Sans cela, il saura bien vous en faire ressouvenir, quand vous vous y attendrez le moins.

— Oh ! monsieur, je le vois bien à présent, vous ne parlez pas sérieusement, j'en suis sûre.

— Pas sérieusement ! Dieu me damne, c'est ce que nous verrons. Ah ! je vous dirai bien à quoi vous pensez, moi. Vous aimeriez mieux être la maîtresse de M. Falkland que la femme d'un bon et honnête laboureur : mais j'aurai l'œil sur vous. Ah ! ah ! voilà ce que c'est que d'être trop bon. Il faut vous tenir, Miss; il faut qu'on vous apprenne la différence qu'il y a entre vos beaux rêves et la réalité : vous bouderez peut-être, mais peu m'importe : l'orgueil a besoin de temps en temps d'une petite mortification. S'il vous arrivait de faire quelque sottise, ce serait moi qui en porterais le blâme. »

Le ton dont parlait M. Tyrrel était si différent de celui auquel miss Melville était accoutumée, qu'elle se sentit tout à fait hors d'état de rien comprendre à ce qui se passait. Quelquefois il lui venait dans l'idée qu'il avait formé réellement le projet de la réduire à une situation dont elle ne pouvait même pas soutenir la pensée; mais elle rejetait bien vite ce soupçon comme indigne de son parent, et finissait par conclure que c'était seulement une tournure qu'il avait prise pour la mettre à l'épreuve. Toutefois, elle résolut de consulter sa fidèle amie, Mrs. Jakeman, à qui elle raconta tout ce qui s'était passé. Mrs. Jakeman vit les choses autrement qu'Émilie ne se les était figurées, et trembla pour la tranquillité future de sa chère pupille.

« Bon Dieu, ma chère maman! s'écria Émilie (c'était le nom qu'elle aimait à donner à la bonne femme de charge), sûrement vous ne pouvez pas croire ce que vous dites... Mais cela m'est égal; il arrivera ce qui pourra: je n'épouserai pas M. Grimes.

— Mais que ferez-vous pour l'empêcher? mon maître vous y obligera.

— Comment! Croyez-vous parler à un enfant! N'est-ce pas à moi, et non à M. Tyrrel, que l'on veut donner ce mari? Pensez-vous que je laisserai personne choisir un mari pour moi? Je ne suis pas assez simple pour cela.

— Ah! Émilie, vous connaissez bien peu les désavantages de votre situation. Votre cousin est un homme violent, et il est capable de vous mettre hors de chez lui si vous le contrariez.

— Oh! maman, ce n'est pas bien à vous de parler comme cela; je suis sûre que M. Tyrrel est un bien bon parent, quoique de temps en temps un peu brusque. Il sait fort bien que dans une affaire comme celle-ci j'ai droit d'avoir ma volonté, et l'on ne punit pas les gens de faire ce qu'ils ont droit de faire.

— Oui, cela ne devrait pas être, ma chère enfant, mais il y a des hommes bien méchants et bien tyrans dans le monde.

— A la bonne heure, mais je ne croirai jamais que mon cousin soit un de ces hommes-là.

— Je l'espère comme vous.

— Et puis, quand cela serait. Eh bien, certainement je serais très-fâchée de lui faire de la peine.

— Eh quoi ! ma pauvre enfant, ma chère Émilie irait errer sans asile et sans pain ! Est-ce que vous croyez que j'aurais le courage de voir de pareilles choses ?

— Non, non ; M. Tyrrel vient de me dire que j'avais cent livres sterling. Et, quand je n'aurais aucune fortune, n'y a-t-il pas des milliers d'individus qui sont dans le même cas ? Pourquoi tant me chagriner d'une chose qu'ils supportent bien et qui ne les rend pas plus tristes ? Ne vous tourmentez pas, maman ; je suis résolue à tout faire plutôt que d'épouser jamais Grimes : mon parti est bien pris.

Mrs. Jakeman ne put soutenir l'état pénible d'incertitude où l'avait jetée cette conversation ; et, pour voir ses doutes résolus, elle alla sur-le-champ trouver son maître. La manière dont elle le questionna indiquait assez l'opinion qu'elle s'était faite sur ce projet de mariage.

« Cela est vrai, dit M. Tyrrel, j'avais à vous parler là-dessus. Cette petite fille s'est fourré dans la tête des visions inconcevables qui finiraient par la perdre tout à fait. Vous pourriez peut-être me dire où elle les a prises ; mais, que cela vienne d'où l'on voudra, il est bien temps de s'en occuper. Les plus courts chemins sont les meilleurs, et il faut prendre les choses où elles en sont, avant qu'il y ait plus de mal de fait ; en un mot, je suis déterminé à lui faire épouser ce garçon. Vous n'avez jamais ouï dire de mal de lui, n'est-ce pas ? Vous avez beaucoup de crédit sur elle, et je désire que vous vous en serviez pour l'amener à son bien ; c'est ce que vous pouvez faire de mieux, entendez-vous ? C'est une petite fille très-décidée, je vous en avertis ; il ne faudrait pas grand'chose pour lui faire faire des sottises, et puis elle finirait par tomber dans le désordre et la misère si je ne prenais pas toutes les peines du monde pour empêcher sa ruine. Je veux faire d'elle la femme d'un honnête fermier, et ma jolie miss ne peut seulement pas en soutenir la pensée ! »

L'après-midi, Grimes vint se présenter à l'heure convenue, et on le laissa seul avec Émilie.

« Eh bien, miss, dit-il, il paraît que M. Tyrrel a envie de nous faire mari et femme. Pour ma part, je ne peux pas dire que j'y aie songé ; mais, puisque tant est que le squire a rompu la glace, ma foi, si le marché vous convient, vous avez trouvé votre homme. Vous n'avez qu'une parole à dire ; à bon entendeur demi-mot ; il ne faut que toucher un cheval aveugle pour le faire aller. »

Émilie n'était déjà que trop mortifiée de la proposition inattendue de M. Tyrrel. Elle se trouva tout à fait confondue de la nouveauté de sa situation, et encore plus de la rusticité de son prétendu, qui allait encore au delà de ce qu'elle se l'était figurée. Grimes prit sa confusion pour de la timidité.

« Allons, allons, ne baissez pas les yeux comme ça. Regardez-moi en face. Eh bien, quoi ? ma première bonne amie était Betty Butterfield, mais qu'y faire ? ce qu'on ne peut empêcher, il faut bien le souffrir; le chagrin ne remplit pas l'estomac. C'était, ma foi, un beau brin de fille, allez, on peut bien dire ça; cinq pieds six pouces francs, et forte comme un dragon. Ah ! diantre, comme cela vous abattait de l'ouvrage ! toujours la première debout, et la dernière couchée; elle avait dix vaches à traire par jour; et puis elle trottait au marché entre les paniers de son âne, quelque temps qu'il fît, pluie ou grêle, vent ou neige, c'était égal. Vous auriez eu plaisir à voir ses grosses joues fermes et rouges comme les pommes d'api de son verger ! Ah ! c'était là une fille alerte; comme elle luttait avec les gens de la moisson ! une tape à l'un, un coup de pied à l'autre; il n'y en avait pas un qui n'eût son paquet. La pauvre fille ! en revenant d'un baptême, elle s'est cassé le cou au bas d'un escalier. A coup sûr, je ne rencontrerai nulle part une si bonne gaillarde : mais c'est égal, allez; je ne doute pas que je ne trouve en vous tout ce qu'il me faut, quand nous aurons mieux fait connaissance. Avec votre air tout timide et tout honteux, allez, je vois bien qu'au fond vous êtes assez espiègle : quand nous aurons un peu joué ensemble, nous verrons ce qui en est. Je suis un bon coq; allez, tel que vous me voyez, et je sais comme il faut s'y prendre. Ah ! vous y viendrez; le poisson mordra à l'hameçon, n'ayez pas peur. Allez, allez, nous nous arrangerons bien ensemble. »

Pendant cette harangue, Emilie avait un peu rappelé ses esprits, et elle commença, d'une voix encore mal assurée, à remercier M. Grimes de la bonne opinion qu'il avait d'elle, en lui faisant observer en même temps qu'elle ne pourrait jamais agréer ses prétentions, et qu'ainsi elle le priait de vouloir bien se désister de ses poursuites. Cette déclaration aurait été assez intelligible, sans les manières étourdies et bruyantes de Grimes, qui ne pouvait pas garder le silence un seul moment, et qui croyait deviner d'avance tout ce qu'on voulait lui dire. En même temps, M. Tyrrel eut soin d'interrompre le tête-à-tête avant qu'ils eussent le temps de s'expliquer davantage, et il fut très-attentif par la suite à empêcher qu'ils pussent mieux se connaître ni s'entendre. En conséquence, Grimes attribua la résistance que lui avait fait voir miss Melville à la réserve naturelle de son sexe et à la pudeur ombrageuse d'une novice. A la vérité, quand il en aurait été autrement, il est douteux que cette découverte eût fait beaucoup d'impression sur lui; il était accoutumé à regarder les femmes comme faites seulement pour l'amusement des hommes, et il s'élevait sans cesse contre la sottise de ceux qui les croient en état de juger par elles-mêmes de ce qui leur convient.

A mesure que miss Melville vit davantage son nouvel adorateur, son antipathie ne fit qu'augmenter. Mais, quoique son caractère fût décidé et exempt de la faiblesse que donne une éducation plus soignée que la sienne, cependant elle n'avait pas été accoutumée à essuyer de vives contradictions, et la sévérité toujours croissante de son cousin ne laissait pas de lui causer de l'effroi. Quelquefois elle songeait à s'enfuir d'une maison qui était devenue pour elle une prison; mais, quand elle examinait de plus près un pareil projet, les habitudes de sa jeunesse et son ignorance du monde la faisaient bientôt reculer. Mrs. Jakeman ne pouvait, il est vrai, se faire à l'idée de voir sa chère Émilie unie avec Grimes; mais par prudence elle s'opposait de tout son pouvoir à ce que sa jeune amie en vînt à prendre un parti extrême. Elle ne pouvait pas s'imaginer que M. Tyrrel voulût persister dans un dessein aussi étrange, et elle exhortait miss Melville à mettre de côté pour quelques instants la franchise et l'indépendance de son caractère pour désarmer l'obstination de M. Tyrrel par les moyens les plus propres à le toucher. Elle avait une grande confiance dans l'éloquence vive et ingénue de son innocente pupille; mais Mrs. Jakeman ne savait pas ce qui se passait au fond de l'âme du tyran.

Miss Melville se rendit au conseil de son amie. Un matin, aussitôt après le déjeuner, elle alla au clavecin, et se mit à jouer, l'un après l'autre, plusieurs airs favoris de M. Tyrrel. Mrs. Jakeman s'était retirée; les domestiques étaient allés chacun à leur besogne. M. Tyrrel voulait aussi sortir, son âme était mal disposée à l'harmonie, et il ne prenait pas cette fois grand plaisir à la musique. Mais Émilie semblait avoir dans les doigts plus de légèreté et de talent qu'à l'ordinaire. L'idée de la cause qu'elle avait à plaider exaltait vraisemblablement son âme; et, comme elle se sentait le courage d'affronter l'indigence, elle ne se laissait pas abattre par la crainte. M. Tyrrel ne pouvait quitter la chambre. Il la traversait d'un pas impatient; un moment après, son œil menaçant se fixait sur la pauvre innocente, qui ne pensait qu'à lui plaire; eufin il se jeta dans un fauteuil vis-à-vis d'Émilie les yeux tournés vers elle. Il était aisé de suivre la marche des émotions qu'il éprouvait successivement. Son front se dérida peu à peu; ses traits s'éclaircirent, le sourire parut y naître; la tendresse avec laquelle il avait autrefois regardé sa cousine semblait revivre dans son cœur.

Émilie guettait le moment. Dès qu'elle eut fini le morceau qu'elle jouait, elle se leva et s'approcha de M. Tyrrel.

« N'ai-je pas bien joué? Qu'allez-vous me donner pour récompense?

— Pour récompense? allons, venez, je vais vous embrasser.

— Bon! ce n'est pas là mon compte. Pourtant il y a bien des jours que vous ne m'avez embrassée. Autrefois, vous m'aimiez bien, vous m'appeliez votre Émilie. Je suis bien sûre que vous ne m'aimiez pas plus que je vous aimais Est-ce que vous voudriez me rendre malheureuse, dites?

— Vous rendre malheureuse! Comment pouvez-vous me faire une pareille question? Mais, prenez garde, Émilie, n'allez pas me fâcher; voulez-vous encore me tourmenter avec vos idées romanesques?

— Non, non; je n'ai pas d'idées romanesques. Mais j'ai besoin de vous parler sur une chose dont dépend tout le bonheur de ma vie.

— Oh! je vois bien où vous voulez en venir. Taisez-vous. Vous savez que vous ne gagnerez rien à me persécuter avec votre maudite obstination. Vous ne voulez pas que j'aie un seul moment de satisfaction avec vous. Quant à Grimes, je suis déterminé sur cela, et il n'y a rien au monde qui puisse me faire changer de résolution.

— Mais, cher cousin, je vous en prie, songez-y un peu. Il faut à M. Grimes un femme qui lui convienne. Il serait tout aussi embarassé de moi que moi de lui. Pourquoi nous forcer tous les deux à faire ce qui est aussi opposé au goût de l'un qu'au goût de l'autre? Je ne peux jamais m'imaginer que vous ayez réellement ce dessein dans la tête; mais, par pitié, je vous en conjure, si vous l'avez, abandonnez-le. C'est une chose bien sérieuse que le mariage. Vous seriez bien fâché, pour une simple fantaisie, d'avoir uni deux personnes qui ne se conviennent pas le moins du monde. Nous serions aux regrets et malheureux tous les deux pour toute notre vie. Les mois, les années viendraient l'un après l'autre, et je ne pourrais espérer d'être libre que par la mort de la personne que mon devoir m'obligerait d'aimer ! J'en suis bien sûre, mon cousin, il n'est pas possible que vous me vouliez tant de mal. Qu'ai-je donc fait pour avoir mérité que vous soyez mon ennemi à ce point-là ?

— Je suis point votre ennemi. Je ne veux que ce qui est nécessaire pour vous empêcher de tomber dans le précipice. Mais, quand je serais votre ennemi, je ne pourrais jamais être pour vous un tourment pareil à celui que vous êtes pour moi. N'êtes-vous pas continuellement à me chanter les louanges de Falkland ? n'êtes-vous pas folle de Falkland ! C'est une légion de diables pour moi que cet homme ! Autant vaudrait pour moi être un pauvre mendiant, un nain, un monstre, je crois ! J'ai vu un temps où on avait de la considération pour moi. Mais à présent qu'ils sont tous engoués de ce faquin francisé, ils me trouvent grossier, bourru, brutal, tyran. Il est vrai que je ne sais pas faire de belles phrases, flagorner les gens par des louanges hypocrites et déguiser le fond de ma pensée. Le fat sait bien qu'il a tous ces misérables avantages, et il ne s'en sert que pour m'insulter sans relâche. C'est un rival et un persécuteur que je retrouve toujours sous mes pas ; mais, comme si ce n'était pas assez, il a trouvé le moyen d'apporter la peste jusque dans ma propre maison. Vous, que nous avons prise ici par charité, vous qui êtes le malheureux fruit d'un mariage mal assorti, voilà que vous vous tournez comme un serpent contre votre bienfaiteur, et que vous me déchirez à l'endroit le plus sensible. Quand je serais votre ennemi, aurais-je tort ? Pourrais-je jamais vous rendre tout ce que vous m'avez fait souffrir? Et qui êtes-vous, Émilie? Vingt vies comme la vôtre peuvent-elles payer une heure de tourments de la mienne? Quand vous seriez vingt ans de suite à endurer toutes les tortures des martyrs, vous ne sentiriez pas ce que j'ai senti. Mais je suis votre ami. Je vois le chemin que vous prenez, et je suis déterminé à vous sauver des mains de ce suborneur, de cet hypocrite scélérat qui a conjuré notre perte à tous. Plus on laisse le mal à lui-même, plus il devient incurable, et je veux vous arracher sur-le-champ au danger dont vous êtes menacée. »

Cette sombre et violente explication fit naître de nouvelles idées dans l'esprit de la sensible miss Melville. Jamais M. Tyrrel n'avait dévoilé jusqu'à ce point les agitations de son âme; mais les tempêtes auxquelles il était en proie ne l'avaient plus laissé maître de lui-même. Elle découvrit avec surprise qu'il était l'ennemi mortel de Falkland, de ce Falkland qu'il lui semblait qu'on ne pouvait connaître sans l'admirer; elle découvrit aussi qu'il gardait contre elle, au fond du cœur, un amer ressentiment. Les féroces passions de son cousin lui inspirèrent un mouvement d'horreur et d'effroi qu'elle ne pouvait expliquer, et elle comprit qu'elle n'avait plus rien à espérer de ce caractère implacable. Mais ce mouvement fut en elle un prélude de courage et non de lâcheté.

« Non, monsieur, répliqua-t-elle, non, je ne chercherai jamais à vous déplaire; j'ai été accoutumée à vous obéir, et je vous obéirai toujours en tout ce qui sera raisonnable ; mais vous me poussez un peu trop loin : que voulez-vous me dire de M. Falkland ? Ai-je jamais rien fait qui puisse autoriser vos odieux soupçons ? Je suis innocente et je le serai toujours. M. Grimes est bon pour trouver des femmes qui lui conviennent ; mais, à moi, il ne me convient pas, et il n'y a pas de torture dans le monde qui puisse me forcer à devenir sa femme. »

Ce ton ferme et décidé d'Émilie ne surprit pas peu M. Tyrrel. Il avait compté avec trop de confiance sur la timidité ordinaire du caractère de cette aimable personne. Il chercha alors à adoucir un peu la dureté de ses premières expressions.

« Dieu me damne, qu'est-ce que cela veut dire ? Pouvez-vous bien vous emporter ainsi avec moi ? Est-ce que vous croyez mener tout le monde à votre fantaisie, et me faire faire vos volontés, plutôt que de vous en rapporter à ma bienveillance pour vous ?.. Mais vous connaissez mes intentions, Émilie ! J'insiste sur ce que vous receviez Grimes, que vous l'écoutiez de bonne grâce, et que vous mettiez de côté avec lui tous vos grands airs et vos petites finesses : m'entendez-vous ? Voulez-vous faire ce que je dis ? Mais si vous persistez encore dans votre humeur opiniâtre, eh bien, nous verrons ; il faut une fin à tout. Ne croyez pas que personne se soucie de vous épouser malgré vous. Vous n'êtes pas un morceau si rare, je vous en réponds. Si vous entendiez bien vos intérêts, vous vous trouveriez fort heureuse d'accepter ce jeune homme pendant qu'il veut bien de vous. »

Miss Melville entrevit avec grand plaisir, dans ces dernières paroles de son cousin, un terme assez prochain à la persécution qu'elle endurait. Mrs. Jakeman, à qui elle en fit part, la félicita de ce que M. Tyrrel paraissait revenir à des sentiments plus sages et plus modérés, et elle se sut à elle-même bon gré d'avoir conseillé une démarche dont l'issue était aussi heureuse. Mais leurs félicitations mutuelles ne furent pas de longue durée; M. Tyrrel annonça à Mrs. Jakeman qu'il était dans la nécessité de l'envoyer quelque part pour une affaire qui la retiendrait quelques semaines; et, quoique ce message n'eût rien en apparence d'artificieux ou de suspect, cependant une séparation si fort à contretemps fut d'un augure sinistre pour les deux amies. Mrs. Jakeman, toutefois, exhorta sa pupille à tenir bon, lui rappela la disposition où son cousin avait paru être de revenir sur ses résolutions, et elles l'encouragea à tout espérer du courage et du bon esprit dont elle était pourvue. De son côté, Émilie, quoiquoi très-peinée de l'absence de sa chère protectrice, dont les conseils lui étaient si nécessaires dans une pareille crise, ne pouvait pas cependant supposer assez de malice et de duplicité dans le cœur de M. Tyrrel pour concevoir de justes sujets d'alarme. Elle se flatta d'être bientôt délivrée d'une aussi cruelle persécution, et l'heureuse conclusion qu'avait eue la première affaire sérieuse de sa vie, lui parut l'assurance d'un succès complet pour l'avenir. Cette alternative d'alarmes et d'énergie fit bientôt place aux douces rêveries attachées à l'idée de M. Falkland. Les illusions auxquelles elle s'abandonnait à cet égard ne lui laissaient aucune idée pénible. L'incertitude même de l'événement lui faisait désirer de voir se prolonger une situation qui pouvait être trompeuse, mais qui, telle qu'elle était, avait aussi des charmes.

VIII

Rien n'était plus loin des intentions de M. Tyrrel que de laisser ainsi tomber son projet. Il ne se vit pas plus tôt débarrassé de la bonne gouvernante, qu'il changea tout à fait de système dans sa conduite. Enfermant étroitement miss Merville dans son appartement, il voulut la priver de tout moyen de communication au dehors de la maison. Il la mit sous la surveillance d'une servante sur la discrétion de laquelle il comptait, et qui, ayant été autrefois honorée des faveurs secrètes du maître, voyait les égards dont Émilie jouissait à Tyrrel-Place comme une usurpation sur des droits qui lui semblaient beaucoup mieux établis. M. Tyrrel lui-même fit tout ce qui était en son pouvoir pour jeter des nuages sur la réputation de son innocente cousine, et il représenta à tous les gens de sa maison les précautions qu'il prenait à son égard comme absolument nécessaires pour l'empêcher de courir dans les bras de M. Falkland et pour prévenir sa ruine totale.

Dès que miss Melville fut restée ainsi en réclusion pendant vingt-quatre heures et qu'il y eut quelque raison de supposer que cette étroite solitude avait pu abattre sa résolution, M. Tyrrel jugea à propos de l'aller trouver, de lui expliquer les motifs du traitement qu'elle éprouvait et de lui indiquer les seuls moyens qu'elle eût pour espérer quelque changement dans son sort. Émilie ne le vit pas plus tôt, que, se tournant vers lui avec un air plus ferme et plus déterminé qu'elle ne l'avait jamais eu, elle lui parla ainsi :

« Ah ! c'est vous, monsieur ! j'avais besoin de vous voir. Il paraît que je suis ici enfermée par vos ordres; qu'est-ce que cela veut dire ? Quel droit avez-vous de me faire votre prisonniere ? Vous dois-je quelque chose ? Votre mère m'a laissé cent livres; m'avez-vous jamais offert de rien ajouter à ma fortune ? Mais, quand vous l'auriez fait, je n'en ai pas besoin. Je ne prétends pas à un meilleur sort que celui des enfants nés de parents pauvres. Je peux bien vivre comme ils font ; j'aime mieux la liberté que les richesses ; je vois bien que la manière déterminée avec laquelle je vous parle vous étonne ; mais croyez-vous que je me laisserai ainsi fouler aux pieds ? Je vous aurais déjà laissé là si Mrs. Jakeman ne m'en eût pas détournée, et c'est ce que vous auriez mérité, si je n'avais pas mieux pensé de vous que je ne le devais, à ce que je vois par votre conduite envers moi. Mais à présent, monsieur, j'entends quitter à l'instant votre maison, et j'insiste pour que vous ne cherchiez pas à m'en empêcher. »

En disant cela, elle se leva et s'avança vers la porte, tandis que M. Tyrrel était comme pétrifié de son courage. Cependant, la voyant sur le point d'échapper de ses mains, il revint à lui-même et la retint.

« Qu'est-ce que tout ceci veut donc dire ? Ah ! ah ! petite effrontée, avez-vous cru m'en imposer à force d'impudence ? Asseyez-vous là ; tenez-vous tranquille. Ah ! vous voulez savoir, n'est-ce pas, de quel droit vous êtes ici ? Eh bien ! c'est du droit de possession ; cette maison est à moi, et vous êtes en mon pouvoir ; il n'y a pas ici de Mrs. Jakeman pour vous encourager dans vos sottises ; il n'y a pas non plus de Falkland pour vous servir de champion. Dieu me damne, j'ai déjoué toutes vos ruses, j'ai contre-miné tous vos projets. Croyez-vous que je me laisserai ainsi contre-carrer pour rien au monde ? Quand est-ce que vous avez vu personne résister à mes volontés, sans avoir à s'en repentir ? Et je me laisserais insulter en face par une petite fille ! Oh ! que non : je n'en suis pas encore là... Ah ! je n'ai rien fait pour votre fortune, dites-vous ? Et qui est-ce qui vous a donc élevée ? Qui est-ce qui a pris soin de vous ? Et le vêtement, le logement, qui vous les a fournis ? Eh bien ! je vous en donnerai le mémoire. Est-ce que vous ne savez pas qu'un créancier a le droit d'arrêter son débiteur qui s'enfuit ? Ah ! vous en direz tout ce qu'il vous plaira, mais vous resterez ici jusqu'à ce que vous épousiez Grimes. Le ciel et l'enfer conjurés n'empêcheront pas que je ne vienne à bout de faire plier votre obstination.

— Homme impitoyable ! homme injuste ! ainsi, c'est assez pour vous que je n'aie ici personne pour me défendre ; mais je ne suis pas autant à votre merci que vous l'imaginez. Vous pouvez emprisonner mon corps, mais mon âme brave toutes vos violences. Épouser M. Grimes ! est-ce là le moyen que vous prenez pour m'y déterminer ? Chaque dureté, chaque injustice que je souffre ne fait que reculer encore le but de toutes vos indignités. Vous n'êtes pas accoutumé, dites-vous, à ce qu'on résiste à vos volontés ! Quand y ai-je jamais résisté ? Et, dans une affaire qui ne regarde absolument que moi, ma volonté sera comptée pour rien ! N'éprouvez-vous pas quelque honte d'établir un tel principe pour vous, et de ne pas souffrir qu'aucune autre créature puisse le réclamer pour soi ? Je n'ai pas besoin de vous ; comment osez-vous me disputer le privilége de tout être raisonnable, de vivre paisiblement dans la pauvreté et dans l'innocence ? Vous, qui prétendez à la considération et à l'estime de tous ceux qui vous connaissent, quelle sorte d'homme vous montrez-vous ici à mon égard ? »

Les reproches énergiques d'Émilie avaient d'abord causé à M. Tyrrel un mouvement de surprise, et il se sentait comme frappé de honte et de crainte en présence de cette victime innocente et sans défense ; mais sa confusion n'était qu'une suite de son étonnement. Quand la première émotion fut passée, la fureur reprit sa place ; il se maudit cent fois lui-même de s'être laissé émouvoir aux plaintes d'Émilie, et n'en fut que plus exaspéré contre elle pour avoir osé lui parler sur un ton aussi hardi, dans un moment où elle avait tout à redouter de son pouvoir. Son humeur despotique et implacable était exaltée à un degré qui tenait de la démence. En même temps, son caractère sombre et soucieux le portait à rouler dans sa tête mille projets de vengeance pour punir l'audacieuse qui lui résistait. Il commença à comprendre qu'il y avait peu d'espoir de réussir par la force ouverte ; en conséquence, il résolut d'avoir recours à l'artifice.

Grimes lui offrait un instrument propre à son projet. Ce rustre, qui n'aurait peut-être pas à dessein fait mal à un enfant, était pourtant, par la seule grossièreté de ses idées, capable de commettre les offenses les plus graves. Il ne concevait une injure ou un avantage qu'autant qu'ils avaient quelque rapport aux appétits sensuels, et il regardait comme un principe essentiel de la véritable sagesse de traiter avec mépris la délicatesse niaise de ceux qui se tourmentent pour des infortunes purement idéales. Il se figurait que le plus heureux sort qui pût arriver à une jeune personne était de devenir sa femme, et un terme aussi désirable lui semblait fait pour compenser largement tous les malheurs imaginables qu'elle pourrait avoir à endurer pour y parvenir. Il ne fut donc pas bien difficile à M. Tyrrel, à l'aide de quelque appât qu'il sut bien lui faire entrevoir, de déterminer cet homme à être son complice dans la trame qu'il ourdissait contre miss Melville.

Les choses ainsi disposées, M. Tyrrel, par l'entremise de sa geôlière (car l'épreuve qu'il avait faite d'une discussion personnelle ne l'avait pas engagé à réitérer ses visites), commença par se jouer de sa victime en redoublant ses terreurs. Cette méchante femme, tantôt sous une apparence d'amitié, tantôt sans dissimuler sa malice, informait Émilie, de temps à autre, des préparatifs qui se faisaient pour consommer son mariage. Un jour, c'était M. Tyrrel qui était allé voir une jolie petite ferme qu'il destinait pour habitation aux nouveaux mariés ; un autre jour, c'était un fonds de bétail et des meubles de ménage qu'on venait d'acheter pour que tout fût prêt pour leur réception. Ensuite elle se mettait à lui parler d'une dispense de bans de mariage, d'un ministre qu'on avait fait avertir, et d'un jour qu'on avait fixé pour les noces. Lorsque Émilie, malgré la frayeur involontaire qui la gagnait de plus en plus, s'efforçait néanmoins de tourner en ridicule tous ces préparatifs comme tout à fait illusoires, tant qu'on n'aurait pas son consentement, la maligne gouvernante lui racontait mille histoires de mariages faits par force, et l'assurait que ni les protestations, ni le silence, ni un évanouissement ne pouvaient jamais servir à rien, soit pour suspendre la cérémonie, soit pour en éluder l'effet, quand une fois elle était accomplie.

La situation de miss Melville était tout à fait digne de pitié ; elle n'avait de commerce qu'avec ses persécuteurs. Elle n'avait pas autour d'elle un être humain qu'elle pût consulter et qui pût lui dire un mot de consolation ou d'encouragement. Elle avait du courage ; mais ce courage n'était ni fortifié, ni guidé par les conseils de l'expérience : on ne pouvait donc pas s'attendre qu'il fût aussi inflexible qu'il eût pu l'être avec plus de connaissance des choses. Elle avait le jugement sain et l'âme élevée, mais elle n'était pas tout à fait exempte des faiblesses de son sexe ; son âme succomba sous les coups redoublés et continuels des terreurs dont on l'accablait, et sa santé en fut sensiblement altérée.

Sa fermeté étant ainsi ébranlée, Grimes, en conséquence des instructions qu'il avait reçues, eut soin, dans la première entrevue, d'insinuer que, pour son compte, il se souciait assez peu du mariage projeté, et que, puisqu'elle avait tant de répugnance, il ne serait pas fâché que l'affaire n'eût pas lieu. Avec cela, disait-il, il se trouvait placé entre le marteau et l'enclume, et, bon gré, mal gré, il fallait bien finir ce mariage. Pour peu qu'il parût vouloir reculer, les deux squires qui avaient arrangé cette affaire, ne manqueraient pas de le perdre, comme ils étaient accoutumés à perdre tout inférieur assez hardi pour contrarier leur volonté. Émilie fut charmée de trouver son prétendu dans des dispositions aussi favorables, et elle le pressa vivement de ne pas laisser sans effet une déclaration si pleine de raison et d'humanité ; elle lui parla avec l'éloquence la plus énergique. Le feu qui l'animait parut émouvoir Grimes; mais il objectait toujours la crainte de déplaire à M. Tyrrel et à son propre seigneur. A la fin cependant, il insinua à Émilie l'idée d'un projet d'après lequel il pourrait l'aider dans sa fuite, sans qu'il en parvînt la moindre chose à leur connaissance, comme en effet il y avait peu de probabilité que leurs soupçons, en pareil cas, vinssent à se fixer sur lui, « Miss Émilie, dit-il, vous m'avez refusé d'une manière un peu dédaigneuse, je peux bien dire cela; vous m'avez pris, je crois, pour une bête brute; mais je ne vous en veux pas malgré cela, et je vous ferai voir que je n'ai pas plus de fiel qu'un enfant. C'est une bien drôle de manie que vous avez, de n'écouter comme cela que votre tête, et de désobliger tous vos amis; mais si vous êtes résolue, ma foi, je ne me soucie guère d'être le mari d'une fille qui n'y va pas d'aussi bon cœur que moi : partant, je vous aiderai de mon mieux à vous mettre à même de suivre votre inclination, et de vous en aller où vous voudrez. »

Émilie saisit avec empressement l'idée que Grimes lui suggérait, et s'y attacha vivement; mais, quand on en vint à discuter les détails de l'entreprise, son premier feu se refroidit un peu. Il fallait, suivant Grimes, que sa fuite eût lieu à la nuit close. Il se cacherait lui-même dans le jardin et se munirait de fausses clefs pour la délivrer de sa prison. Ces circonstances n'étaient guère propres à calmer son imagination troublée. Aller se jeter, pour ainsi dire, dans les bras d'un homme qui lui avait été proposé pour mari, et qui, sous ce rapport, était pour elle le plus insupportable des hommes, c'était sans doute une démarche fort extraordinaire. Les ténèbres, la solitude, tous ces accessoires chargeaient encore le tableau. La situation du château de Tyrrel était singulièrement solitaire; il y avait trois milles de distance au plus prochain village, et pas moins de sept à celui où demeurait la sœur de Mrs Jakeman, auprès de laquelle miss Melville était résolue d'aller chercher un asile. Ce n'est pas que le caractère ingénu et franc d'Émilie lui permît de soupçonner Grimes capable d'abuser de ces avantages d'une manière indigne et brutale ; mais son âme se révoltait involontairement à l'idée de se mettre ainsi seule à la merci d'un homme qu'elle avait pris l'habitude de regarder comme l'instrument des noirceurs de son perfide parent.

Après avoir roulé quelque temps toutes ces circonstances dans sa tête, il lui vint à l'idée de prier Grimes d'engager la sœur de Mrs. Jakeman à se trouver à la porte du jardin en dehors pour l'attendre. Mais Grimes refusa nettement cette proposition, qui même parut le mettre en colère.

« C'était, dit-il, avoir bien peu de reconnaissance de ce qu'il faisait, que de vouloir le forcer à admettre d'autres personnes dans la confidence du rôle dangereux dont il se chargeait dans cette affaire. Quant à lui, il était bien déterminé, pour sa propre sûreté, à n'y paraître pour rien aux yeux d'âme qui vive. Si miss Émilie ne l'avait pas cru sincère quand il lui avait fait, par bonté de cœur, la proposition de la servir, et si elle ne voulait pas se fier à lui pour la moindre chose, elle n'avait qu'à en courir les risques elle-même. Il était bien résolu à ne pas se plier davantage à tous les caprices d'une personne qui avait toujours été avec lui si défiante et si hautaine. »

Émilie fit ses efforts pour l'apaiser; mais toute l'éloquence de son nouveau confédéré ne put venir à bout de la faire départir de sa répugnance. Elle demanda jusqu'au lendemain pour y réfléchir. Le jour d'après était fixé par M. Tyrrel pour la cérémonie du mariage; en même temps, le sort qui la menaçait de si près lui fut perfidement annoncé sous mille formes différentes. On apporta dans les préparatifs de sa torture la continuité et la méthode qui pouvaient rendre son angoisse plus vive et plus poignante. Si son cœur avait un instant de relâche, sa cruelle surveillante ne manquait pas, par un mot perfide ou par quelque raillerie amère, de mettre bientôt fin à cette tranquillité passagère. Elle se voyait, comme elle l'a depuis observé elle-même, seule, sans expérience, ayant à peine quitté, pour ainsi dire, les lisières de l'enfance, sans découvrir autour d'elle une seule créature vivante qui prît intérêt à son sort. Elle, qui jusqu'alors n'avait su ce que c'était qu'un ennemi, n'avait pas depuis trois semaines rencontré un coup d'œil dont elle n'eût pas au moins à se défier, si même elle n'y lisait pas le désir de la tourmenter et de la perdre. Elle sentait, pour la première fois, toute l'étendue de son malheur, de n'avoir jamais connu ses parents, et d'avoir été abandonnée à la charité de gens qui étaient trop loin d'être ses égaux pour qu'elle eût à en attendre des sentiments d'amitié.

Les idées les plus inquiétantes la tourmentèrent pendant toute la nuit. Quand un moment d'oubli passager venait assoupir ses sens, aussitôt son imagination malade appelait autour d'elle mille images de trahison et de violence; elle se voyait dans les mains de ses impitoyables ennemis, acharnés sans relâche et sans remords à consommer sa perte. A son réveil, elle n'avait pas d'idées plus consolantes : c'en était trop pour sa faible constitution. A l'approche du matin, elle prit la résolution de se mettre à tout hasard dans les mains de Grimes. Cette détermination ne fut pas plus tôt prise, qu'elle sentit son cœur soulagé. Quelques fâcheuses conséquences qui pussent résulter d'une telle démarche, il lui sembla qu'elles ne pouvaient entrer en balance avec les malheurs qui l'attendaient inévitablement dans cette fatale demeure.

Quand elle fit part à Grimes du parti auquel elle s'était décidée, il eût été difficile de dire s'il en ressentit du plaisir ou de la peine. Il sourit, à la vérité; mais ce sourire fut accompagné d'une contraction convulsive dans sa figure, qui laissait deviner si c'était le rire de la malignité ou celui de la satisfaction. Toutefois, il renouvela l'assurance d'être fidèle à ses engagements et ponctuel dans l'exécution. Pendant ce temps, la journée se passait en présents de noces et en préparatifs, qui tous indiquaient combien les machinateurs de ce complot étaient résolus et sûrs du succès. Émilie avait espéré qu'à mesure que la crise approchait, ses gardiens se relâcheraient un peu de leur vigilance ordinaire. Dans ce cas, elle était résolue, si elle en trouvait l'occasion, de faire à la fois faux-bond à ses geôliers et à son nouveau confident. Mais, malgré tous les soins qu'elle prit pour arranger ce plan, elle en trouva l'exécution impraticable.

Enfin arriva cette nuit si critique pour elle. Son âme ne pouvait manquer d'être dans une extrême agitation. Elle avait d'abord employé toute son adresse à mettre en défaut la vigilance de sa surveillante; mais au lieu de se relâcher de ses mesures ordinaires, cette insolente et impitoyable geôlière n'avait voulu que se jouer des tourments de sa victime. En conséquence, elle se cacha, et, laissant croire à Émilie qu'il n'y avait personne autour d'elle, elle l'attendit au bout de la galerie, au haut de l'escalier. « Que faites-vous donc là, mon enfant? lui dit-elle d'un ton insultant. Comment donc, cette chère petite se croit assez fine pour m'attraper; mais vraiment vous êtes maligne, petite espiègle? Allons, allons, mon cœur, retournez à votre chambre; marchons. »

Émilie sentit vivement le tour qu'on lui avait joué. Elle soupira, mais elle dédaigna de répondre à cette basse et cruelle raillerie. Rentrée dans sa chambre, elle se jeta dans un fauteuil et y demeura plus de deux heures ensevelie dans une rêverie profonde. Ensuite elle courut à ses armoires, renversa toutes ses hardes, ôta et remit pêle-mêle, sans savoir ce qu'elle faisait, son linge et ses robes, pensant confusément à préparer ce qu'il lui fallait pour sa fuite. L'officieuse geôlière suivait tous ses pas et se contentait d'observer en silence toutes ses actions. Il était l'heure de se coucher.

« Bonne nuit, mon enfant, dit cette méchante femme, faisant mine de se retirer; il est temps de fermer votre porte. Vous avez encore quelques heures à être maîtresse de votre personne, profitez-en de votre mieux. J'espère, mon petit cœur, que vous ne vous en irez pas par le trou de la serrure, n'est-ce pas? A huit heures bien précises vous me reverrez; et puis, ajouta-t-elle en se frottant les mains, tout sera dit. Vous et votre honnête prétendu vous ne ferez qu'un, aussi sûr qu'il fera jour demain. »

Il y avait dans le ton avec lequel avaient été prononcés ces derniers mots quelque chose qui fit dire à Émilie en elle-même : Qu'entend-elle donc par là? Serait-il possible qu'elle eût connaissance de ce qui va se passer dans quelques heures d'ici? »

C'est la première fois que ce soupçon s'offrait à sa pensée, et il ne s'y arrêta pas longtemps. Le cœur navré, elle fit un paquet du peu de hardes qu'elle crut devoir prendre avec elle. Ensuite elle prêta l'oreille avec une telle inquiétude, que le mouvement d'une feuille n'eût pu lui échapper. De temps en temps elle s'imaginait entendre marcher; mais le bruit des pas, si c'était des pas qu'elle entendait, était si léger, qu'elle ne pouvait assurer si c'était un son véritable ou une illusion de son imagination. Ensuite tout devint calme, comme si la nature entière eût été dans un repos parfait. L'instant d'après, elle crut distinguer un petit murmure confus comme de gens qui parlaient bas; le cœur lui battit très-fort : une seconde fois elle en revint à se défier de Grimes. Cette idée la tourmenta plus cette fois que la première, mais il était trop tard. Au moment même elle entend le bruit d'une clef à la porte de sa chambre, et voit paraître Grimes. Son cœur palpite à cette vue : Sommes-nous découverts ? lui dit-elle : ne vous ai-je pas entendu parler à quelqu'un ? »

Grimes s'avança sur la pointe du pied, le doigt sur la bouche.

« Non, non, dit-il, tout va bien ; » il la prit par la main, la conduisit sans rien dire hors de la maison et ensuite à travers le jardin. Émilie examinait avec soin les portes et les passages à mesure qu'elle avançait, et promenait de tous côtés autour d'elle un œil craintif et soupçonneux; mais tout paraissait être aussi tranquille qu'elle eût pu le désirer. Grimes ouvrit une porte de derrière du jardin, qui n'était que poussée, et qui conduisait dans un sentier très-peu fréquenté. Il y avait deux chevaux tout équipés pour le voyage, attachés par la bride à un poteau qui n'était pas à trois toises du jardin. Grimes tira la porte après lui. « Par ma foi, dit-il, j'ai eu une fière peur : en passant là le long, pour vous joindre, ne voilà-t-il pas que j'ai vu le cocher qui sortait par la porte de derrière pour aller à l'écurie ? Il n'avait qu'un pas à faire pour être sur moi; mais il avait sa lanterne et il ne pouvait pas me voir, parce que j'étais dans l'obscurité. »

En disant cela, il aidait miss Melville à monter. Il l'importuna fort peu pendant la route; au contraire, il fut singulièrement silencieux et pensif, ce qui ne fut rien moins qu'agréable à Émilie, qui n'aimait guère sa conversation.

Après deux milles de marche environ, ils arrivèrent à un bois qu'il fallait traverser pour gagner la route qui conduisait à leur destination. La nuit était fort obscure, en même temps que l'air était très-doux, car on était alors dans le cœur de l'été. Ils avaient déjà pénétré au milieu de cette sombre solitude, lorsque Grimes, sous prétexte de chercher la route, poussa son cheval en avant, tout contre celui de miss Melville, et ensuite, étendant la main tout à coup, il lui saisit la bride. « Je crois, dit-il, que nous ferons bien de nous arrêter ici un moment.

— Nous arrêter ! s'écria Émilie avec surprise. Et pourquoi donc nous arrêter, monsieur Grimes ; que voulez-vous donc dire ?

— Allons, allons, dit-il, ne faites pas tant l'étonnée. Est-ce que vous m'avez bonnement cru assez oison pour prendre tant de peine pour rien ? Ah ! bien oui, je suis bien d'humeur à être comme ça le bardot des sottises des autres. Ce n'est pas, en vérité, que j'aie d'abord eu grande envie de vous, mais toutes vos petites façons suffiraient pour émoustiller mon grand-père ! Il n'y a pas de plus exquis morceau que celui qui coûte cher et vient de loin. Vous faisiez tant la difficile pour donner votre consentement, que M. Tyrrel a cru qu'il était plus sûr de vous le demander comme çà à la brune ; et, comme il m'a dit qu'il ne voulait pas qu'une pareille affaire se fît dans sa maison, voilà pourquoi, mon petit cœur, nous sommes venus jusqu'ici.

— Au nom du ciel, M. Grimes, pensez à ce que vous dites ! Vous ne pouvez pas être assez bas, assez lâche pour perdre une malheureuse créature qui s'est mise elle-même sous votre protection.

— Bon, bon, vous perdre ! oh ! que non ; je ferai de vous une honnête femme après cela. Allons, allons, laissez là tous vos grands airs; vous avez beau chercher et attendre, il ne passe personne ici ; allez, je vous tiens aussi sûr que le poisson dans la nasse ; il n'y a pas seulement une chaumière d'ici à plus d'un mille, et, si je vous laisse échapper, ma belle, vous pouvez bien m'appeler une bûche. Par ma foi, vous êtes un morceau délicat, et il n'y a pas de temps à perdre.

Miss Melville n'eut qu'un instant pour recueillir toutes ses idées. Elle sentit qu'il y avait peu d'espoir de toucher la brute opiniâtre et insensible qui la tenait en son pouvoir. Mais la présence d'esprit et l'intrépidité qui lui étaient particulières ne l'abandonnèrent pas. A peine Grimes avait-il achevé sa harangue, qu'avec une forte et brusque secousse, elle lui arracha la bride de la main, et mit en même temps son cheval au galop. Elle avait déjà quelques pas d'avance, lorsque Grimes, revenu de sa surprise et mortifié au dernier point d'avoir à si bon marché perdu son avantage, se mit à la poursuivre. Le bruit de son cheval ne servit qu'à exciter celui d'Émilie ; soit hasard, soit sagacité, cet animal suivit sans se tromper le sentier étroit et tortueux qui menait à la route, et la chasse des deux coursiers continua ainsi dans toute la longueur du bois.

A l'extrémité de ce bois il y avait une porte. Cette circonstance, que Grimes se rappela, adoucit son dépit, parce qu'il se regardait comme certain de mettre par là un terme à la course de sa victime fugitive, et qu'il n'était guère probable que dans le silence et les ténèbres de la nuit il y eût là personne pour l'interrompre. Cependant, par le plus grand hasard du monde, il se trouva un homme à cheval qui attendait à cette porte. « A l'aide ! au secours ! s'écria Émilie, au voleur ! au meurtre ! au secours ! » Cet homme était M. Falkland. Grimes reconnut sa voix, aussi ne résista-t-il que faiblement. Deux autres hommes, que l'obscurité l'avait d'abord empêché d'apercevoir et qui étaient des domestiques de M. Falkland, accoururent au bruit, alarmés pour la sûreté de leur maître ; et alors Grimes, voyant que sa proie lui était échappée, pressé par la crainte et la honte qui suivent le crime, prit la fuite sans dire un seul mot.

Il paraîtra peut-être étrange que M. Falkland se fût ainsi trouvé une seconde fois le libérateur de miss Melville, et cela au moment où on devait le moins s'y attendre. Rien n'est cependant plus aisé à expliquer. Il avait entendu dire qu'on avait vu rôder un homme dans ce bois pour voler ou pour quelque autre mauvais dessein, et qu'on conjecturait que cet homme était Hawkins, autre malheureuse victime de la tyrannie de M. Tyrrel, dont je vais bientôt parler, et qui avait déjà si vivement intéressé la compassion de M. Falkland. Il avait fait de vains efforts pour le découvrir et lui faire du bien; et naturellement il lui vint à l'idée que si la conjecture se trouvait vraie, il aurait non-seulement le pouvoir de faire pour cet infortuné ce qu'il avait déjà projeté, mais encore d'arracher un homme qui lui avait paru pénétré de bons principes aux dangers terribles d'une offense contre les lois et la société. Il avait pris avec lui deux domestiques, parce qu'allant à dessein à la rencontre de voleurs, si réellement il y en avait, il se serait cru inexcusable de ne pas se prémunir contre tous les accidents possibles. Mais, en même temps, il leur avait donné ordre de se tenir seulement à la portée de sa voix et de ne pas se laisser voir; ce n'était que leur zèle pour leur maître qui les avait fait s'approcher dans cette occurrence.

Cette nouvelle aventure promettait quelque chose d'extraordinaire. M. Falkland ne reconnut pas tout de suite miss Melville, et, quant à Grimes, il ne se rappelait pas l'avoir jamais vu: mais il n'était pas difficile de juger du besoin extrême qu'on avait de son secours. La contenance déterminée de M. Falkland, la crainte qu'inspirait à Grimes un tel adversaire, jointe au sentiment intérieur de son crime, mirent bientôt le ravisseur en fuite. Émilie resta seule avec son libérateur; il la trouva beaucoup plus recueillie et plus calme qu'on n'aurait pu l'attendre d'elle dans une situation naguère si alarmante. Elle lui nomma le lieu où elle désirait aller, et il se mit aussitôt en devoir de l'y accompagner. Pendant le chemin, elle reprit toute sa tranquillité et sentit naître en elle le besoin de confier ce qui lui était arrivé à l'homme auquel elle avait de si grandes obligations et qui était l'objet de toutes ses pensées. M. Falkland l'écouta avec autant d'intérêt que de surprise. Quoiqu'il eût vu déjà bien des exemples de la basse jalousie de M. Tyrrel et de son caractère despotique et inexorable, ce trait surpassait tous les autres, et à peine pouvait-il en croire ses oreilles. Tout ce qu'on avait imaginé des passions des démons lui paraissait réalisé dans l'âme de son odieux voisin. Miss Melville fut obligée, dans le cours de son récit, de parler du reproche qu'on lui avait fait de nourrir dans son cœur de l'amour pour M. Falkland, et elle en parla avec une naïveté et une confusion charmantes. Quoique cette partie de son récit fût pour son libérateur le sujet d'une peine réelle, cependant on ne peut pas croire que la partialité flatteuse qu'avait montrée pour lui cette malheureuse jeune fille ne contribuât pas à augmenter l'intérêt qu'il prenait à elle, et l'indignation que lui inspirait son infernal parent.

Ils arrivèrent sans accident à la maison de la bonne dame qu'Émilie avait choisie pour se mettre sous sa protection. M. Falkland fut charmé de pouvoir la laisser dans ce lieu de sûreté. Des complots du genre de celui auquel la pauvre Émilie venait d'échapper ne peuvent avoir de succès contre la personne qui en est l'objet qu'autant qu'elle est hors de la portée de tout secours, et une fois connus ils ne sont plus à craindre. Sans doute un pareil raisonnement paraîtra en général assez bien fondé, et M. Falkland le trouva parfaitement applicable à la circonstance; mais il se trompait.

IX

M. Falkland savait par expérience que toute remontrance serait inutile auprès de M. Tyrrel. Il résolut donc de ne s'occuper que de la victime, qu'il fallait sauver des mains de son persécuteur. D'ailleurs, telle était son indignation, qu'il ne pouvait s'arrêter un moment à l'idée d'une entrevue volontaire. En effet, une autre affaire qui avait depuis peu mis en contact les deux ennemis, ne contribuait que trop à irriter jusqu'à la démence les ressentiments amers de M. Tyrrel.

M. Tyrrel avait un fermier qui se nommait Hawkins. — Je ne saurais prononcer ce nom sans qu'il retrace à ma pensée les scènes douloureuses qui sont attachées à son souvenir! Dans le principe, M. Tyrrel avait pris avec lui cet Hawkins, dans la vue de le protéger contre les procédés arbitraires d'un squire voisin; mais Hawkins était devenu depuis l'objet de la persécution de M. Tyrrel lui-même. Voici quelle avait été la première origine de leurs relations. Outre la ferme qu'il tenait du squire dont je viens de parler, Hawkins avait encore un petit bien qu'il avait eu par héritage de son père; ce qui lui donnait le droit de voter aux élections du comté. Dans une élection très-chaudement disputée, le propriétaire de la ferme de Hawkins requit celui-ci de voter pour le candidat dans le parti duquel il s'était engagé. Hawkins refusa d'obéir, et bientôt après il reçut un congé pour quitter sa ferme.

Il se trouva que M. Tyrrel s'était vivement intéressé en faveur de l'autre candidat; et, comme la terre de M. Tyrrel touchait à la demeure de Hawkins, le pauvre fermier expulsé crut n'avoir rien de mieux à faire que d'aller à la maison de ce gentilhomme, et de lui faire part de la situation où il se trouvait. M. Tyrrel l'écouta avec beaucoup d'attention.

« Fort bien, mon ami, lui dit-il, il est très-vrai que je désirais beaucoup que M. Jakeman l'emportât dans l'élection; mais vous savez qu'il est d'usage, en pareil cas, qu'un fermier vote comme il plaît à son maître. Je ne suis pas d'avis d'encourager la rébellion.

— Cela est juste, répliqua Hawkins, et je n'en disconviens pas; j'aurais voté conformément à la volonté de mon maître sans aucune difficulté pour tout autre homme que ce fût dans le royaume, excepté le squire Marlow. Car il faut que vous sachiez qu'un jour son piqueur s'avisa de sauter par-dessus ma haie, et de traverser tout au beau milieu mon meilleur champ de blé, quand la récolte était encore sur pied. Il n'avait pas cinquante pas à faire pour prendre la route; le drôle, n'en déplaise à Votre Honneur, m'avait déjà joué le même tour trois ou quatre fois. Je ne fis que lui demander pourquoi il en agissait ainsi, et s'il y avait conscience à ravager ainsi la récolte des gens ? Dans ce moment le squire survint. Sauf le respect que je dois à Votre Honneur, c'est une pauvre espèce de gentilhomme qui ne vaut pas un coup de poing. Il vint à moi tout bouffi de colère, en me menaçant de son fouet..... Je ferai pour mon maître tout ce qu'il sera de son bon plaisir de m'ordonner, comme le doit un honnête fermier ; mais je ne peux pas donner mon vote à un homme qui m'a menacé de me donner des coups de fouet... Et, pourtant, n'en déplaise à Votre Honneur, voilà que moi, ma femme et mes trois enfants, nous allons être jetés à la porte, et Dieu me pardonne si je sais comment leur avoir du pain. Je suis un pauvre laboureur qui ai travaillé toute ma vie, à qui on n'a rien à reprocher, que je sache, et sûrement cela est bien dur. Le squire Underwood me renvoie de sa ferme, et si Votre Honneur n'a pas la bonté de me prendre, je ne vois pas un des gentilshommes du canton qui veuille de moi, de peur, disent-ils, d'encourager leurs fermiers à devenir des rebelles. »

Cette dernière représentation ne laissa pas de faire effet sur M. Tyrrel.

« Bien, bien, mon garçon, reprit-il ; nous verrons ce qu'on peut faire. L'ordre et la subordination sont de fort bonnes choses; mais il faut aussi que les maîtres sachent se conduire. D'après le récit que vous me faites, je ne trouve plus que vous soyez tant à blâmer. Marlow n'est qu'un fat, plein d'impertinence :

voilà la vérité; et quand un homme ne se respecte pas, ma foi, tant pis pour ce qui lui en arrive. Je hais comme la peste tous ces faquins francisés, et j'avoue que je ne suis pas trop content de voir mon voisin Underwood prendre le parti de ce drôle-là. Hawkins... n'est-ce pas là votre nom ?... Eh bien! allez demain trouver Barnes, mon intendant, et il vous parlera. »

En disant cela, M. Tyrrel se rappelait qu'il avait une ferme vacante, à peu près de la même valeur que celle qui avait été louée à Hawkins par M. Underwood. Il consulta aussitôt son intendant, et, trouvant l'affaire convenable sous tous les rapports, Hawkins fut sur-le-champ admis au nombre des fermiers de M. Tyrrel. M. Underwood fut vivement piqué de ce procédé, que personne autre que M. Tyrrel n'eût osé se permettre, comme étant contraire aux usages reçus entre gentilshommes de campagne. Il dit que, si l'on encourageait les fermiers dans des actes de désobéissance aussi inexcusables, il n'y avait plus de règle ni de bon ordre à espérer. Il n'était pas question ici de tel ou tel candidat, vu que tout gentilhomme vraiment ami de son pays devait préférer de succomber dans une élection plutôt que de faire une pareille chose, qui ne manquerait pas, si elle passait une fois en pratique, de leur ôter pour jamais les moyens de diriger une élection. Les paysans n'étaient déjà que trop indociles et trop obstinés par eux-mêmes; il devenait tous les jours de plus en plus difficile de les tenir dans la subordination, et, si les gentilshommes en venaient à se soucier assez peu du bien public pour soutenir ces gens-là dans leur insolence, il était impossible de prévoir où les choses pourraient aller.

M. Tyrrel n'était pas homme à se laisser influencer par ces remontrances. Ce n'est pas qu'en général l'esprit qui les dictait ne fût très-conforme à ses propres sentiments; mais il était d'une humeur trop violente pour avoir une opinion politique, uniforme et conséquente, et, quels que fussent les écarts de sa conduite, il n'était pas homme à se laisser remettre dans le droit chemin par les avis des autres. Plus on trouva mauvais la protection qu'il donnait à Hawkins, plus il se montra inflexible et opiniâtre; et, sans se donner la peine de disputer avec ceux qui le censuraient, il ne lui fut pas difficile de les réduire au silence et d'étouffer leurs voix dans les clubs et les autres assemblées. D'ailleurs, Hawkins avait certaines qualités qui étaient propres à en faire un favori de M. Tyrrel. Ses manières brusques et son caractère peu traitable lui donnaient une sorte de ressemblance avec son seigneur; comme ce n'était guère à M. Tyrrel lui-même, mais plutôt aux personnes qui avaient encouru le déplaisir de celui-ci, qu'il était dans le cas de faire sentir l'effet de ses dispositions, son maître ne les remarquait pas sans une sorte de complaisance. En un mot, il recevait chaque jour de nouvelles preuves de la bienveillance de ce protecteur; au bout de quelque temps, il fut nommé collègue de M. Barnes dans la place de receveur des fermages, et, à peu près à la même époque, il obtint un bail de la ferme qu'il occupait.

M. Tyrrel était résolu d'avancer la famille de ce fermier favorisé toutes les fois qu'il en trouverait l'occasion. Hawkins avait un fils, garçon de dix-sept ans, d'une figure fort agréable, vif, alerte et plein d'heureuses dispositions. Ce jeune homme était extrêmement aimé de son père, qui semblait n'avoir rien tant à cœur que l'avancement et le bonheur de son fils. M. Tyrrel l'avait déjà distingué deux ou trois fois, et en avait paru très-content; le jeune garçon, qui avait quelquefois suivi les chiens à la chasse, avait eu souvent l'occasion de faire montre de son adresse et de son agilité en présence du squire. Un jour surtout, il se fit remarquer plus particulièrement, et M. Tyrrel, sans plus attendre, offrit au père de prendre ce jeune homme à son service et de lui donner la place de piqueur de sa meute jusqu'à ce qu'il pût l'élever à un poste plus lucratif dans sa maison.

Hawkins parut très-mortifié de cette proposition; il hésita et chercha des excuses pour ne pas accepter l'offre. Il dit que ce jeune homme lui était utile à beaucoup de choses, et qu'il espérait que Son Honneur voudrait bien ne pas insister et ne pas le priver de cet aide. Avec tout autre homme que M. Tyrrel, ces raisons eussent pu suffire; mais j'ai déjà eu souvent occasion de dire au sujet de ce gentilhomme que, quand il avait une fois pris une résolution, quelle qu'elle fût, on ne le voyait jamais céder pour rien au monde, et que le seul effet de l'opposition était de le rendre inflexible et plus ardent à la poursuite de l'affaire, quand même elle lui eût été auparavant à peu près indifférente. D'abord il parut recevoir très-bien les excuses de Hawkins et n'y trouver rien que de raisonnable; mais, par la suite, chaque fois qu'il revit le jeune homme, l'envie de l'avoir à son service ne fit qu'augmenter, et il ne cessa de parler au père des vues qu'il avait sur lui. A la fin, il remarqua que ce garçon ne paraissait plus aux chasses, et il commença à soupçonner que ceci provenait d'une résolution de le contrarier dans ses desseins.

Piqué de ce soupçon, qu'il n'était pas d'un caractère à dissimuler, il envoya donner ordre à Hawkins de venir lui parler. « Hakwins, lui dit-il d'un ton fâché, je ne suis pas content de vous. Je vous ai parlé deux ou trois fois de ce garçon à vous, que j'ai envie de prendre à mon service. Pour quelle raison, monsieur, répondez-vous si mal à mes bontés ? Vous devez savoir que je n'aime pas qu'on me manque. Quand j'offre ma protection, il ne me convient pas de la voir refuser par des gens de votre espèce, c'est moi qui vous ai fait ce que vous êtes, et il ne tient qu'à moi de vous rendre encore plus misérable que je ne vous ai trouvé. Prenez-y garde!

— N'en déplaise à Votre Honneur, dit Hawkins, vous avez été pour moi un bon maître, je dois le dire, et je m'en vais parler tout franchement; j'espère que vous ne m'en voudrez pas de mal. Ce garçon-là est tout pour moi : c'est mon soutien et ma consolation pour mes vieux jours.

— Fort bien ; mais qu'est-ce que cela fait? Est-ce une raison pour vous opposer à son avancement?

— Au contraire, vraiment; que Votre Honneur ait la bonté de m'entendre. C'est peut-être un petit faible que j'ai, mais je ne sais qu'y faire. Mon père était un ecclésiastique, voyez-vous. Nous avons tous vécu avec honneur dans notre famille, et je ne puis penser sans peine que ce pauvre garçon, qui est tout ce qui me reste, s'aille mettre en service. Tenez, pour moi, je ne vois jamais qu'il y ait de domestique qui tourne à bien; enfin, je ne sais, mais je ne voudrais pas que mon Léonard vînt à ressembler à ces gens-là. Si je leur fais injure, j'en demande pardon à Dieu ! mais c'est une affaire trop sérieuse, voyez-vous, et je ne peux pas aller risquer ainsi le bien-être de mon enfant quand j'ai le moyen, s'il plaît à Votre Honneur, de le garantir de donner dans le travers. A présent, le voilà sage et laborieux, et, sans trop s'en faire accroire, il sait assez bien ce qu'il vaut. C'est peut-être une sottise à moi de parler ainsi à Votre Honneur ; mais vous avez toujours été envers moi un bon maître, et je ne saurais vous mentir. »

M. Tyrrel avait écouté cette harangue jusqu'au bout sans dire un mot, parce que l'étonnement lui avait fermé la bouche. Si le tonnerre eût tombé à ses pieds, il n'aurait pas montré plus de surprise. Il avait imaginé que Hawkins, par excès de tendresse pour son fils, ne voulait pas l'éloigner un seul instant de lui; mais il n'avait jamais soupçonné le moins du monde la vraie cause de ses refus.

« Ah! ah! vous êtes un gentilhomme, n'est-ce pas? Votre père était ecclésiastique! Vos enfants ne sont pas faits pour entrer à mon service! Comment donc, impudent faquin! était-ce pour cela que je vous ai pris chez moi, quand votre insolence vous a fait chasser de chez M. Underwood? J'ai donc nourri une vipère dans mon sein? Ah! ah! le fils de monsieur courrait risque de déroger. Il sait trop ce qu'il vaut pour se mettre à mes ordres! Allez, impertinent, éloignez-vous de mes yeux! comptez bien que je n'aurai jamais de gentilshommes dans ma terre; je n'en garderai pas un seul de votre espèce, entendez-vous? Écoutez-moi bien, monsieur; amenez ici demain matin votre fils et demandez-moi pardon de votre insolence, ou, pardieu, je vous en réponds, je vous rendrai si misérable qu'il vaudrait mieux pour vous n'être jamais né. »

Un pareil traitement était trop pour la patience de Hawkins.

« Il n'est pas nécessaire, dit-il, n'en déplaise à Votre Honneur, que je revienne demain pour cette affaire. J'ai bien pris ma résolution, et le temps n'y pourra rien changer. Je suis vraiment chagrin de déplaire à Votre Honneur, et je sais que vous pouvez me faire beaucoup de mal; mais j'espère que vous n'aurez pas le cœur si dur que de perdre un pauvre père de famille pour le punir de trop aimer son enfant, quand même ce trop d'affection lui ferait faire quelque sottise; mais je ne puis qu'y faire : Votre Honneur fera ce qu'il lui plaira. Le plus pauvre nègre, comme on dit quelquefois, a toujours quelque chose qu'il ne voudrait pas céder. Je perdrai tout ce que j'ai, j'irai travailler à la journée et mon fils aussi, s'il le faut; mais je n'en ferai jamais un domestique.

— Bien, bien, l'ami, très-bien! répliqua M. Tyrrel écumant de rage. Vous vous en souviendrez; comptez là-dessus : je rabattrai votre insolence, Dieu me damne! Où en sommes-nous donc? Un misérable qui tient une ferme de quarante acres ose narguer le seigneur de la baronnie! Je vous écraserai en poussière sous mes pieds! Ayez soin, coquin, je vous en avertis, de fermer votre maison, de quitter ma terre, et de vous en aller comme si le diable était à vos trousses! Estimez-vous trop heureux, si vous vous en tirez la vie sauve, de ce que j'ai encore plus de patience que vous n'en méritez. Quand il s'agirait, pardieu! de tout l'or des Indes, je ne voudrais pas souffrir un drôle comme vous une heure de plus sur ma terre.

— N'allons pas si vite, n'en déplaise à Votre Honneur, répliqua Hawkins d'un ton ferme; j'espère que vous en viendrez à penser mieux, et que vous verrez que je ne suis pas à blâmer; mais, quand cela ne serait pas, il y a du mal que vous pouvez me faire, et il y en a que vous ne pouvez pas. Quoique je ne sois qu'un homme de travail, n'en déplaise à Votre Honneur, je suis un homme, voyez-vous? Fermer ma maison, oh! que non. J'ai un bail de ma ferme, et je ne la quitterai pas comme cela. J'espère qu'il y a des lois pour les pauvres gens aussi bien que pour les riches.. »

M. Tyrrel, qui n'était pas accoutumé à la contradiction, se sentit provoqué au delà de toute mesure par le ton hardi et indépendant de son fermier. Il n'y avait pas, dans toutes ses terres, un seul tenancier, au moins un seul du rang d'Hawkins, que la politique générale de ses gens d'affaires, et encore plus le caractère arbitraire et despotique de M. Tirrel lui-même, ne tinssent trop à distance pour qu'il osât en venir ainsi à le défier ouvertement.

« Excellent ! sur mon âme ! Dieu me damne à tout jamais, répéta M. Tyrrel, vous êtes vraiment un drôle d'une espèce rare. Ah ! vous avez un bail, dites-vous? Nous serions bien tombés si un bail pouvait servir à protéger des drôles comme vous contre le seigneur du domaine. Mais vous voulez voir qui sera le plus fort de nous deux, n'est-ce pas? Oh ! très-bien, l'ami, très-bien, pardieu, j'y consens de tout mon cœur ! Dieu me damne, je veux vous faire voir, avant de nous quitter, quelque joli tour de ma façon ! Mais sortez bien vite de devant moi, impudent ! Je ne vous en dis pas davantage. Ne venez plus mettre votre ombre sur ma porte. »

Pour parler ici le langage du monde, Hawkins était coupable d'une double imprudence dans cette affaire. Il parlait à son seigneur sur un ton absolu et tranchant, que la constitution et les usages de ce pays ne permettent pas à un inférieur de prendre; mais, par-dessus tout, après s'être laissé emporter par un mouvement de vivacité, il aurait dû en prévoir les conséquences. C'était une folie à lui de prétendre lutter avec un homme du rang et de la fortune de M. Tyrrel. C'était le faon en guerre contre le lion. Rien n'était plus facile que de prévoir qu'il ne lui servirait de rien d'avoir le bon droit de son côté, quand son adversaire avait du sien la richesse et le crédit pour légitimer tous les excès qu'il jugerait à propos de commettre. Cette façon de voir fut parfaitement justifiée par l'événement; la richesse et le despotisme savent bien les moyens de s'étayer dans leur oppression de l'appui de ces mêmes lois, que peut-être dans l'origine d'aveugles législateurs crurent instituer pour la sauvegarde du pauvre.

Dès ce moment, M. Tyrrel jura la ruine d'Hawkins, et il ne négligea aucun moyen de vexer ou d'outrager le malheureux objet de sa persécution. Il lui ôta son emploi de bailli ou adjoint de son intendant, et enjoignit à Barnes, ainsi qu'à tous ses autres gens d'affaires, de lui rendre les plus mauvais offices possibles dans toutes les circonstances. M. Tyrrel avait, par les titres de sa baronnie, l'inféodation des grandes dîmes, ce qui lui fournissait de fréquentes occasions de susciter des tracasseries. Une partie des terres de la ferme de Hawkins, quoique ensemencée en blé, était plus basse que les terres voisines, et par là exposée de temps en temps aux inondations d'une rivière qui la bornait. M. Tyrrel avait sur cette rivière une écluse qu'il fit secrètement détruire quinze jours avant la moisson, ce qui noya la récolte. Il donna ordre en outre à ses domestiques de renverser pendant la nuit les haies des terres plus élevées, et d'y pousser le bétail pour perdre le reste de la moisson. Tous ces coups, néanmoins, n'atteignaient encore qu'une partie de la propriété de ce malheureux; mais M. Tyrrel ne s'en tint pas là. Une mortalité subite se manifesta parmi les bestiaux de Hawkins, et elle était accompagnée de circonstances très-propres à faire naître des soupçons. Cet événement excita fortement la vigilance et l'activité de Hawkins, qui vint à bout de suivre si exactement le fil de la trame, qu'il ne douta pas de pouvoir le faire remonter jusqu'à M. Tyrrel lui-même.

Hawkins, qui savait bien que la loi était disposée de manière à servir plutôt d'arme offensive à la tyrannie des riches que de défense contre leurs usurpations, avait eu grand soin d'éviter jusqu'à ce moment d'en venir à des mesures judiciaires. Dans cette dernière circonstance, il se figura que le délit était d'une nature trop atroce pour que le rang du coupable, quel qu'il fût, pût le mettre à l'abri de la sévérité des lois. La suite lui fit voir qu'il avait à s'applaudir de sa première détermination, et il se repentit vivement de s'être laissé aller à en prendre une autre.

C'était là le point où l'attendait M. Tyrrel, et à peine put-il croire à sa bonne fortune quand on vint lui dire que Hawkins avait intenté une action contre lui. Sa joie en fut extrême, et il se félicita de voir que la ruine totale de son protégé était devenue immanquable. Il consulta son ancien attorney [1], et lui recommanda instamment de ne négliger dans

[1] Procureur.

cette affaire aucun des subterfuges de son métier. Repousser l'accusation dirigée contre lui était la chose qui l'occupait le moins; le point capital était de traîner l'affaire de délais en délais, de tribunaux en tribunaux, à force d'incidents, de récusations, de déclinatoires, de nullités, d'exceptions, d'appels et de remises de plaidoiries. « Ce serait la honte d'un pays civilisé, soutenait M. Tyrrel, qu'un gentilhomme insolemment attaqué par un homme de la lie du peuple, n'eût pas les moyens de trouver toute sa défense dans sa bourse, et de poursuivre cet indigne adversaire jusqu'à le mettre nu comme la main. »

D'ailleurs, l'affaire du procès n'occupait pas tellement M. Tyrrel, qu'il laissât échapper encore les autres moyens de tourmenter son pauvre tenancier. Parmi les divers expédients dont il s'avisa, il y en eut un qui, à la vérité, tendait plutôt à vexer ce malheureux qu'à lui causer une perte irréparable, mais qui ne fut pas négligé pour cela. Ce fut la situation particulière du logement de Hawkins, de ses granges et bâtiments de ferme qui suggéra cette idée. Ces bâtiments étaient placés à l'extrémité d'une pièce de terre qui les joignait avec le reste du domaine, et ils étaient environnés de tous côtés par des champs que tenait à bail un des fermiers de M. Tyrrel, et le plus dévoué à ses volontés. La route qui conduisait à la ville de marché longeait le plus considérable de ces champs, directement en face de la maison de Hawkins. Il n'était jusque-là résulté aucun inconvénient de cette position, parce que, de temps immémorial, il y avait un large sentier qui conduisait en droite ligne de la maison de Hawkins au grand chemin. Par suite d'un accord entre M. Tyrrel et son complaisant tenancier, on ferma ce sentier ou chemin de traverse, de manière que le pauvre Hawkins se trouva comme prisonnier dans sa propre habitation, et se vit obligé de faire un détour de près d'un mille pour se rendre à la ville.

Le fils Hawkins, ce jeune homme qui avait été le sujet originaire de la querelle, avait beaucoup de l'énergie de son père, et il se sentait indigné au delà de toute mesure des différents actes de despotisme qu'il voyait successivement se commettre sous ses yeux. Le ressentiment qu'il en éprouvait était d'autant plus vif, qu'il savait que toutes les traverses essuyées par son père n'avaient d'autre cause que la tendresse que celui-ci lui portait, et qu'en même temps il aurait eu l'air de repousser cette même tendresse en s'offrant de faire cesser la véritable cause du procès. Dans la conjoncture présente, sans prendre conseil que de sa fougue et de son ressentiment, il sort au milieu de la nuit, renverse toutes les barrières qu'on avait placées à l'entrée de l'ancien sentier, brise les cadenas qui y avaient été posés et force les portes. Il ne fit pas cette opération sans être aperçu, et dès le lendemain il y eut un mandat décerné pour l'arrêter. En conséquence il fut conduit devant un comité de juges de paix, qui l'envoyèrent à la prison du comté pour être jugé aux assises prochaines, comme coupable d'un délit emportant peine capitale. M. Tyrrel était déterminé à le poursuivre sans rémission; et son procureur, après un mûr examen des circonstances de l'affaire, se décida à fonder ses accusations sur la clause de l'acte 9 du règne de Georges Ier, appelé communément l'*acte noir*, qui porte que : « Toute personne » armée d'épée ou autre arme offensive, ayant le » visage *noirci* ou tout autre déguisement, qui » sera trouvée dans une garenne ou lieu servant » habituellement à garder lièvres ou lapins, après » due conviction, sera réputée coupable de félonie, » et en conséquence condamnée à mort, sans béné- » fice de clergie, comme dans tous les cas de félo- » nie. » Or, il paraîtrait que le jeune Hawkins, aussitôt qu'il s'était aperçu qu'on l'observait, avait relevé sur sa tête le collet de sa redingote et l'avait boutonné sur son visage; et, de plus, qu'il s'était muni d'un instrument de fer tranchant pour briser les cadenas. Le procureur se chargea d'ailleurs d'administrer par enquête preuve suffisante que le champ en question était une garenne où on avait habituellement tenu des lièvres. M. Tyrrel saisit ce plan avec une joie inexprimable. Par la manière dont il peignit aux juges de paix l'obstination et l'insolence de Hawkins, il eut l'adresse d'obtenir un décret fondé sur cette absurde accusation, et il n'était pas impossible qu'il ne vînt à bout, par la même influence, de faire prononcer en définitive, contre sa malheureuse victime, l'entière exécution de la terrible clause pénale; du moins il n'y avait que trop à redouter cette cruelle chance pour alarmer la tendresse d'un père.

Ce fut là le coup de grâce pour l'infortuné Hawkins. Comme il ne manquait pas de courage, il avait soutenu, sans fléchir, toutes les autres persécutions. Il n'ignorait pas les avantages que les lois et les usages donnent au riche contre le pauvre dans des luttes de cette espèce. Mais une fois entraîné dans le procès, une sorte d'opiniâtreté et de roideur qui lui étaient naturelles ne lui permettaient pas de reculer, et il allait en avant, dans le vague espoir plutôt que dans l'attente d'une issue favorable. Mais ce dernier événement blessa son cœur à l'endroit le plus sensible. Il avait craint de voir son fils avili et corrompu par une condition servile, et maintenant il le voyait au milieu des horreurs et de l'infamie d'une prison. Il avait même tout à redouter des suites de cet emprisonnement, et il frémissait à l'idée que la tyrannie du riche pouvait flétrir pour jamais ses plus chères espérances.

Dès ce moment, il sentit son cœur abattu. Jusque-là il s'était fié à son industrie et à sa persévérance pour arracher les misérables débris de sa fortune à la basse et jalouse rage de son seigneur. Mais ces efforts de courage, que sa situation exigeait plus que jamais, il ne se sentait plus l'énergie nécessaire pour les soutenir. M. Tyrrel poursuivait sans relâche ses projets infernaux; les affaires de Hawkins devenaient de jour en jour plus désespérées, et le squire, toujours aux aguets, saisit la première occasion de faire séquestrer les déplorables restes de la propriété du pauvre laboureur, faute de payement des fermages.

L'affaire en était précisément dans cet état, lorsque par hasard M. Falkland et M. Tyrrel vinrent à se rencontrer dans une route de traverse, près l'habitation de ce dernier. Ils étaient à cheval, M. Falkland allait à la maison du malheureux fermier, qui semblait près de succomber sous l'opiniâtre tyrannie de son maître. Il venait d'apprendre l'histoire de cette persécution; dans le fait, c'était encore un surcroît d'infortune pour Hawkins, que M. Falkland, dont le crédit et les bons offices auraient pu le sauver, eût été absent du pays pendant un assez long espace de temps. M. Falkland avait passé trois mois à Londres, et de là était allé voir des terres qu'il possédait dans une autre partie de l'Angleterre. Le caractère fier et entreprenant du pauvre fermier le disposait toujours à compter sur lui-même et sur ses propres forces le plus longtemps possible. Il avait évité de s'adresser à M. Falkland, ou plutôt dans le commencement de la querelle il souffrait tout sans se plaindre, ni communiquer à qui que ce fût sa fâcheuse situation; et quand, enfin, les choses en vinrent à une telle extrémité, qu'il se sentit porté à se départir un peu de sa première persévérance, il se trouva qu'il n'était plus temps de recourir à cette intervention. Enfin, M. Falkland avait reparu sans être attendu, après une assez longue absence, et, parmi les premières nouvelles du pays, ayant appris les malheurs de l'infortuné fermier, il avait résolu d'aller dès le lendemain matin chez lui, et de le surprendre par l'offre de tous les secours qui étaient en son pouvoir.

Dans cette rencontre inattendue, à la vue de M. Tyrrel, un mouvement d'indignation lui fit monter le feu au visage. Sa première idée, à ce qu'il a dit lui-même depuis, fut de l'éviter; mais, voyant qu'il fallait passer devant lui, il s'imagina qu'il y aurait de la faiblesse et une sorte de désertion de son devoir de ne pas lui manifester ses sentiments dans cette circonstance.

« M. Tyrrel, lui dit-il sans autre préambule, j'ai eu le malheur d'apprendre quelque chose qui me fait vraiment de la peine.

— Cela se peut bien, monsieur; mais qu'est-ce que cela me fait, s'il vous plaît?

— Beaucoup, monsieur. Il s'agit d'un de vos fermiers, du malheureux Hawkins. Si votre intendant a agi sans votre autorisation, je crois qu'il est à propos de vous informer de ce qu'il a fait; et, s'il a été autorisé par vous, je vous engage de tout mon cœur à réfléchir un peu plus aux suites de cette affaire.

— M. Falkland, vous feriez tout aussi bien de vous occuper de vos propres affaires et de me laisser faire les miennes. Je n'ai pas besoin de mentor, je vous en avertis.

— Vous vous méprenez, M. Tyrrel, je m'occupe de mes affaires. Si je vous vois près de tomber dans un précipice, c'est mon affaire de vous en retirer et de vous sauver la vie. Si je vous vois, par votre conduite, marcher dans une voie fausse et injuste, c'est mon affaire de vous indiquer la bonne et de vous sauver l'honneur.

— Pardieu! Monsieur, allez portez vos lieux communs ailleurs! Cet homme est-il à moi ou non? Ma terre est-elle ma terre? Si elle est ma terre, ne suis-je pas le maître d'en faire ce qu'il me plaît? Monsieur, je paye à l'Etat pour ce que je possède; personne ne peut dire que je lui doive un penny, et je ne me mettrai pas sous votre tutelle ni sous celle de qui que ce soit au monde, entendez-vous?

— Il est très-vrai, M. Tyrrel, reprit M. Falkland sans s'occuper de répondre à ces derniers mots, qu'il y a une distinction de rangs dans la société. Je crois que cette distinction est une très-bonne chose, et qu'elle est indispensable pour maintenir la paix dans la société; mais, quelque nécessaire qu'elle soit, nous ne pouvons nier qu'il en résulte pour les classes inférieures un lourd fardeau à supporter. N'est-il pas bien pénible de songer qu'un homme est appelé par sa naissance à jouir de toutes les aisances et de toutes les superfluités, tandis qu'un autre, sans avoir le moins du monde démérité, n'aura pour son lot que travail et que privations, et cependant que c'est une chose indispensable? Nous qui sommes les riches, M. Tyrrel, c'est à nous de faire tout ce qui est en notre pouvoir pour adoucir le sort de la classe pauvre et malheureuse. Nous ne devons pas user sans pitié et sans mesure de l'avantage que le hasard nous a donné. Les pauvres malheureux! au point où est la machine, ils sont pressés au delà de ce qu'ils peuvent réellement supporter; et si nous avons la barbarie de vouloir serrer encore un tour de plus, ils seront moulus en poussière. »

Ce tableau ne fut pas absolument sans effet sur le cœur endurci de M. Tyrrel.

« Fort bien, monsieur, je ne suis pas un tyran ; je sais fort bien que c'est une vilaine chose que la tyrannie. Mais voulez-vous inférer de ceci que ces gens-là seront les maîtres de faire tout ce qui leur plaira, et qu'on ne pourra pas les traiter comme ils le méritent ?

— M. Tyrrel, je vois que votre animosité commence un peu à fléchir. Permettez que j'invoque en vous ce sentiment de bienveillance auquel votre âme vient de s'ouvrir ; allons ensemble chez Hawkins. Ne parlons pas de ce qu'il mérite, le malheureux ! il a souffert tout ce que la nature humaine peut souffrir. Allons, qu'un généreux pardon de votre part soit un gage de bon voisinage et d'amitié entre vous et moi.

— Non, monsieur, je ne me rends pas. Je conviens qu'il y a du spécieux dans ce que vous dites. Je n'ignore pas que vous savez toujours arranger une histoire à votre fantaisie, et lui donner de belles apparences ; mais je ne me laisse pas ainsi mener. Quand j'ai mis une fois un projet dans ma tête, je ne m'en départs jamais ; c'est là mon caractère, et je n'en changerai pas. J'ai relevé Hawkins quand il était abandonné de tout le monde ; je lui ai donné un état, et, pour ma peine, le misérable a fait tout ce qu'il a pu pour m'offenser. Que je sois maudit si jamais je lui pardonne ; il serait vraiment bien plaisant que j'allasse faire grâce à l'insolence d'une de mes créatures, et cela à la sollicitation d'un homme comme vous, qui a toujours été mon fléau.

— Pour l'amour de Dieu, M. Tyrrel, que votre ressentiment ne vous rende pas déraisonnable. Supposons que la conduite de Hawkins soit inexcusable et qu'il vous ait insulté, est-ce une offense que rien ne puisse expier? Faut-il, pour contenter votre ressentiment, que vous ayez ruiné le père et fait pendre le fils?

— Vous pouvez dire tout ce qu'il vous plaira; Dieu me damne si vous gagnez rien sur moi. Je ne me pardonne pas de vous avoir seulement écouté une minute. Je ne souffrirai pas que personne prétende arrêter le cours de mon ressentiment; si j'avais à faire grâce à Hawkins, ce serait d'après ma propre volonté, et non à la prière de personne. Mais, monsieur, je ne la lui ferai jamais. S'il était là, à mes pieds, avec toute sa famille, je les ferais tous pendre si j'en avais le pouvoir comme la volonté.

— Si c'est là votre dernière résolution, M. Tyrrel, je rougis pour vous. Grand Dieu! il ne faudrait que vous entendre parler pour prendre en dégoût toutes les institutions et les lois de la société, et pour fuir à l'aspect de toute créature humaine. Mais non, la société vous désavoue et vous repousse de son sein; les hommes ne vous voient qu'avec horreur. Il n'y a ni rang ni fortune qui puisse vous dérober à l'indignation publique; vous vivrez dans l'isolement et l'abandon au milieu de vos semblables; vous aurez beau chercher le commerce des hommes, pas un ne daignera s'abaisser jusqu'à vous saluer. Chacun fuira vos regards comme l'œil du basilic. Où vous flattez-vous donc de trouver des cœurs de pierre capables de sympathiser avec le vôtre ? Allez, le malheur s'attache à vos pas, et un malheur sans espoir, sans pitié. »

En disant ces mots, M. Falkland pique des deux, quitte brusquement la place et disparaît bientôt. Ses maximes sur le point d'honneur n'avaient pu tenir contre l'excès de son indignation, et il n'avait vu dans son voisin qu'un misérable avec lequel on ne pouvait se quereller sans s'avilir. Pour celui-ci, il demeura sans mouvement et comme pétrifié. L'apostrophe enthousiaste de M. Falkland aurait anéanti l'adversaire le plus déterminé. En dépit de lui-même, M. Tyrrel était accablé de ses remords et hors d'état de repousser les traits dont on l'accablait. L'affreux tableau que lui avait présenté M. Falkland avait quelque chose de prophétique. Il y lisait tout ce qui formait l'objet principal de ses craintes, et ce qu'en secret il croyait déjà commencer à éprouver. Ce tableau était déjà tracé dans sa conscience ; c'était le spectre qui le poursuivait à toute heure, qui était l'objet de ses terreurs continuelles, et qui venait de prendre en quelque sorte un corps et une voix.

Il se remit pourtant peu à peu. Plus sa confusion passagère avait été forte, plus son ressentiment revint avec fureur. Jamais haine aussi profonde et aussi envenimée n'entra dans un cœur humain sans amener à sa suite la violence et la mort. Cependant M. Tyrrel ne se sentait pas disposé à satisfaire sa vengeance par un défi personnel. Ce n'est pas qu'il fût un poltron ; mais son génie tremblait devant celui de Falkland. Il laissa au hasard des événements futurs le soin de le venger. Il était bien convaincu que sa haine ne cèderait rien ni au temps, ni aux circonstances. Il ne respirait que vengeance; nuit et jour, c'était la première de ses pensées.

M. Falkland était sorti de cette conférence plus indigné que jamais de la conduite de son voisin, et bien fermement déterminé à faire tout ce qui serait en son pouvoir pour soulager les malheurs de Hawkins. Mais il était trop tard. Quand il arriva, il trouva la maison absolument vide. Hawkins père était caché, et, ce qu'il y avait encore de plus extraordinaire, le jeune Hawkins s'était échappé le même jour de sa prison. Toutes les recherches que M. Falkland fit faire pour les découvrir furent vaines; on ne put trouver la moindre trace du sort de ces malheureux. Ce sort, hélas! j'aurai bientôt occasion de le rapporter ; on verra qu'il fut plus horrible encore que tout ce que l'imagination la plus sombre aurait pu se figurer.

Je continue mon récit ; j'arrive à ces incidents dans lesquels mes propres destinées se trouvèrent enveloppées d'une manière si fatale et si mystérieuse. Je vais lever le rideau pour le dernier acte de cette affreuse tragédie.

X

On n'aura pas de peine à croire que la mauvaise humeur de M. Tyrrel, aigrie par la lutte avec Hawkins et l'animosité toujours croissante entre M. Falkland et lui, ne firent qu'ajouter à son impatiente irritation quand il apprit l'évasion d'Émilie.

M. Tyrrel ne pouvait s'expliquer l'avortement d'un stratagème dont le succès ne lui avait pas paru douteux un seul moment. Sa vexation devint une véritable fureur. Grimes n'avait pas osé venir lui raconter en personne l'issue de son expédition, et le domestique qu'il pria d'aller annoncer à son maître que miss Émilie était perdue pour eux, s'enfuit en toute hâte, effrayé de l'exaspération dont il fut témoin. M. Tyrrel cria qu'il voulait qu'on lui amenât Grimes, et le jeune homme parut enfin devant lui plus mort que vif. M. Tyrrel le força de répéter tous les détails de son aventure, et, à peine eut-il terminé qu'il s'esquiva aussi, accablé des exécrations qui lui furent prodiguées. Grimes n'était pas un poltron, mais il respectait cette espèce de culte que les hommes ont pour le rang et les richesses, comme les Indiens adorent le diable. Ce ne fut pas tout. Le rage de M. Tyrrel devint si ingouvernable et si terrible, qu'il se serait trouvé peu de cœurs assez fermes pour ne pas trembler devant lui avec un sentiment d'infériorité reconnue.

Il n'eut pas plutôt obtenu un moment de calme, qu'il se mit à repasser dans sa tête toutes les circonstances de l'événement. Ses plaintes étaient si pleines d'amertume, que, pour un observateur tranquille, il aurait été à la fois un objet de pitié par ses souffrances, et d'horreur par sa dépravation. Il se rappelait toutes les précautions qu'il avait prises ; il n'avait rien négligé ; il n'y avait pas la plus petite chose à redire à ses mesures, et il maudissait cette puissance aveugle et maligne qui se plaisait à déjouer ses projets les mieux concertés. Bien plus que tous les autres humains, il était l'objet de cette influence perfide. Pour s'abuser plus cruellement, il avait eu une ombre de pouvoir, et, au moment où il avait levé la main pour frapper, elle avait été tout à coup paralysée.

Il oubliait son récent triomphe sur Hawkins, ou peut-être le regardait-il comme un échec, parce qu'il n'était pas à la hauteur de ses ressentiments.

A quel propos le ciel lui avait-il donc donné la susceptibilité des injures et l'instinct de la vengeance, si les coups de son courroux étaient destinés à n'être jamais sentis ? Il suffisait qu'il fût l'ennemi de quelqu'un pour que celui-ci fût pleinement assuré contre les traits du malheur. Quelles insultes, quelles offenses réitérées n'avait-il pas eu à endurer de cette misérable petite fille ? Et par qui était-elle à présent arrachée à sa juste indignation ? Par ce même démon attaché à sa poursuite, ce démon qui le traversait à chaque pas dans ses desseins, qui prenait plaisir à lui enfoncer tous ses traits dans le cœur, et qui se faisait une affreuse dérision de ses souffrances.

Il y avait une autre réflexion qui ajoutait à ses angoisses, et qui le poussait à prendre des partis désespérés. Il ne pouvait pas se dissimuler que cet événement allait porter un coup mortel à sa réputation. Il avait pensé qu'Émilie, après avoir subi cet odieux mariage, se verrait obligée par décence à jeter un voile sur l'acte de violence qui l'aurait précipité. Mais cette garantie lui était ravie, et M. Falkland n'allait pas manquer de publier son déshonneur pour en nourrir son propre orgueil. Quoique dans son opinion particulière la manière dont il avait été provoqué par miss Melville fût bien suffisante pour justifier tous les traitements qu'il pouvait juger à propos de lui infliger, il sentait fort bien que le monde verrait l'affaire sous un autre jour. Cette réflexion l'excitait à des mesures encore plus violentes, et elle le détermina à prendre tous les moyens possibles de verser sur quelque victime les poisons qui dévoraient son cœur.

Cependant, dès qu'Émilie s'était crue dans un lieu de sûreté, son sang-froid et son intrépidité avaient commencé à l'abandonner. Tant qu'elle s'était sentie exposée aux menaces du danger et de l'injustice, elle avait trouvé dans son âme un courage qui dédaignait de plier. Le calme apparent qui succéda à ses agitations lui fut plus funeste. Elle n'avait plus d'aliment pour son courage, d'aiguillon pour son énergie. Ses pensées se reportaient sur les épreuves par lesquelles elle avait passé, et son âme succombait au seul souvenir de ce qu'elle avait bravé avec tant de constance. Jusqu'à l'époque où M. Tyrrel avait conçu sa cruelle antipathie, la crainte et l'inquiétude avaient été des sentiments étrangers pour elle. Sans avoir fait aucun apprentissage du malheur, elle était devenue tout d'un coup l'objet de la malice la plus infernale. Quand une maladie vient saisir un homme d'une constitution robuste, son effet est bien plus violent qu'il ne le serait sur un homme délicat et valétudinaire. C'est ce qui arriva à miss Melville : elle passa la nuit dans l'insomnie et l'anxiété ; le lendemain, on lui trouva une violente fièvre. La maladie résista à tous les remèdes qu'on employa pour la chasser, quoiqu'il y eût lieu d'espérer que la bonne constitution de la malade, jointe à la tranquillité dont elle jouissait et aux soins de ceux qui l'entouraient, viendraient à bout de surmonter le mal. Le second jour, elle tomba dans le délire. Sur le soir de ce même jour, elle fut arrêtée à la requête de M. Tyrrel, pour dettes résultant de sa pension et entretien depuis quatorze ans.

Le lecteur se rappellera peut-être qu'il avait été question pour la première fois de cette dette dans la conversation entre M. Tyrrel et miss Melville, lorsqu'il avait jugé à propos de l'enfermer dans sa chambre. Mais il est vraisemblable qu'alors il ne pensait pas sérieusement à mettre jamais son idée à exécution. Il lui en avait seulement parlé par forme de menace et comme par l'habitude où il était de passer en revue dans son esprit tous les moyens possibles de tyrannie et de vengeance. Mais lorsque la délivrance imprévue de sa malheureuse cousine eut exalté la tête de M. Tyrrel jusqu'à la démence, et qu'il eut rappelé toutes les ressources diaboliques de son esprit pour se soulager du poids de haine et de vengeance qui l'accablait, cette idée s'était représentée avec plus de force. Sa résolution avait été bientôt prise, et, ayant fait venir Barnes, son intendant, il lui avait donné ordre d'agir sur-le-champ.

Barnes était depuis plusieurs années l'instrument des injustices de M. Tyrrel. L'habitude avait endurci son âme, et il pouvait, sans remords, rester spectateur ou même agir comme exécuteur immédiat d'un acte de barbarie ordinaire. Mais, dans la circonstance présente, il ne put lui-même dissimuler son hésitation. Le caractère et la conduite d'Émilie dans la maison de M. Tyrrel avaient toujours été irréprochables. Elle n'avait pas un ennemi, et il était impossible de voir sa jeunesse, son innocente vivacité, sa simplicité charmante, sans éprouver le plus vif intérêt et la plus tendre sympathie.

« Votre Honneur... Je ne comprends pas bien... arrêter miss ! miss Émilie !

— Oui, je vous l'ordonne ; ne m'entendez-vous pas ? Allez-vous en sur-le-champ chez Swineard, l'homme de loi, et dites-lui de ma part que j'entends que cela soit fait à l'instant même.

— Que Dieu bénisse Votre Honneur ! mais arrêter miss Émilie ? Pourquoi donc ? elle ne vous doit pas un farthing de cuivre[1] : elle a toujours vécu de la charité de Votre Honneur.

— Ane et drôle que vous êtes ! je vous dis qu'elle me doit ; oui, elle me doit... onze cents livres. La loi m'autorise : pour qui croyez-vous donc que les lois sont faites ? Je ne fais que réclamer mon droit, mais j'entends en user.

— Je n'ai jamais disputé les ordres de Votre Honneur ; mais, en conscience, je ne puis me taire ; je ne peux pas voir perdre ainsi cette pauvre fille et vous perdre vous-même aussi, sans vous dire ce que je pense ; j'espère que vous me pardonnerez. Mais enfin, quand même elle vous devrait cette somme, elle ne pourrait être arrêtée. Elle n'est pas d'âge...

— Avez-vous fini, monsieur ? Pas tant de *si* et de *mais*. Pareille chose a déjà été faite à ma connaissance, et on peut bien la faire encore. Qui est-ce qui m'en empêchera ? voyons, qui ? Je veux que cela soit tout à l'heure ; je le veux, entendez-vous ? Dites à Swineard que s'il a seulement l'air d'hésiter, il y va de sa vie ! Je le ferai mourir de faim.

— Je supplie Votre Honneur d'y regarder à deux fois. Sur mon âme, tout le pays va crier contre vous.

— Barnes ! que voulez-vous dire ? je ne suis pas accoutumé à ce qu'on tienne des propos sur ma conduite, et je ne les endurerai pas. Je vous ai trouvé dévoué dans beaucoup d'occasions ; mais si je vois que vous vous joignez aux autres pour me disputer

1. Un liard sterling.

mon autorité, Dieu me damne à tout jamais, si je ne vous en fais repentir pour toute votre vie!

— J'ai fini. Je n'ai plus qu'un mot à ajouter à Votre Honneur. J'ai entendu dire que miss Émilie était malade, au lit. Vous êtes déterminé, dites-vous, à la faire mettre en prison; mais vous ne voulez pas la tuer, je suppose.

— Qu'elle crève si elle veut, je ne lui donnerai pas une heure. Je ne me laisserai pas insulter. Elle n'a eu aucun égard pour moi, et je n'aurai aucune miséricorde pour elle; je suis résolu. On m'a provoqué, on m'a poussé à bout; on s'en ressentira. Au lit ou non, jour ou nuit, dites à Swineard que je ne veux pas entendre parler d'une minute de répit. »

Tels furent les ordres de M. Tyrrel, auxquels furent exactement conformes les procédures du respectable agent ministériel qu'il employa dans cette circonstance. Miss Melville avait été dans le délire de la fièvre une grande partie de la journée, quand sur le soir arrivèrent l'huissier et sa suite. D'après l'ordre du médecin que M. Falkland avait envoyé pour la voir, on lui avait administré une potion calmante; et, après l'épuisement que lui avaient causé les images bizarres qui avaient tourmenté pendant plusieurs heures son cerveau malade, elle était tombée dans un sommeil réparateur. Mrs. Hammond, la sœur de Mrs. Jakeman, était assise à côté du lit, et pleine de compassion pour l'état de souffrance de cette aimable orpheline, elle commençait à se réjouir de la voir plus calme, quand une petite fille, qui était le seul enfant de Mrs. Hammond, alla ouvrir la porte de la rue à l'huissier. Celui-ci ayant dit qu'il voulait parler à miss Melville, l'enfant répondit qu'elle allait le dire à sa mère, et, en disant cela, elle s'avança à la porte de la chambre du fond, où Émilie était couchée; mais, dès que cette porte fut ouverte, au lieu d'attendre que la mère parût, l'huissier entra avec la petite fille.

Mrs. Hammond leva les yeux.

« Qui êtes-vous? dit-elle; que demandez-vous? Chut, pas de bruit!

— Il faut que je parle à miss Melville.

— Cela ne se peut pas. Dites-moi de quoi il s'agit. La pauvre fille a eu la tête perdue toute la journée. Elle ne vient que de s'endormir, et il ne faut pas troubler son repos.

— Cela m'est égal. J'ai des ordres à exécuter.

— Des ordres! de quelle part? Que voulez-vous dire. »

A ce moment Emilie ouvrit les yeux.

« Quel bruit faites-vous donc là? dit-elle : j'espérais que vous me laisseriez un peu dormir.

— Miss, il faut que je vous parle. Je suis porteur d'une sentence rendue contre vous, à la requête du squire Tyrrel, pour onze cents livres sterling. »

A ces mots, Mrs. Hammond et Emilie restèrent muettes. Celle-ci n'était guère en état de rien comprendre à ce qu'on lui disait; et, quoique Mrs. Hammond comprît un peu mieux le langage de l'huissier, quand elle voulait lier des idées aussi étranges que celles qui la frappaient, elle ne pouvait guère mieux percer ce mystère.

« Une sentence! Comment pourrait-elle devoir à M. Tyrrel? Une sentence contre une enfant!

— Ce n'est pas à nous qu'il faut faire toutes ces questions-là. Nous n'agissons que d'après des ordres. Tenez, voilà notre titre. Voyez cela.

— Seigneur tout-puissant! s'écria Mrs. Hammond. Qu'est-ce que cela veut dire? Il n'est pas possible que ce soit M. Tyrrel qui vous ait envoyé.

— Ma bonne dame, point de mauvais propos. Savez-vous lire?

— Tout cela est une ruse! c'est un faux papier! c'est un détour infâme pour enlever cette jeune demoiselle de mes mains, les seules où elle soit en sûreté. Procédez à vos risques et périls.

— Ne vous inquiétez pas, c'est bien ce que j'entends. Rapportez-vous en à moi, allez, je sais ce que je fais.

— Comment! vous n'irez pas peut-être l'arracher de son lit? Je vous dis qu'elle a une fièvre violente; elle est dans le transport; ce serait la tuer que de l'ôter d'ici. Vous êtes des huissiers, n'est-ce pas? Vous n'êtes pas des bourreaux?

— La loi ne dit rien sur cela. Nous avons ordre de l'amener, malade ou non. Nous ne voulons pas lui faire mal; il faut seulement que nous fassions notre devoir, voilà tout.

— Qu'est-ce que vous voulez en faire? où voulez-vous l'emmener?

— A la prison du comté..... Bullock, allez-vous

en à l'auberge du Griffon commander une chaise de poste.

— Arrêtez, mais arrêtez donc..... n'envoyez pas... Trois heures seulement; je vais dépêcher un exprès à M. Falkland, et je vous réponds qu'il satisfera à tout, qu'il vous mettra à l'abri de tout, que vous serez content sans qu'il soit besoin de conduire en prison cette pauvre enfant.

— Nous avons justement des ordres particuliers là-dessus. Il ne nous est pas permis d'accorder une minute... Bullock, pourquoi n'êtes-vous donc pas parti, vous? Dites qu'on mette les chevaux sur-le-champ. »

Émilie avait écouté toute cette conversation, qui lui avait suffisamment expliqué ce que l'apparition des recors avait eu d'abord d'énigmatique pour elle. Cette incroyable et affreuse vérité dissipa tout à fait les illusions du délire qu'elle venait d'essuyer.

« Chère Mrs. Hammond, dit-elle, ne vous épuisez pas en efforts inutiles. Je suis bien affligée de toute la peine que je vous cause. Mais mon malheur est inévitable. Monsieur, si vous voulez attendre un moment dans la chambre à côté, je vais m'habiller et vous suivre. »

Mrs. Hammond commença bien aussi à s'apercevoir que ses instances ne serviraient à rien; mais il lui fut impossible d'avoir autant de patience. Tantôt elle déclamait contre la barbare brutalité de M. Tyrrel, qu'elle disait être un démon incarné plutôt qu'un homme. Tantôt elle se répandait en invectives amères contre la dureté d'âme de l'huissier, et l'exhortait à mettre un peu de modération et d'humanité dans l'exercice de ses fonctions; mais il était inébranlable. Pendant ce temps-là, Émilie se soumettait avec la plus douce résignation à un mal inévitable. Mrs. Hammond insista pour qu'il lui fût au moins permis d'accompagner la jeune miss dans la chaise de poste; et, quoique l'huissier eût reçu des ordres assez positifs pour ne rien oser prendre sur lui quant à l'exécution de la sentence, cependant il commença à craindre quelques suites dangereuses, et il fut disposé à permettre toutes les précautions qui n'étaient pas directement opposées à l'objet de son ministère. Quant au reste, il était d'opinion qu'il y aurait de très-grands inconvénients à admettre une allégation de maladie ou tout autre empêchement de cette nature comme une cause suffisante pour entraver la marche de la loi, et qu'en conséquence, dans tous les cas douteux, comme lorsqu'il y avait présomption de meurtre, la jurisprudence ordinaire inclinait toujours avec une très-sage et très-louable partialité en faveur des officiers de justice. A cette règle générale de conduite se joignait encore l'influence des injonctions très-précises de Swineard, qui lui avait garanti tous les événements, et celle de la terreur universelle attachée au nom de Tyrrel à plusieurs lieues à la ronde. Avant de partir, Mrs. Hammond dépêcha un exprès à M. Falkland avec un billet de trois lignes pour l'informer de cet étrange événement. Quand l'exprès arriva, M. Falkland était absent, et ne devait être de retour que dans deux jours; ce qui semblait concourir à favoriser encore la vengeance de M. Tyrrel, car, dans l'emportement de sa fureur, il n'avait pas songé à faire entrer cette circonstance dans ses combinaisons.

Il est aisé de se figurer l'état de détresse de ces deux malheureuses femmes ainsi entraînées l'une par force, l'autre par dévouement, à un lieu aussi peu fait pour elles qu'une prison publique. Il y avait néanmoins dans Mrs. Hammond la force d'âme et l'activité de zèle nécessaires à la conjoncture difficile où elle se trouvait. Son caractère calme et ferme, capable de braver l'injustice sans se passionner, la rendait très-propre à faire tout ce que la prudence et la réflexion pouvaient suggérer. La santé de miss Melville fut considérablement compromise, comme il y avait lieu de s'y attendre, par la surprise qu'elle avait eu et par le déplacement qu'elle avait souffert au moment même où le repos lui était le plus nécessaire. Sa fièvre devint plus violente que jamais; son délire redoubla, et les tortures de son imagination égarée augmentèrent en raison des circonstances dans lesquelles elle avait été arrachée à son sommeil. Il n'y avait presque plus d'espoir pour son rétablissement.

Dans le moment où sa raison l'abandonnait, le nom de Falkand était continuellement dans sa bouche. « M. Falkland, disait-elle, était son premier amour, son unique amour; il serait un jour son mari. »

Un instant après, elle lui faisait des reproches douloureux sur son indigne déférence pour les préjugés du monde. « C'était bien cruel à lui d'être aussi fier, et d'aller lui dire qu'il ne consentirait jamais à épouser une pauvre orpheline; mais s'il était si fier, elle était très-déterminée à l'être tout autant que lui. Elle lui ferait bien voir, par sa conduite, qu'elle n'était ni faible ni légère, et que, s'il la dédaignait, elle saurait supporter son malheur avec constance. » Une autre fois, elle voyait M. Tyrrel et son complice Grimes, les mains et les habits ensanglantés, et elle leur adressait des reproches si pathétiques, que le cœur le plus dur en aurait été touché. Ensuite Falkland revenait se présenter à son imagination délirante; elle le voyait déchiré de mille blessures et couvert d'une pâleur mortelle; elle poussait des cris déchirants; elle accusait tout le monde d'insensibilité, de ne pas donner le moindre secours à celui qu'elle aimait. Ce fut ainsi qu'elle passa deux journées presque entières dans une succession continuelle de tortures, se voyant sans cesse entourée de persécuteurs et d'assassins.

Le soir du second jour arriva M. Falkland, accompagné du docteur Wilson, le médecin qui l'avait déjà traitée. La scène à laquelle il était appelé était affreuse pour un homme d'une sensibilité aussi vive que la sienne. La nouvelle de l'emprisonnement lui avait porté un coup terrible; cet acte inouï de méchanceté l'avait mis hors de lui-même: mais, quand il aperçut le visage hagard de miss Melville, quand il vit l'arrêt de mort écrit sur tous les traits de cette malheureuse victime d'un odieux tyran, il ne put soutenir ce spectacle. Au moment où il entra, elle était dans un accès de délire; elle crut encore voir approcher des assassins. Elle leur demandait ce qu'ils avaient fait de son Falkland, de son unique bien, de sa vie, de son époux. Elle les suppliait de lui restituer les restes de son corps mutilé, pour qu'elle pût les presser encore dans ses bras mourants, rendre le dernier soupir sur ses lèvres, et être ensevelie dans le même tombeau que lui. Elle leur reprochait leur lâcheté, de servir ainsi d'instrument à la barbarie de son misérable cousin, qui lui avait fait perdre la raison, et qui ne serait pas satisfait qu'il ne l'eût assassinée. M. Falkland s'arracha bientôt de ce lieu de douleur, et, laissant le docteur Wilson auprès de sa malade, il lui recommanda de venir le trouver à son auberge aussitôt après avoir ordonné ce qu'il y avait à faire.

L'agitation continuelle dans laquelle avait été miss Melville pendant plusieurs jours, par la nature de sa maladie, avait épuisé totalement ses forces. Environ une heure après la visite de M. Falkland, eut lieu une crise qui la laissa si bas, qu'il était difficile d'apercevoir en elle quelques signes de vie. Le docteur, qui venait de sortir pour calmer un peu le trouble et l'impatience de M. Falkland, fut appelé de nouveau d'après ce changement de symptômes, et il passa le reste de la nuit près du lit de la malade. La situation de celle-ci était telle, qu'on pouvait craindre de la voir expirer d'un moment à l'autre. Tandis que miss Melville était dans cet état de faiblesse et d'épuisement, on voyait sur la figure de Mrs. Hammond les signes de la plus vive inquiétude. Elle était naturellement d'une extrême sensibilité, et les vertus d'Émilie étaient bien faites pour obtenir toute son affection. Elle l'aimait comme une mère. Dans cette circonstance, le moindre mouvement, le moindre son la faisait trembler. Le docteur, à cause de la fatigue continuelle qu'avait eue Mrs. Hammond, avait amené une autre garde, et il employa toutes sortes de représentations, même un peu d'autorité, pour forcer cette dame à quitter la chambre de la malade; mais il lui fut impossible de rien gagner sur elle, et il finit par s'apercevoir que la violence qu'il faudrait nécessairement lui faire pour la séparer de la mourante lui ferait probablement plus de mal que si on la laissait suivre son inclination. A tout moment son œil se tournait vers le docteur avec la plus vive curiosité, et cherchait à lire dans sa figure, sans qu'elle osât prononcer un seul mot pour lui demander son opinion, tant elle avait peur de recevoir une réponse sinistre. En même temps, elle écoutait avec une douloureuse attention la moindre parole qui sortait de la bouche du médecin ou de la garde, comme si elle eût espéré de recueillir indirectement quelque indication sur ce qu'elle désirait tant savoir et qu'elle n'avait pas le courage de demander.

Vers le matin, l'état de la malade parut prendre une tournure favorable. Elle sommeilla pendant près de deux heures; quand elle se réveilla, elle était tout à fait calme et revenue à son bon sens. Ayant entendu dire que M. Falkland lui avait amené un médecin et était lui-même dans les environs, elle demanda à le voir. M. Falkland était allé pendant ce temps avec un de ses fermiers cautionner la dette d'Émilie, et à ce moment il entrait dans la prison pour s'informer si on pouvait, sans danger, la transporter dans une chambre plus aérée et plus commode. Quand il parut, sa vue rappela confusément à miss Melville les rêveries de son transport. Elle se couvrit le visage de la main avec un air de chaste confusion, et cependant elle le remercia, avec cette aimable simplicité qui lui était ordinaire, de toute la peine qu'il s'était donnée pour elle. Elle espérait ne plus lui en causer autant; elle pensait que cela irait mieux.

« Ce serait vraiment une honte, disait-elle, si, dans toute la force et l'activité de la jeunesse, elle ne venait pas à bout de survivre aux légères contrariétés qu'elle avait eues à essuyer. »

Hélas ! en parlant ainsi, elle était toujours d'une faiblesse extrême. Elle tâchait de prendre l'air riant et satisfait; mais c'était un vain effort M. Falkland et le docteur joignirent leurs instances pour la prier d'éviter pour le moment tout ce qui pourrait l'émouvoir.

Encouragée par les apparences, Mrs. Hammond se hasarda alors à suivre ces deux messieurs hors de la chambre, pour savoir du médecin jusqu'où allaient ses espérances. Le docteur Wilson avoua qu'il avait d'abord trouvé la malade dans une situation très-fâcheuse; mais il déclara qu'il y avait du mieux dans les symptômes, et qu'il n'était pas sans espérance de la sauver. Toutefois, il ajouta qu'il ne pouvait encore répondre de rien, que les douze heures qui allaient suivre seraient sans doute critiques, mais que si le lendemain matin elle n'était pas plus mal, il croyait pouvoir garantir sa guérison. Mrs. Hammond, qui n'avait encore vu jusque-là les choses que comme désespérées, devint presque folle de joie. Dans son ravissement, elle fondait en larmes, elle bénissait le docteur dans les termes les plus vifs et les plus passionnés, elle disait mille extravagances. Le docteur Wilson saisit cette occasion pour la presser de prendre elle-même un peu de repos; à quoi elle consentit après s'être fait donner une chambre tout auprès de celle de miss Melville, et avoir bien recommandé à la garde de l'avertir au moindre changement qui pourrait survenir dans l'état de la malade.

Mrs. Hammond dormait depuis plusieurs heures sans interruption, lorsqu'elle fut réveillée par un mouvement extraordinaire qui se fit entendre dans la chambre voisine. Elle prêta l'oreille pendant quelques minutes, et ensuite se détermina à aller voir ce que ce pouvait être. Comme elle ouvrait la porte, elle rencontra la garde qui venait la chercher; la figure de celle-ci indiquait assez, sans qu'il fût besoin de parler, ce qu'elle venait apprendre. Mrs. Hammond vole au lit de miss Melville et la voit expirante. Les apparences du mieux avaient été de peu de durée. Le calme du matin n'avaient été qu'un éclair précurseur de la mort. En quelques heures, l'état de la malade avait sensiblement empiré; son teint s'était flétri et décoloré; elle avait la respiration pénible et le regard fixe. Le docteur, qui était entré dans ce moment, avait vu du premier coup d'œil que c'en était fait. Elle eut quelques convulsions, et, quand elles furent apaisées, elle adressa la parole au médecin, d'un ton calme, mais très-faible. Elle le remercia de ses soins, et exprima la plus vive reconnaissance pour les bontés de M. Falkland. Elle pardonna à son cousin, en désirant qu'il ne fût jamais trop tourmenté par le souvenir de sa cruauté envers elle. Elle aurait désiré vivre plus longtemps; personne n'avait eu un goût plus prononcé qu'elle pour les choses propres à faire aimer la vie; mais elle préférait encore de mourir plutôt que se voir la femme de Grimes. Au moment où entra Mrs. Hammond, elle tourna la tête vers elle, et, avec la plus touchante expression d'amitié, répéta son nom plusieurs fois. Ce furent là ses dernières paroles; moins de deux heures après, elle rendit le dernier soupir entre les bras de cette fidèle amie.

XI

Tel fut le sort de miss Émilie Melville. Jamais peut-être la tyrannie ne donna un exemple plus affligeant de l'horreur qu'elle doit inspirer. Il n'y eut pas un seul témoin de cette scène douloureuse qui pût s'empêcher de regarder M. Tyrrel comme le plus odieux tyran qui eût jamais déshonoré l'espèce humaine. Cet acte de cruauté inouïe, qui fut bientôt connu dans la prison, excita l'étonnement et une indignation générale parmi les employés mêmes de ce lieu d'oppression.

Si tels furent les sentiments de ces hommes accoutumés à servir d'instruments à l'injustice, on devine sans peine quels durent être ceux de M. Falkland; il eut un véritable accès de démence et de désespoir; il se frappait le front, s'arrachait les cheveux, allait et venait comme pour fuir une horrible image, et s'écriait qu'il avait honte d'appartenir à la même espèce qui avait produit un monstre tel que M. Tyrrel. Dans son indignation, il accusait la Providence et surtout les lois qui lui défendaient d'écraser comme un reptile l'assassin de miss Melville. Il fallut le garder comme un furieux.

Ce fut sur le docteur Wilson que reposa tout le soin de voir et de décider ce qu'il y avait de mieux à faire dans la conjoncture présente. Le docteur était un homme froid et méthodique. Une des premières idées qui se présentèrent à son esprit, fut que miss Melville était de la famille Tyrrel : il ne doutait pas que M. Falkland ne fût très-disposé à acquitter toutes les dépenses qu'exigeaient les tristes restes de cette malheureuse victime; mais il pensa que les lois de l'usage et de la décence ne permettaient pas de laisser passer un tel événement sans en donner connaissance au chef de la famille. Peut-être aussi le soin de ses propres intérêts, comme médecin, contribua-t-il pour quelque chose à la répugnance qu'il sentait à aller s'exposer au ressentiment d'une personne aussi considérable dans le pays que M. Tyrrel. Cette faiblesse n'empêchait pas qu'il ne fût susceptible des sentiments communs à tous les hommes, et il lui en aurait extrêmement coûté pour se charger du message; d'ailleurs, il ne croyait pas à propos, dans la circonstance actuelle, d'abandonner M. Falkland.

Le docteur Wilson n'eut pas plutôt laissé entrevoir ses idées à ce sujet, qu'elles parurent faire une impression soudaine sur Mrs. Hammond, qui demanda avec empressement qu'on lui permît de porter elle-même la nouvelle. On ne s'attendait pas à cette proposition; mais le docteur ne se fit pas beaucoup presser pour y donner son assentiment. Mrs. Hammond était résolue, disait-elle, de voir par elle-même quelle sorte d'impression cette funeste catastrophe ferait sur celui qui en était l'auteur, et elle promit de se comporter avec modération. Le voyage fut bientôt fait.

« Je suis venue, monsieur, dit-elle à M. Tyrrel, vous informer que votre cousine, miss Melville, est morte cette après-midi.

— Morte !...

— Oui, monsieur, je l'ai vue mourir; elle est morte dans mes bras.

— Morte !.... qui est-ce qui l'a tuée ?.... que voulez-vous dire ?

— Qui? est-ce à vous de le demander? C'est votre méchanceté et votre barbarie qui l'ont tuée!

— Moi!... ma... allons, elle n'est pas morte. Cela ne se peut pas... il n'y a pas huit jours qu'elle a quitté cette maison.

— Vous ne voulez pas me croire? je vous dis qu'elle est morte.

— Madame, madame, prenez garde à ce que vous dites... Ce n'est pas ici matière à plaisanter; oui, quoiqu'elle ait mal agi avec moi, je ne voudrais pas pour tout au monde la croire morte. »

Mrs. Hammond répondit par un signe de tête affirmatif.

« Non, non... je ne le crois pas... je ne le croirai jamais... non, non, jamais.

— Voulez-vous venir avec moi et vous en convaincre par vos propres yeux? C'est un spectacle digne de vous; il y a là de quoi satisfaire un cœur tel que le vôtre... » En parlant ainsi, Mrs. Hammond lui tendait la main comme pour le conduire.

M. Tyrrel recula.

« Mais si elle est morte, est-ce ma faute? Puis-je répondre de tous les malheurs qui arrivent dans le monde?... Qu'êtes-vous venue faire ici? A quel propos venez-vous m'annoncer cette nouvelle?

— A qui dois-je l'annoncer, si ce n'est au parent de la morte... et à son meurtrier?

— Son meurtrier!... Ai-je mis la main sur elle? Lui ai-je porté des coups de couteau ou de pistolet?... Lui ai-je donné du poison? Je n'ai rien fait que ce qui est autorisé par la loi. Si elle est morte, personne ne peut dire que ce soit ma faute.

— Votre faute! monsieur Tyrrel, tout le monde vous maudit et vous abhorre. Parce que les hommes portent quelquefois du respect au rang et à la richesse, seriez-vous assez insensé pour croire qu'un forfait comme le vôtre trouvera une excuse? Ne vous l'imaginez pas; on rirait de cette folle prétention. Le dernier mendiant des rues va vous mépriser comme la boue. Ah! vous avez raison de rester interdit et confondu de ce que vous avez fait. Je publierai votre infamie au monde entier, et il n'existera pas une seule créature humaine dont vous osiez soutenir les regards.

— Bonne femme, reprit M. Tyrrel accablé d'humiliation, ne me parlez pas sur ce ton-là, s'il vous plaît... Emmy n'est pas morte, j'en suis sûr... j'espère... Non, elle n'est pas morte... Avouez-moi seulement que vous avez voulu me tromper, et je vous pardonne tout... Je lui pardonne à elle-même, j'oublie tout... je l'aimerai plus que jamais. Je ferai tout ce que vous voudrez... Je ne lui ai jamais voulu de mal... jamais.

— Je vous dis qu'elle est morte. Vous avez tué la plus douce, la plus aimable créature qu'il y eût au monde. Pouvez-vous lui redonner la vie comme vous avez pu la lui ôter? Ah! si vous en aviez le pouvoir, comme vous me verriez à vos genoux, comme je resterais à vos pieds jusqu'à ce que vous me l'eussiez rendue!... Qu'avez-vous fait, misérable? vous êtes-vous cru le maître de faire et défaire à votre gré, de changer les lois de la nature comme il vous plaît ? »

Les reproches de Mrs. Hammond firent goûter à M. Tyrrel, pour la première fois, la coupe d'amertume que la vengeance céleste lui avait réservée. Ce fut là le commencement d'une longue suite de mépris, d'insultes et d'exécrations qu'il était destiné à endurer. Les paroles de Mrs. Hammond furent prophétiques. Il fut aisé de voir que, si la fortune et la naissance servent de manteau pour couvrir beaucoup de crimes, il en est pourtant qui appellent à si haute voix l'indigation générale, que, semblables à la mort, ils mettent au niveau toutes les distinctions et rabaissent le criminel à l'égal du dernier des hommes. M. Tyrrel ne fut plus regardé que comme le lâche et tyrannique meurtrier d'Émilie; ceux qui n'osaient risquer d'exprimer tout haut leurs sentiments contre lui n'en étaient que plus profondément pénétrés, et le maudissaient en murmurant, tandis que le reste jetait un cri général d'exécration et d'horreur. Lui-même fut frappé d'étonnement de la nouveauté de sa situation. Accoutumé à voir tous les hommes tremblants et soumis, il s'était imaginé que son empire ne devait pas avoir de fin et que tous les excès possibles de sa part n'auraient jamais la force de briser le charme. Maintenant il regardait autour de lui, et voyait sur chaque visage l'horreur qu'il inspirait, prête à éclater comme un flot impétueux à la moindre provocation, et à briser toutes les barrières de la crainte et de la subordination. Toute sa fortune n'eût pu lui suffire pour acheter quelques témoignages de civilité de ses voisins, des paysans même des environs, à peine de ses propres domestiques. Enveloppé de l'indignation générale, il semblait poursuivi de toutes parts par un spectre qu'il ne pouvait éviter, et l'aiguillon cuisant du remords ne lui laissait pas un moment de paix. Le pays qu'il habitait devint ainsi de plus en plus insupportable pour lui, et il était évident qu'il serait à la fin obligé de l'abandonner. Le dernier trait de noirceur de M. Tyrrel avait rappelé le souvenir de tous ses autres excès, et le jugement qu'on portait sur lui se composait d'une longue liste de vexations et d'injustices passées qui venaient toutes à la fois retomber sur sa tête. On eût dit que le public avait longtemps recueilli tous ses ressentiments en silence pour les laisser éclater à la fin sur le tyran avec plus de violence.

Un châtiment aussi terrible ne pouvait guère frapper une personne moins capable de le supporter. Quoique M. Tyrrel n'eût pas ce sentiment intérieur d'innocence qui nous fait reculer d'effroi devant la haine et l'indignation de nos semblables, comme devant un monstre étranger à notre nature, cependant la trempe despotique de son âme et l'habitude constante de voir tout plier devant lui, l'avaient disposé à ne sentir qu'avec des émotions extraordinaires de courroux et d'impatience l'anathème universel auquel il était condamné. Que lui, qui d'un seul clin d'œil rendait tout le monde muet et immobile, lui que personne n'eût osé aborder dans les accès de sa colère, se vît actuellement traité partout avec un mépris marqué, et accablé de reproches qu'on ne prenait pas même la peine de déguiser ou d'adoucir, c'était une chose dont il lui était impossible de soutenir la pensée. A chaque instant les traits de l'exécration générale venaient l'assaillir, et à chaque coup il tressaillait de douleur et de rage. Il était dans le délire de la fureur; il repoussait chaque trait avec la férocité d'un tigre exaspéré par ses propres blessures; mais plus il se débattait avec violence, plus sa situation devenait désespérée. Enfin, il se détermina à recueillir toutes ses forces pour braver ses ennemis et leur prouver qu'il était toujours lui-même.

Cette détermination prise, il résolut de se présenter sans délai au lieu d'assemblée dont j'ai déjà parlé. Il s'était écoulé un mois depuis la mort de miss Melville. Il y avait une semaine que M. Falkland était parti pour un voyage assez éloigné, et on ne l'attendait pas avant une autre semaine. M. Tyrrel ne laissa pas échapper une occasion aussi favorable, dans la confiance que, s'il pouvait une fois reprendre pied dans cette société, il lui serait facile de se maintenir, même en face de son plus formidable adversaire, sur le terrain qu'il avait regagné. Non que ce fût dans M. Tyrrel manque de courage, mais sa démarche allait être dans sa vie une époque trop importante pour qu'il voulût la compromettre par aucun risque.

A son entrée il se fit un bruit général dans l'assemblée, car il avait été convenu entre tous les hommes qui la composaient qu'on refuserait la porte à M. Tyrrel, comme à quelqu'un qu'on ne pouvait plus voir. Cette décision lui avait été notifiée par une lettre du maître des cérémonies; mais avec un homme de la trempe de M. Tyrrel un pareil avis était plutôt un défi qu'une exclusion. Le maître des cérémonies, qui avait aperçu son équipage, vint au-devant de lui à la porte de l'assemblée, pour lui réitérer l'avertissement; mais M. Tyrrel l'écarta de l'air du plus grand mépris, et entra d'autorité. Tous les yeux se tournèrent sur lui; il fut un moment entouré de tous les hommes qui étaient dans la salle. Les uns tâchèrent de le repousser dehors; d'autres voulurent entrer en explication. Mais il trouva le secret de se débarrasser des uns et de réduire les autres au silence. Sa stature athlétique et cette longue habitude qu'on avait eue de se soumettre à l'ascendant de son esprit étaient autant de circonstances en sa faveur. Il se regardait comme jouant un coup de désespoir, et il avait fait provision d'audace en proportion de l'intérêt de la partie. Débarrassé de tous ces insectes bourdonnants qui l'avaient d'abord assailli, il se mit à traverser le salle en long et en large d'un air de maître ; et, après avoir lancé de tous les côtés des regards sombres et courroucés, il rompit le silence : « S'il y avait quelque personne qui eût quelque chose à lui dire, il saurait lui répondre en temps et lieu convenable. Toutefois, il conseillait fort à cette personne de bien prendre garde à ce qu'elle allait faire. Si c'était de lui personnellement qu'on eût à se plaindre, à la bonne heure; mais il s'attendait bien qu'il n'y avait là personne qui eût assez peu de discrétion et de savoir-vivre pour se mêler d'affaires qui ne le regardaient pas, et pour s'immiscer dans des intérêts particuliers de famille. »

Ces paroles ayant l'air d'un défi, différentes personnes s'avancèrent pour y répondre. Celui qui était le premier commença à parler; mais M. Tyrrel, par l'expression de sa contenance, par un ton tranchant, par des mots jetés à propos par des interruptions adroitement placées, le mit dans le cas d'hésiter d'abord et de finir par se taire. M. Tyrrel semblait marcher à grands pas au triomphe qu'il s'était promis. Toute la société était dans l'étonnement. On sentait toujours la même aversion pour sa personne et la même horreur pour son caractère; mais on ne pouvait s'empêcher d'admirer l'audace et les ressources qu'il déployait dans cette conjoncture. L'indignation générale qu'il excitait ne demandait qu'à éclater, mais on avait besoin d'un chef.

Ce fut dans ce moment critique que M. Falkland parut dans la salle. Le hasard seul l'avait ramené plus tôt qu'il n'était attendu.

M. Tyrrel et lui rougirent tous les deux à la vue l'un de l'autre. Après une pause d'une minute, celui-ci s'avança vers M. Tyrrel, et lui demanda, d'une voix imposante : « Que venez-vous faire ici ?

— Ici ! que voulez-vous dire par là ? J'ai autant de droit d'être ici que vous, et vous êtes le dernier à qui je daignerais rendre compte de ce que j'ai à faire.

— Monsieur, vous n'avez aucun droit d'être ici. Ne savez-vous pas que vous en avez été exclu ? Quels que puissent être vos droits, il n'en est pas que votre infâme conduite ne vous ait fait perdre.

— Monsieur... comment vous appelle-t-on? si vous avez quelque chose à me dire, il faut choisir un temps et un lieu plus convenables pour cela. Est-ce que vous croyez, à la faveur de la compagnie qui vous soutient, me faire supporter vos airs fanfarons? Je ne les souffrirai pas, je vous en avertis.

— Vous vous trompez, monsieur, un lieu public comme celui-ci est le seul où je puis avoir quelque chose à vous dire. Si vous ne voulez pas être témoin de l'indignation générale qui s'élève contre vous, ne venez pas dans la société des hommes. Inhumain, impitoyable tyran ! songez à miss Melville. Pouvez-vous entendre prononcer ce nom et ne pas rentrer cent pieds sous terre. Pouvez-vous trouver une solitude où son ombre sanglante ne vienne vous poursuivre ? Pouvez-vous penser un moment à ses vertus, à sa pureté, à son innocence, à la candeur de son âme, sans être bourrelé de remords? N'est-ce pas vous qui l'avez assassinée à la fleur de son âge ? Pouvez-vous soutenir la pensée qu'elle n'est plus qu'un cadavre insensible, cette victime de votre malice infernale ; celle qui méritait une couronne dix mille fois plus que vous ne méritez de vivre ? Et vous flattez-vous que jamais on oublie ou qu'on pardonne un forfait aussi atroce ?... Fuis, fuis, misérable ; regarde-toi comme trop heureux encore qu'il te soit permis d'éviter l'aspect des hommes!... Vois quelle pitoyable figure tu fais en ce moment! Si les cris de ta propre conscience ne se joignaient pas aux reproches qu'on t'adresse, y aurait-il rien qui pût faire reculer un misérable aussi endurci que toi dans le crime, et serais-tu assez insensé pour croire que ton audace et ton obstination pourront jamais amortir les reproches de ta conscience? Va-t'en, va te faire peur à toi-même, et ne reparais jamais devant mes yeux. »

A ces mots, qui le croirait? M. Tyrrel obéit à la voix impérieuse qui tonnait contre lui. Ses yeux étaient effarés et pleins d'horreur; un tremblement convulsif s'était emparé de tous ses membres et avait glacé sa langue. Il ne se sentait pas la force de braver ce torrent impétueux de reproches et d'invectives. Il hésitait; il était honteux de sa défaite; il aurait voulu résister, mais tous ses efforts étaient vains; ses forces expiraient à chaque nouvelle tentative. La voix générale s'éleva bientôt pour aider à l'accabler. Plus sa confusion devenait sensible, plus le cri universel d'indignation augmentait, jusqu'à ce que, par degrés, il vînt à croître comme le bruit d'une mer orageuse. A la fin, hors d'état d'endurer plus longtemps le tourment de sa situation, M. Tyrrel se retira de lui-même.

Mais une heure et demie après on le vit reparaître: on n'avait pris aucune précaution contre un pareil incident, qui était la chose du monde à laquelle on s'attendît le moins. Dans l'intervalle il s'était enivré d'eau-de-vie. En un clin d'œil il fut sur M. Falkland, qui était debout dans un des coins de la salle, et d'un coup de son robuste bras il l'étendit à terre. Celui-ci ne fut pas cependant étourdi du coup, et se releva aussitôt. Il est aisé de sentir combien il était inférieur dans une lutte de cette espèce. A peine fut-il relevé que M. Tyrrel lui porta un autre coup. M. Falkland était sur ses gardes, et ne tomba point ; mais les assauts de son adversaire redoublèrent avec une rapidité inconcevable. M. Falkland fut encore terrassé une seconde fois. M. Tyrrel le foula aux pieds et se baissa comme pour le saisir et le traîner sur le plancher; cette lutte fut l'affaire d'un moment, et se passa avant que les témoins de la scène fussent revenus de leur surprise. Enfin, on se mit entre deux, et M. Tyrrel sortit une seconde fois.

Il serait difficile d'imaginer quelque événement plus terrible que le traitement auquel venait d'être exposé M. Falkland. Toutes les passions de sa vie semblaient faites pour le lui rendre plus insupportable. Il avait mis en usage à différentes fois toutes les ressources de sa prudence et de son énergie pour prévenir que la mésintelligence entre lui et M. Tyrrel entraînât de fâcheuses extrémités ; mais en vain : elle s'était terminée par une catastrophe mille fois plus horrible que tout ce qu'il aurait pu craindre, que tout ce qu'eût pu jamais imaginer la prévoyance même. Pour M. Falkland, le déshonneur était pire que la mort. La plus légère apparence d'insulte l'atteignait jusqu'au fond de l'âme. Que devait-ce donc être de cette scène affreuse où l'ignominie et les humiliations avaient été publiques? Si M. Tyrrel lui-même eût pu se faire idée du supplice qu'il infligeait à son ennemi, peut-être, à quelque point qu'il fût provoqué, eût-il hésité dans sa vengeance. Le désordre des éléments furieux et en guerre les uns contre les autres donne à peine une image de la situation d'âme de M. Falkland ; tout ce que pourrait inventer la cruauté la plus raffinée eût été méprisable en comparaison de ses tortures. Il eût voulu être anéanti mille fois, être plongé dans un abîme éternel d'oubli et de nullité. L'horreur, l'exécration, la vengeance, un désir inexprimable de secouer le mal qui l'accablait, et une conviction désespérante de l'impuissance de ses efforts, tels étaient les sentiments qui déchiraient son âme.

Un autre événement termina l'histoire de cette mémorable soirée. M. Falkland perdit le seul moyen de réparation qui pût encore lui rester. M. Tyrrel avait été tué à quelques pas du lieu de l'assemblée, et il fut trouvé mort dans la rue par des membres du cercle.

XII

Je vais tâcher de laisser parler M. Collins lui-même dans ce qui me reste à raconter. Le lecteur a pu déjà s'apercevoir que M. Collins n'était pas un homme ordinaire, et les réflexions que je lui ai entendu faire sur ce sujet m'ont paru extrêmement judicieuses.

« Cette journée a été l'époque critique de la vie de M. Falkland. C'est de là que date cette mélancolie noire et insociable qui depuis s'est emparée de lui. Deux caractères ne peuvent pas contraster plus fortement, à certains égards, que M. Falkland avant ces événements et M. Falkland depuis. Jusqu'à ce moment, la fortune lui avait toujours souri ; son âme était confiante et exaltée, pleine de cette assurance, de cette présomption de soi-même et de ses facultés qu'une continuité de prospérités ne manque guère de produire. Les habitudes de sa vie étaient, il est vrai, celles d'une sorte de visionnaire dans le genre sublime, mais néanmoins elles le tenaient dans un état de paix et de contentement, au lieu que, depuis cette époque, sa fierté chevaleresque, son ardeur pour les hautes et brillantes aventures ont été totalement éteintes : d'un objet d'envie il est devenu un objet de pitié. La vie, dont il avait cueilli jusqu'alors les fruits les plus exquis, n'a plus été pour lui qu'un fardeau insupportable ; plus de ce contentement de soi-même, plus de ces transports, de cette joie intérieure qu'alimentait sans cesse la plus active bienfaisance ! Cet homme qui, plus que tout autre, avait mis toute son existence sous le charme des rêves les plus brillants de l'imagination, sembla dès lors n'avoir plus que des visions de douleur et de désespoir. Sa situation, sans doute, a dû inspirer le plus tendre intérêt, car, si la pureté et la droiture des intentions donnent des droits au bonheur, qui en avait plus à réclamer que M. Falkland ?

» Il s'était trop profondément imbu des idées

folles et oiseuses de la chevalerie pour qu'une humiliation aussi déshonorante, d'après ses propres opinions, pût jamais sortir de son esprit. Il y a une sorte de caractère sacré attaché à la personne d'un véritable chevalier, qui rend éternel et indélébile le moindre acte de violence grossière commis sur lui. Être frappé, foulé aux pieds, traîné sur le parquet! Puissances du ciel! qui pourrait supporter une pareille violence? quelle expiation pouvait jamais effacer cette horrible tache? Et, ce qu'il y avait de plus désespérant encore, l'assaillant ayant cessé de vivre, la seule espèce d'expiation que prescrivissent les lois de la chevalerie était devenue impossible.

» Il est vraisemblable que, dans les périodes futures des progrès de la civilisation, il viendra un temps où il sera impossible de rien comprendre à cette étrange sorte de calamité qui vint à bout de flétrir et de dessécher une des plus belles intelligences qui aient existé. Si M. Falkland eût pu réfléchir avec calme sur l'outrage, cette cruelle blessure qui dévorait son âme, il aurait fini sans doute par la voir avec indifférence. Que le moderne duelliste contemple Thémistocle, le plus vaillant des Grecs, lorsque, pour toute réponse à ses objections, Eurybiade, son général, lève sur lui la canne d'un air menaçant! quelle dignité dans la réponse : *Frappe, mais écoute!*

» Un homme d'un vrai discernement ne pourrait-il pas, dans un cas semblable, dire avec avantage à son brutal agresseur : « Lorsque je tiens à » honneur de savoir endurer la peine et l'infortune,

» pensez-vous que je ne saurai pas supporter les » faibles atteintes de votre grossière démence? » Peut-être est-ce une partie des perfections de » l'homme de savoir bien défendre sa personne; » mais que les occasions d'exercer ce talent sont » rares! Si l'on réglait sa conduite sur des principes » de raison et de bienveillance, qu'on serait peu » exposé à d'injustes agressions comme les vôtres! » D'ailleurs, cette science une fois acquise, quel » grand avantage en pourrait-on retirer? L'homme » né avec une constitution faible, délicate, y ap- » prendrait-il à se mesurer à forces égales avec » l'athlète leste et vigoureux? Et quand même cette » science me servirait à me garantir à un certain » point de la brutalité d'un seul adversaire, ma » personne et ma vie, sous le seul rapport de la » force, seront toujours à la merci de deux agres- » seurs. Excepté le cas d'une défense immédiatement » opposée à une violence actuelle, cette science ne » pourrait pas être mise en usage. L'homme capable » d'aller de propos délibéré à la rencontre de son » ennemi, dans la vue d'exposer la vie de l'un ou » de l'autre, foule aux pieds tous les principes de la » raison et de la justice. En acceptant un duel, je » deviens le plus méprisable des égoïstes; je compte » pour rien la société tout entière qui a droit à » l'exercice de mes moyens et de toutes mes facul- » tés, tandis que je me regarde moi-même ou plutôt » une chimère incompréhensible que j'incorpore » avec moi-même, comme l'unique et l'exclusif » objet de mon attention. Je ne suis pas en état de

» me mesurer avec vous? Eh bien! y a-t-il là de » quoi me déshonorer? Non, certes; il n'y a que le » tort d'avoir commis une injustice qui puisse vrai- » ment me couvrir de honte. Mon honneur est en » moi et sous ma propre garde; il est hors de la » portée de tous les autres hommes. Frappe, si tu » veux, je ne suis que passif; quelque injure que tu » me fasses, tu ne me provoqueras jamais à exposer » à un mal qui n'est pas nécessaire, ni ta personne » ni la mienne. Voilà ce que je refuse : ne me taxe » donc pas pour cela de pusillanimité; quand tu » me verras refuser d'encourir quelque danger ou de » supporter quelque peine pour la chose publique, » alors flétris-moi du nom de lâche. »

» Quelque simples et péremptoires que soient ces raisonnements pour un observateur sans passion, ils sont en général peu sentis par le monde, et ils étaient surtout ce qu'il y avait de moins analogue aux opinions de M. Falkland.

» Mais la honte et les outrages publics qu'il avait eus à subir, tout insupportables qu'ils étaient à sa pensée, ne complétèrent pas encore toute la masse d'infortunes que cette fatale journée accumula sur sa tête. Il courut bientôt un bruit que c'était lui qui était le meurtrier de son antagoniste. Un tel bruit importait trop à la sûreté même de sa vie, pour qu'on pensât à le lui cacher. Il l'entendit avec une surprise et une horreur impossibles à exprimer; c'était un surcroît affreux à ce fardeau de calamités imaginaires qui l'accablait déjà. Personne n'avait sa réputation à cœur comme M. Falkland, et dans une journée il se voyait assailli par tous les malheurs les plus redoutables pour lui : sa personne avilie par le dernier des outrages, sa réputation noircie du plus lâche de tous les crimes. Il aurait pu s'éloigner, car personne n'était disposé à poursuivre un homme aussi généralement adoré que M. Falkland, ou à venger un homme aussi généralement abhorré que M. Tyrrel; mais il dédaignait de fuir. En même temps l'affaire était d'un genre trop grave, et le bruit, faute de contradiction, faisait d'un jour à l'autre trop de progrès pour qu'il ne prît pas un parti. Quelquefois M. Falkland paraissait disposé à adopter les moyens les plus propres à accélérer un jugement; mais vraisemblablement il craignait qu'un recours de sa part aux voies judiciaires ne donnât plus de consistance à une imputation dont l'idée seule le faisait frémir; en même temps qu'il était résigné à se soumettre à l'instruction la plus rigoureuse, et s'il ne pouvait espérer d'effacer de la mémoire des hommes le souvenir de l'accusation qu'il avait encourue, à obtenir au moins la démonstration la plus complète de son innocence. Enfin les magistrats du lieu se virent, malgré eux, dans la nécessité de faire quelques démarches. Sans décerner de mandat d'arrêt contre M. Falkland, ils lui firent dire qu'il eût à comparaître devant eux.... La procédure se trouvant ainsi entamée, M. Falkland leur fit entendre que si l'affaire ne devait pas avoir d'autres suites, il espérait qu'au moins ils donneraient à leur information toute la publicité possible. Aussi l'assemblée fut-elle nombreuse;

toute personne un peu connue y fut admise comme auditeur ; la ville entière, qui était une des plus considérables de la province, fut instruite de la nature de l'affaire. Il n'y avait guère de procès revêtu de formes juridiques qui eût excité un intérêt aussi général. Dans les circonstances il était difficile d'en venir à une instruction en forme ; mais il semblait que la partie intéressée et les arbitres n'eussent pas d'autre désir que de donner à cette espèce d'information privée tout l'appareil et toute l'importance d'un procès véritable.

» Les magistrats firent des recherches sur les particularités du fait. M. Falkland, à ce qu'il paraissait, avait quitté la salle d'assemblée immédiatement après son agresseur ; et, quoiqu'il eût été accompagné jusqu'à son auberge par deux ou trois personnes du cercle, il les avait laissées en entrant sous quelque prétexte, et lorsqu'ils s'étaient informés aux garçons de ce qu'il était devenu, il était déjà monté à cheval pour retourner chez lui.

» Par la nature même des circonstances, il ne pouvait y avoir aucun fait à opposer à celui-là. Dès que l'on eut bien établi toutes les preuves, M. Falkland commença sa défense. Il a été fait plusieurs copies de cette défense, et M. Falkland a paru pendant quelque temps avoir envie de la faire imprimer, quoique par la suite il ait changé d'idée. Je possède une de ces copies, et je vais vous la lire. »

En disant ceci M. Collins se leva, et prit un manuscrit qui était dans un tiroir particulier de son secrétaire. En même temps il parut se recueillir en lui-même. Je ne dis pas précisément qu'il hésita, mais il eut l'air de se croire obligé, par une courte apologie, de se justifier sur cette communication :

« Je vois, dit-il, que vous n'avez jamais entendu parler de cet événement mémorable, et je ne m'en étonne guère ; car on est assez disposé à se taire là-dessus par bienveillance, puisqu'on regarde comme une sorte de déshonneur pour un homme d'avoir eu à repousser une accusation criminelle, quand même il aurait eu la défense la plus complète et la plus honorable à opposer. Vous pouvez bien présumer que le silence le plus absolu sur cette matière est ce qu'il peut y avoir de plus agréable pour M. Falkland, et, sans les circonstances particulières qui m'y ont déterminé, je ne me serais jamais permis d'agir aussi directement contre ses intentions en vous en parlant. »

Il se mit ensuite à me lire le papier qu'il avait, et qui était ainsi conçu :

« Messieurs,

« Je parais devant vous, accusé du crime le plus
» noir que puisse commettre une créature humaine.
» Je suis innocent ; je ne crains pas qu'il y ait dans
» cette assemblée une seule personne à laquelle je
» ne fasse reconnaître mon innocence. Mais en
» même temps quels doivent être mes sentiments ?
» Certain d'avoir mérité l'approbation et non le
» blâme, d'avoir consacré toute ma vie à des actes
» de justice et d'humanité, peut-il y avoir pour
» moi rien de plus déplorable que d'avoir à repous-

» ser une accusation de meurtre? Tel est le mal-
» heur de ma position, que, quand même vous vou-
» driez m'absoudre sans m'entendre, je ne pourrais
» l'accepter. Il faut que je réponde à une imputation
» dont la seule idée est mille fois plus cruelle pour
» moi que la mort. Il faut que j'appelle à moi toutes
» les facultés de mon âme pour éviter de me voir
» confondu avec les plus vils scélérats.

» Messieurs, c'est dans la situation où je me
» trouve placé qu'on peut permettre à un homme
» de parler de soi avec avantage. Situation maudite!
» Ah! que personne ne m'envie le triste et honteux
» triomphe que je vais remporter. Je n'ai pas appelé
» de témoins pour déposer sur ma réputation. Grand
» Dieu! quelle réputation que celle qu'il faut sou-
» tenir par des témoins? Mais, puisqu'il faut que
» je parle, regardez tout autour de cette assemblée,
» interrogez tous ceux qui sont présents; interrogez
» vos propres cœurs! Non, jamais, jamais un seul
» mot de défaveur n'a été proféré contre mon carac-
» tère. Le plus honorable témoignage doit venir de
» ceux qui m'ont connu de plus près; je n'hésite
» pas à les invoquer.

» Une susceptibilité extrême sur tout ce qui peut
» toucher à l'honneur a été la première passion, la
» passion continuelle de ma vie. L'issue de cette
» journée m'est presque indifférente; s'il ne s'agis-
» sait que de ma tête, je n'ouvrirais pas la bouche.
» Votre décision n'aura jamais pouvoir de me ren-
» dre une réputation sans tache, de laver la honte
» dont je suis couvert, ni d'effacer de la mémoire

» des hommes que j'ai été jugé comme accusé d'un » meurtre. Votre décision n'aura jamais le pouvoir » d'empêcher que les déplorables restes de mon » existence ne soient pour moi un poids insuppor- » table.

» On m'accuse d'avoir commis un meurtre sur la » personne de Barnabas Tyrrel. Qui? moi? Ah! » j'aurais donné tout ce que je possède au monde, » je me serais dévoué à une misère éternelle pour » lui conserver la vie. Elle était précieuse pour moi » cette vie, plus que celle de tous les hommes en- » semble. La plus cruelle offense qu'ait commise » l'inconnu qui l'a tué, c'est, à mon opinion, de » m'avoir arraché des mains la plus juste des ven- » geances. Je déclare que je l'aurais provoqué en » duel, et que la mort de l'un ou de l'autre eût pu » seule nous séparer : ce n'était encore qu'une » faible et misérable réparation d'un outrage sans » exemple, mais c'était la seule qui me restât.

» Je ne demande pas de pitié, mais je dois dire » que jamais sort ne fut aussi horrible que le mien. » J'aurais volontiers cherché dans une mort volon- » taire un asile contre le souvenir déchirant de cette » affreuse soirée; ma vie était dépouillée de cette » considération qui me la rendait si chère : mais » cette consolation même m'est refusée. Je suis con- » damné à traîner à jamais le poids intolérable de » mon existence, sous peine de voir regarder mon » impatience à le supporter, à quelque époque que » ce puisse être, comme une confirmation de l'ac- » cusation de meurtre intentée contre moi. Mes-

» sieurs, si, par votre jugement, vous pouviez m'ôter
» la vie sans toucher en même temps à mon hon-
» neur, combien je bénirais le coup qui anéantirait
» pour jamais ma pénible existence !

» Vous savez tous avec quelle facilité j'aurais pu
» fuir ; si j'avais été coupable, n'aurais-je pas em-
» brassé cette ressource ? Mais dans l'état des choses
» je ne le pouvais pas. L'honneur a été l'idole de
» ma vie. Je n'aurais pu supporter l'idée qu'il y eût,
» dans le coin le plus reculé du monde, une seule
» créature humaine qui pût me croire criminel.
» Hélas ! à quelle fatale divinité ai-je été porter tous
» mes vœux ? Je me suis dévoué à une éternité de
» tourments et de désespoir.

» Je n'ai plus qu'un mot à ajouter. Je réclame de
» vous, messieurs, cette juste, mais imparfaite répa-
» ration, que j'ai droit d'attendre. Ma vie est peu de
» chose, sans doute ; mais mon honneur, les misé-
» rables restes d'honneur dont je ne suis pas encore
» dépouillé, dépendent de votre jugement. Vous ne
» pouvez faire que bien peu pour moi ; mais ce peu
» n'en constitue pas moins votre devoir envers moi.
» Puisse Dieu, première source de tout ce qui est
» bon et honorable, vous bénir et vous protéger !
» l'homme que vous voyez devant vous est condamné
» pour jamais à la nullité et à la honte. Il n'a plus
» rien à espérer en ce monde, après la faible conso-
» lation qu'il attend aujourd'hui de vous. »

» Vous pouvez bien présumer que M. Falkland
fut acquitté de la manière la plus honorable. Rien
n'est plus déplorable dans les institutions humaines,

que de voir un homme dont l'innocence est évidente pour tout le monde, ne sortir d'une telle épreuve qu'avec cette idée de déshonneur qu'y attache l'opinion commune. Il n'y avait personne qui entretînt l'ombre d'un doute sur ce fait, et cependant, par un concours accidentel de circonstances, il était devenu indispensable que le meilleur des hommes fût jugé publiquement, comme si réellement il eût été soupçonné d'un crime atroce. On ne peut disconvenir que M. Falkland n'eût ses défauts; mais ces défauts mêmes le mettaient à une plus grande distance encore du crime dont il s'agissait. C'était une espèce de fou, mais le fou de l'honneur et de la gloire, un homme tellement attaché à la poursuite de la réputation, que rien ne pouvait l'en distraire un moment; un homme qui aurait acheté au prix de plusieurs mondes la renommée d'un vrai héros, d'un vaillant et intrépide chevalier; un homme qui ne soupçonnait pas qu'il existât d'autre malheur réel qu'une atteinte à son honneur. N'est-ce pas une absurdité révoltante de supposer qu'aucun motif soit capable de pousser un homme de cette trempe à descendre jusqu'au rôle d'un lâche assassin? N'est-ce pas une extrême dureté de le contraindre à se défendre d'une pareille imputation? Vit-on jamais un homme, et encore bien moins un homme aussi délicat sur l'honneur, passer en un moment, de la vie la plus pure, aux derniers excès de la dépravation humaine?

» Quand la décision des magistrats fut prononcée, un murmure général d'applaudissement et de transports involontaires se fit entendre dans la salle. Il commença d'abord par un bruit sourd et confus, et par degrés s'éleva jusqu'à des cris de joie. Comme c'était la vive expression d'une émotion pure et désintéressée, il y avait dans le son même quelque chose d'impossible à décrire, qui pénétrait au fond du cœur et qui causait la sensation la plus délicieuse à tous les spectateurs de cette scène attristante. C'était à qui témoignerait le mieux toute son estime à l'aimable et respectable accusé. A peine M. Falkland se fut-il retiré, que les personnes les plus distinguées de cette assemblée résolurent de donner une sanction nouvelle à cette décision, par une expression formelle des sentiments de leur joie. Ils nommèrent sur-le-champ une députation pour se rendre à cet effet auprès de lui. Chacun voulut concourir pour sa part à ce témoignage spontané et universel qui s'élevait de toutes parts en faveur de l'accusé : ce fut une sorte de commotion sympathique qui gagna tous les rangs et toutes les classes de citoyens. La multitude salua M. Falkland avec des acclamations mille fois répétées; elle détacha les chevaux de son carrosse, le traîna elle-même en triomphe, et l'accompagna pendant plusieurs lieues pour le reconduire à sa demeure. On eût dit qu'une instruction criminelle, qui jusqu'alors avait, dans tous les cas, passé pour une tache, était devenue, pour cette fois, une marque d'honneur signalée et une sorte d'apothéose. Rien de tout cela ne put adoucir la blessure de M. Falkland; ce n'est pas qu'il fût insensible à tant de témoignages réitérés de l'estime et de l'affection publiques ; mais il n'était que trop évident que la mélancolie qui s'était emparée de son âme était dès lors insurmontable.

» Ce ne fut que quelques semaines après cette mémorable scène que le véritable meurtrier fut découvert. Chaque partie de cette histoire est réellement extraordinaire : le véritable meurtrier était Hawkins. Il fut trouvé avec son fils dans un village à environ quinze lieues de là, caché sous un faux nom et manquant des premières nécessités de la vie. Depuis l'époque de sa fuite, il avait vécu dans cette retraite d'une manière si retirée, que ni l'active bienfaisance de M. Falkland, ni la méchanceté infatigable de M. Tyrrel, n'avaient pu, après toutes les recherches possibles, venir à bout de le découvrir. Le premier indice qui avait mis sur la trace du coupable était quelques lambeaux de vêtements ensanglantés qu'on avait trouvés dans un fossé, et qui furent reconnus par les gens du village pour appartenir à ce malheureux. Le meurtre de M. Tyrrel était un événement qui avait fait assez de bruit, et les soupçons se portèrent bien vite sur Hawkins. On fit les perquisitions les plus rigoureuses, et dans un coin de son logement on aperçut un manche de couteau avec une partie de la lame, laquelle, ayant été rapprochée de la pointe qui s'était rompue dans la blessure du mort, parut y correspondre exactement. Sur de nouvelles informations, deux paysans qui s'étaient trouvés par hasard sur le lieu se rappelèrent avoir vu Hawkins et son fils dans la ville le soir même de l'événement, et déclarèrent les avoir appelés à plusieurs reprises sans recevoir de réponse, quoique bien sûrs de les avoir reconnus. D'après cette accumulation de charges et d'indices, les deux Hawkins, père et fils, furent jugés, condamnés et exécutés. Dans l'intervalle du jugement à l'exécution, Hawkins confessa son crime et donna les signes du plus vif repentir. Il y a bien quelques personnes qui nient cette dernière circonstance; mais j'ai pris la peine de faire des recherches sur le fait, et je suis persuadé que leur dénégation est sans fondement.

» On n'oublia pas dans cette conjecture les cruelles injustices que ce malheureux avait eues à souffrir de son implacable persécuteur. C'était une fatalité bien étrange que les barbares projets de M. Tyrrel ne manquassent jamais d'atteindre leur but. Sa mort même servit par l'événement à consommer la ruine d'un homme qu'il haïssait; et cette circonstance, si elle eût pu venir à sa connaissance, l'aurait peut-être consolé en quelque sorte de sa fin prématurée. Certainement le sort du pauvre Hawkins est digne de pitié, puisque l'on peut dire que c'est sa courageuse fermeté et son caractère indépendant qui l'ont à la fin poussé au désespoir et conduit avec son fils à une mort ignominieuse. Mais la compassion publique fut bien émoussée, quand on vint à songer que c'était de sa part un égoïsme impardonnable et vraiment barbare que de n'être pas venu lui-même affronter les suites de son crime, plutôt que de souffrir qu'un homme tel que M. Falkland, un homme qui avait tant cherché à lui faire du bien, fût mis en jugement pour un meurtre dont lui-même était l'auteur.

» Depuis cette époque jusqu'à présent, M. Falkland a toujours été à peu près comme vous le voyez aujourd'hui. Quoiqu'il y ait déjà plusieurs années que ces événements se sont passés, l'impression qu'ils ont faite sur l'âme de notre malheureux maître est encore toute récente. Dès lors ses habitudes ont totalement changé. Jusque-là il avait aimé à se montrer sur la scène du monde et à jouer un rôle au milieu du cercle dans lequel il vivait. Depuis il a gardé une retraite austère; il n'a plus eu ni société ni amis. Privé pour lui-même de toute consolation, il n'en a pas moins cherché à traiter les autres avec bonté. Il a pris dans son maintien une dignité triste, qui cependant est toujours accompagnée d'une extrême douceur et d'une politesse parfaite. Tout le monde le respecte, car sa bienfaisance est toujours la même; mais il règne dans toutes ses manières une réserve et une froideur imposantes qui semblent interdire à ceux qui l'approchent toute communication familière et affectueuse. Tel est son état à peu près constant, si ce n'est à certaines époques où ses souffrances deviennent tout à fait insupportables et où il manifeste les symptômes de la plus furieuse démence. Dans ces moments de crise, ses paroles sont énigmatiques, et sa conduite toute mystérieuse et craintive; il semble se figurer tour à tour toutes les espèces d'alarmes et de persécutions qu'une accusation de meurtre peut entraîner après elle. Mais, sentant bien son état, il ne cherche alors qu'à dérober ses faiblesses à tous les regards et à se retirer dans la solitude; en général, ses domestiques ne savent rien de son intérieur et ne connaissent de lui que cet air de mélancolie et d'abattement, ces manières douces, mais imposantes et peu communicatives, qui accompagnent toutes ses actions. »

XIII

J'ai rapporté le récit qui me fut fait par M. Collins, en y mêlant seulement quelques autres circonstances que j'ai été à portée de recueillir avec toute l'exactitude que m'a pu fournir ma mémoire aidée des notes que j'ai prises dans le temps même. Je ne prétends garantir l'authenticité de ce que j'écris que pour ce qui est venu directement à ma propre connaissance; et, quant à ceci, je le rapporterai avec autant de candeur et de fidélité que si j'avais à plaider devant un juge souverain pour tout ce que j'ai de plus cher au monde. Je n'ai pas voulu, par les mêmes motifs, changer la moindre chose au style de M. Collins, ni rien faire pour donner à son récit le ton qu'eût pu me suggérer mon goût personnel. On pourra bientôt s'apercevoir combien ce récit est essentiel pour jeter du jour sur ma propre histoire.

L'intention de mon ami, en me faisant cette confidence, avait été de m'être utile; mais, dans le fait, il ne fit qu'ajouter à l'embarras de ma position. Jusque-là je n'avais eu aucune relation avec le monde et avec ses passions; et, quoique je les connusse un peu telles qu'elles sont dépeintes dans les livres, je sentais que cette connaissance m'était d'un bien faible secours quand je me trouvais en présence avec elles. Quel changement depuis que j'avais le sujet de ces passions placé continuellement sous mes yeux, et que les événements qui m'occupaient étaient arrivés hier, pour ainsi dire, dans le lieu même que j'habitais! Il y avait dans le récit que je venais d'entendre une marche suivie et progressive qui n'avait pas le moindre rapport avec tous les petits incidents de la vie dont j'avais été témoin jusqu'alors. Je m'étais senti successivement intéressé pour les différents personnages qui avaient paru sur la scène. J'éprouvais de la vénération pour M. Clare; j'applaudissais à la noble intrépidité de Mrs. Hammond. Je ne pouvais concevoir sans étonnement qu'il eût existé une créature humaine aussi horriblement perverse que M. Tyrrel. Je ne pus refuser un tribut de larmes à la mémoire de l'innocente miss Melville. Enfin, je trouvais mille nouveaux motifs d'aimer et d'admirer mon maître.

Dans le premier moment, je ne fis que regarder chacun des événements de cette histoire du côté le plus simple et le plus apparent; mais cette histoire ne sortait pas un instant de ma pensée, et je mettais un degré d'intérêt particulier à la bien comprendre dans son ensemble et dans chacune de ses parties. Je la tournai et retournai mille fois dans ma tête en l'examinant sur toutes les faces imaginables. Dans la première communication qui m'en avait été donnée, elle m'avait paru suffisamment claire et satisfaisante; mais, à mesure que je la méditais, j'y découvrais successivement de l'obscurité et du mystère. Le caractère d'Hawkins avait quelque chose de bien étrange. Si ferme, si inébranlable dans ses principes de justice et d'honnêteté, comme il s'était montré d'abord, et tout d'un coup devenir assassin !..... Comme sa première conduite, pendant sa persécution, était faite pour prévenir en sa faveur !... Certes, s'il était coupable, c'était une grande cruauté de sa part de laisser subir un jugement pour son crime à un homme aussi respectable que M. Falkland. Toutefois, il m'était impossible de ne pas plaindre amèrement le sort de cet honnête paysan, traîné ainsi à l'échafaud par l'effet des machinations diaboliques de cet infernal Tyrrel. Et son fils ! ce fils pour l'amour duquel il avait sacrifié tout ce qu'il avait au monde, expirer avec lui au même gibet ! Certainement, on ne pouvait rien imaginer de plus capable d'émouvoir.

Après tout, était-il donc possible que M. Falkland lui-même fût l'assassin ! Le lecteur aura peine à croire qu'il me passa par la tête l'idée de lui en faire la question à lui-même. Ce ne fut qu'une idée fugitive, mais elle peut servir comme une preuve de la simplicité de mon caractère. Ensuite revenaient à ma pensée toutes les vertus de mon maître, vertus presque trop élevées, trop sublimes pour la nature humaine ; enfin, ses souffrances si inouïes, si peu méritées ! je m'en voulais à moi-même d'avoir pu concevoir un tel soupçon. L'aveu que Hawkins avait fait en mourant se représentait alors à mon souvenir, et je sentais qu'il n'y avait plus moyen d'entretenir un doute. Cependant, que signifiaient ces terreurs et ces angoisses de M. Falkland ? Bref, cette idée ayant une fois frappé mon esprit, elle y resta fixée pour jamais. Mes pensées flottaient de conjecture en conjecture ; mais c'était là le centre autour duquel elles tournaient et retournaient sans cesse. Je me déterminai à observer mon maître et à m'attacher à tous ses mouvements.

Aussitôt que je me fus donné cet emploi, j'en éprouvai une sorte de plaisir étrange. Nous trouvons toujours des charmes à faire ce qui est défendu, parce que nous sentons confusément que la défense renferme en soi quelque chose d'arbitraire et de tyrannique. Me faire l'espion de M. Falkland ! Le danger que présentait un pareil rôle ne servit qu'à y ajouter plus d'attrait encore. Je me rappelais la sévère réprimande que j'avais reçue de mon maître, son air terrible et menaçant ; et ce souvenir me causait une sorte de palpitation qui n'était pas sans quelque jouissance. Plus j'allais, plus l'attrait de cette sensation devenait irrésistible. Je m'imaginais me voir à tout moment sur le point d'être contre-miné et dans la continuelle nécessité de me tenir sur mes gardes. Plus M. Falkland était résolu à être impénétrable, plus ma curiosité devenait impérieuse. Au total, j'éprouvais bien quelques inquiétudes sur les dangers personnels auxquels je m'exposais ;

mais telle était ma franchise, telle était ma simplicité, j'avais si bien la conscience de ne pas chercher à mal faire, que j'étais toujours prêt à dire ce que j'avais dans l'âme, et que je n'aurais jamais pu me persuader que, s'il eût été question de juger ma conduite, personne pût sérieusement m'en vouloir.

Ces réflexions m'amenèrent par degrés à une situation d'esprit nouvelle.

Au commencement de mon séjour dans la maison de M. Falkland, la nouveauté du théâtre où je me voyais transporté m'avait rendu discret et attentif. Les manières réservées et imposantes de mon maître avaient presque anéanti ma gaieté naturelle. Mais par degrés je m'accoutumai à ma nouvelle condition, et insensiblement je secouai une partie de ma contrainte. L'histoire que je venais d'entendre et la curiosité qu'elle avait excitée en moi me rendirent mon activité, ma hardiesse et ma vivacité. J'étais naturellement d'un caractère expansif, et d'ailleurs mon âge m'entraînait à parler; enfin, je me hasardai de temps en temps à essayer quelques questions, comme pour voir si je pourrais en venir par ce moyen jusqu'à exprimer mes sentiments en présence de M. Falkland.

Au premier essai que je fis en ce genre, il me regarda avec un air de surprise, ne me répondit rien, et prit aussitôt un prétexte pour me laisser. Bientôt après je répétai mon expérience. Mon maître paraissait à demi porté à m'encourager, et pourtant encore incertain s'il oserait s'aventurer jusque-là. Depuis longtemps il était étranger à toute espèce de distraction, et mes remarques naïves semblaient lui promettre de l'amusement. Quel danger pouvait avoir un amusement de ce genre? Dans cet état d'incertitude, il lui aurait été impossible de trouver dans son cœur la force de réprimer avec sévérité les innocentes indiscrétions du mien. Il fallait bien peu pour m'encourager; mon âme agitée ne cherchait qu'à s'ouvrir. Ma simplicité était l'effet de ma complète ignorance du monde; mais mon esprit cultivé par la lecture n'était pas sans finesse ni sans agrément. Aussi mes remarques avaient toujours quelque chose à quoi on ne s'attendait point; elles annonçaient tantôt une extrême ignorance, tantôt de la sagacité, mais toujours de la candeur, de la franchise et du courage. Elles avaient l'air d'être faites innocemment et sans dessein, et cela même après que la curiosité m'eût excité à comparer mes observations et à en étudier les conséquences; car un projet tout nouvellement conçu et à peine encore mûr ne pouvait pas changer en moi ces manières naturelles et l'effet d'une longue habitude.

La situation de M. Falkland était celle d'un poisson qui joue avec l'appât préparé pour le prendre. Ma façon d'agir l'encourageait, jusqu'à un certain point, à mettre de côté sa réserve habituelle et à se relâcher un peu de sa dignité; mais bientôt une observation ou une question imprévue lui donnait l'alarme et le rappelait à lui-même. Il était toujours bien évident qu'il portait au fond de l'âme une secrète blessure. Toutes les fois qu'il m'arrivait de toucher à la cause de ses chagrins, même de la manière la plus indirecte et la plus détournée, aussitôt son visage s'altérait; tous les symptômes de sa maladie reparaissaient, et c'était avec la plus grande peine qu'il venait à bout de surmonter son émotion. Tantôt il faisait un effort pénible sur lui-même pour se vaincre, tantôt il tombait dans un accès de démence furieuse, et courait s'ensevelir dans la solitude. Souvent je me sentis porté à interpréter ces apparences comme autant d'indices propres à fonder mes soupçons, quoique avec autant de probabilité et plus de bienveillance; j'aurais aussi bien pu les attribuer aux cruelles mortifications qu'il avait eues à essuyer sur l'objet exclusif de son ambition. M. Collins m'avait fortement engagé au secret; et M. Falkland, toutes les fois que mon geste ou l'émotion de son âme lui faisait naître l'idée que j'en savais plus que je ne disais, me lançait un coup d'œil perçant, comme pour deviner jusqu'à quel point j'étais instruit et comment j'avais pu l'être. Mais, à la prochaine entrevue, mes manières vives et franches lui rendaient la tranquillité, effaçaient l'émotion que j'avais causée, et nous remettaient l'un à l'égard de l'autre dans la première situation.

Plus cette innocente familiarité avait duré, plus il aurait fallu d'efforts pour la supprimer; et M. Falkland n'aurait voulu ni me mortifier par une injonction sévère de me taire, ni paraître donner à mes paroles l'importance qu'une pareille injonction aurait pu faire supposer. Quelque stimulé que je fusse par la curiosité, il ne faut pas croire que l'objet de mes recherches fût toujours présent à mon esprit, ou que mes questions et mes remarques fussent dirigées avec toute l'habileté d'un vieil inquisiteur blanchi dans le métier. La plaie secrète qui rongeait l'âme de M. Falkland était plus constamment présente à sa pensée qu'à la mienne; et je l'ai vu mille fois, sur des remarques imprévues, se faire des applications à lui-même, que je n'avais pas moi-même la moindre idée de faire, et dont je n'étais averti que par l'altération soudaine de ses traits. D'un autre côté, M. Falkland sentait jusqu'à quel point sa sensibilité maladive pouvait influer sur son imagination, et vraisemblablement pour s'assurer si ces applications n'étaient pas un effet de sa propre prévention, il cherchait à revenir à la charge, et l'idée qui se présentait souvent à lui de mettre fin à la liberté de mon entretien lui faisait éprouver, par cette raison, une sorte de honte.

Je citerai un seul exemple de nos conversations; et, comme je le choisis dans celles qui commençaient sur les matières les plus générales et les plus indifférentes, il sera facile au lecteur de se faire une idée de l'agitation et du trouble qu'endurait presque à toute heure une âme aussi facilement alarmée et aussi susceptible que celle de mon maître.

« Je vous prie, monsieur, lui dis-je un jour que l'aidais à mettre en ordre quelques papiers avant de les transcrire dans sa collection, dites-moi, comment Alexandre de Macédoine parvint-il à se faire surnommer le Grand ?

— Comment ! est-ce que vous n'avez jamais lu son histoire ?

— Pardonnez-moi, monsieur.

— Eh bien, Williams, est-ce que vous n'y avez pas vu la raison de ce que vous me demandez ?

— Point du tout. J'y trouve bien des raisons pour l'appeler fameux ; mais tous les hommes dont on parle beaucoup ne sont pas pour cela à admirer. On a porté des jugements très-opposés sur le mérite d'Alexandre. Le docteur Prideaux dit, dans ses *Rapports de l'Ancien et du Nouveau Testament*[1], qu'il mérite seulement d'être surnommé le grand égorgeur; et l'auteur de *Tom Jones* a fait un livre pour prouver que lui et tous les autres conquérants devraient être mis dans la même classe que Jonathan Wild[2]. »

M. Falkland ne put s'empêcher de rougir à mes citations.

« Quel blasphème ! Ces auteurs se sont-ils imaginé que le cynisme grossier de leur censure viendrait à bout de détruire une renommée aussi justement acquise ? Comment avec du savoir, de la sensibilité, du goût, n'avoir pu se garantir d'une erreur aussi vulgaire ? Dites-moi, Williams, avez-vous jamais dans vos lectures trouvé de héros plus vaillant, plus noble, plus généreux ? Jamais mortel a-t-il été plus parfaitement opposé à tout ce qui est égoïsme et sentiment personnel ? Il se fit à lui-même un idéal sublime de la véritable grandeur, et il mit toute son ambition à réaliser cet idéal par

1. Le docteur Prideaux était un historien et un antiquaire estimé, né à Padston, dans le comté de Cornouailles, en 1648.

2. Fameux voleur choisi par Fielding pour être le héros d'un de ses romans.

sa propre vie. Voyez-le donnant tout ce qu'il possédait quand il partit pour sa grande expédition, et ne se réservant autre chose, disait-il, que l'espérance. Rappelez-vous sa confiance héroïque dans Philippe, son médecin; son amitié inaltérable et sans réserve pour Ephestion. Il traita la famille captive de Darius avec la plus douce affabilité, et la vénérable Sisygambis avec tous les égards et la tendresse d'un fils envers sa mère. Sur un pareil sujet, Williams, ne vous en rapportez jamais au jugement d'un pédant d'Église, comme le docteur Prideaux, ou d'un juge de paix de Westminster, comme Fielding. Examinez par vous-même, et vous trouverez dans Alexandre un parfait modèle d'honneur, de désintéressement et de générosité. Vous y verrez un homme qui, par l'élévation de son âme et la grandeur de ses desseins, était fait pour rester seul l'objet de l'étonnement et de l'admiration de tous les siècles.

— Ah! monsieur, il nous est bien aisé, à nous qui sommes ici fort tranquillement assis, de faire son panégyrique. Mais voulez-vous aussi que j'oublie à quel effroyable prix a été érigé le monument de sa renommée? Ne fut-il pas le perturbateur du repos de l'espèce humaine? N'a-t-il pas bouleversé des nations entières qui n'auraient jamais entendu parler de lui, sans ses dévastations? Combien de milliers de vies il a sacrifiées dans sa carrière! Que de choses à dire sur sa cruauté! Toute une nation massacrée pour un crime commis par ses ancêtres cent cinquante ans auparavant; cinquante mille hommes vendus comme esclaves; deux mille mis en croix pour avoir défendu vaillamment leur pays ! Il faut vraiment que l'homme soit une créature d'une espèce bien étrange, de ne jamais prodiguer plus d'éloges qu'à celui qui a semé la destruction sur la face de la terre.

— Votre façon de penser, Williams, est assez naturelle, et je ne saurais vous en blâmer ; mais permettez-moi d'espérer que vous en viendrez à une manière plus large et plus libérale d'envisager les événements. C'est une chose très-révoltante au premier coup d'œil que la mort de cent mille hommes; mais, dans la réalité, est-ce que cent mille hommes de cette espèce sont plus qu'un troupeau de cent mille animaux ? C'est l'homme moral et intellectuel, Williams, c'est la génération des vertus et des connaissances humaines qui a des droits à notre amour. Là était la grande idée d'Alexandre ; il entreprit le vaste dessein de civiliser l'espèce humaine ; il délivra l'immense continent de l'Asie de l'abrutissement et de la dégradation, en renversant la monarchie des Perses ; et, quoiqu'il ait été arrêté par la mort au milieu de sa carrière, nous pouvons encore voir aisément les grands effets de cette sublime entreprise. La littérature et la politesse grecques, les Séleucides, les Antiochus et les Ptolémées parurent après lui parmi des peuples qui jusque-là avaient été réduits à la condition des brutes. Alexandre n'est pas moins connu pour avoir fondé des villes que pour en avoir détruit.

— Avec tout cela, monsieur, j'ai bien peur que la pique et la hache ne soient pas les instruments propres pour enseigner la sagesse aux hommes. Quand on supposerait qu'on peut sacrifier sans remords la vie des hommes pour opérer un très-grand bien, cependant, pour les civiliser et s'en faire aimer, il me semble que c'est une voie bien détournée que celle des meurtres et des massacres. Mais, dites-moi, je vous prie, est-ce que vous ne trouvez pas que ce grand héros était une espèce de fou? Que direz-vous donc du palais de Persépolis livré aux flammes, des pleurs qu'il versa parce qu'il n'avait plus de mondes à conquérir, et de son armée conduite à travers les sables brûlants de la Libye, simplement pour visiter un temple et pour persuader aux hommes qu'il était le fils de Jupiter Ammon?

— Alexandre, mon enfant, n'a pas été compris. Les hommes, en le peignant sous de fausses couleurs, ont voulu se venger de ce qu'il a tant éclipsé tout le reste de leur espèce. Pour réaliser son grand projet, il était nécessaire qu'il fût pris pour un dieu. C'était le seul moyen de s'assurer la vénération des peuples stupides et superstitieux de l'Asie; c'est ce dessein, et non pas une folle vanité, qui l'a porté à agir ainsi. Et combien il eut à souffrir à cet égard de l'opiniâtreté de quelques-uns de ses Macédoniens qui n'entendaient rien à ses vues!

— Eh bien! monsieur, après tout, Alexandre n'a fait qu'employer des moyens dont tous les grands politiques ont fait usage aussi bien que lui. C'est aussi par des *dragonnades* [1] et des *fraudes pieuses*

1. La Grande-Bretagne a eu ses *dragonnades* comme la France, grâce aux persécutions du temps de Charles II, et le

qu'il a voulu donner aux hommes, malgré eux, la sagesse et le bonheur. Mais ce qu'il y a de pire, monsieur, cet Alexandre, dans les accès de sa fureur aveugle, n'épargnait ni amis ni ennemis. Vous n'entendez sûrement pas justifier les excès de cette colère qu'il ne pouvait réprimer. Il est impossible de dire un mot en faveur d'un homme qui, pour une provocation passagère, se laisse entraîner à commettre des meurtres. »

A l'instant que j'eus laissé échapper ces paroles, je sentis ce que je venais de faire. Il y avait entre mon maître et moi une sorte de sympathie magnétique, en sorte qu'elles n'eurent pas plus tôt fait leur effet sur lui, qu'aussitôt ma conscience me reprocha la barbarie de l'allusion. Nous restâmes confondus l'un par l'autre. J'avais l'œil sur M. Falkland; je vis à travers son teint transparent le sang disparaître et revenir tout à coup avec rapidité et violence. Je n'osais pas proférer une syllabe, dans la crainte de commettre une faute encore pire que celle dans laquelle je venais de tomber. Après un effort court, mais pénible, pour continuer la conversation, M. Falkland reprit d'une voix tremblante, en se calmant peu à peu :

« Vous n'êtes pas de bonne foi... Alexandre... Il faut mettre plus d'indulgence... Je veux dire qu'Alexandre ne mérite pas d'être traité aussi sévèrement. Rappelez-vous ses larmes, ses remords, et cette résolution de ne plus prendre de nourriture,

verbe *to dragoon* est resté dans la langue pour la funeste immortalité des dragons de Claverhouse.

dont on eut tant de peine à le faire revenir. Tout cela ne prouve-t-il pas une vive sensibilité et un sentiment profond de justice au fond du cœur?... Oui, oui, Alexandre était un véritable et judicieux ami de l'humanité; son vrai mérite n'a pas été compris. »

Je ne sais comment rendre la situation de mon âme en ce moment. Quand une idée s'est emparée de l'esprit, il est presque impossible de l'empêcher de se faire passage. Une faute, une fois commise, a je ne sais quel pouvoir magique qui nous entraîne à en faire une seconde : elle nous ôte cette confiance en nous-mêmes, ce sentiment de notre force auquel nous devons la plupart de nos vertus. La curiosité est un penchant toujours actif et inquiet; souvent il nous presse d'une manière d'autant plus irrésistible, qu'il y a de plus de danger à le satisfaire.

« Clitus, repris-je, était un homme dont les manières étaient très-brutales et très-choquantes, n'est-ce pas? »

M. Falkland sentit toute la force de cet appel; il me lança un regard perçant, comme s'il eût voulu voir au fond de mon âme, et aussitôt il détourna les yeux; je pus m'apercevoir qu'il était saisi d'un frissonnement convulsif qu'il cherchait à dissimuler, mais qui avait je ne sais quoi d'effrayant. Il laissa ce qu'il faisait, fit quelques pas dans la chambre : son visage prit par degrés une expression singulière de férocité; il sortit brusquement, et poussa la porte avec une violence capable d'ébranler toute la maison...

Est-ce-là, me dis-je, l'effet d'une conscience coupable? ou bien, est-ce l'indignation d'un homme d'honneur injustement accusé d'un crime?

XIV

Le lecteur doit voir avec quelle rapidité j'avançais au bord du précipice. J'avais bien un sentiment confus qui m'avertissait de ce que j'allais faire, mais je ne pouvais m'arrêter. Est-il possible, me disais-je, que M. Falkland, accablé comme il l'est de l'idée de s'être vu injustement déshonoré à la face de la terre, veuille supporter plus longtemps la présence d'un indiscret et importun jeune homme qui est sans cesse à lui ramener son déshonneur sous les yeux, et qui semble le plus acharné à entretenir une odieuse imputation?

A la vérité, je sentais que M. Falkland ne se déciderait pas facilement à me renvoyer, par la même raison qui le faisait s'abstenir de beaucoup d'autres actions qui auraient pu déceler en lui une sensibilité trop chatouilleuse et trop prompte à prendre ombrage. Mais cette réflexion était fort peu consolante. Qu'il allât nourrir contre moi dans son cœur une haine toujours croissante, et qu'il se crût forcé de me retenir auprès de lui comme une croix dont on ne peut se délivrer, c'était une idée qui ne me promettait rien de bon pour ma tranquillité à venir.

Ce fut quelque temps après ceci, qu'en vidant un bureau, j'aperçus un papier qui avait glissé derrière un des tiroirs, et auquel on n'avait pas pris garde. Dans un autre temps, ma curiosité aurait peut-être cédé aux principes de la délicatesse, et j'aurais rendu le papier sans l'ouvrir à mon maître, à qui il appartenait. Mais tout ce qui avait précédé avait trop vivement excité en moi le désir d'acquérir des éclaircissements, pour me permettre de négliger l'occasion qui s'offrait. Le papier se trouva être une lettre de Hawkins père, et il paraissait, d'après son contenu, qu'elle avait été écrite à l'époque où il avait commencé à songer à se dérober par la fuite aux persécutions de M. Tyrrel. Elle était ainsi conçue :

« Mon honorable monsieur,

» J'ai été pendant quelque temps dans l'espérance » que Votre Honneur serait de retour d'un jour à » l'autre dans nos cantons. Le vieux Warnes et sa » femme, qui sont restés pour garder votre maison, » m'ont dit qu'ils ne pouvaient pas m'informer au » juste quand cela serait, ni me dire en quel endroit » de l'Angleterre vous étiez pour le moment. Quant » à ce qui me regarde, le malheur m'en veut à tel » point, qu'il faut que je prenne un parti; c'est une » chose bien sûre, et cela tout de suite. Notre squire, » qui m'a d'abord traité avec assez de bonté, il faut » que j'en convienne, quoique j'aie bien peur qu'il » l'ait fait en partie pour faire pièce au squire » Underwood, a résolu depuis de me perdre tout à » fait. Au moins, monsieur, je ne me suis pas laissé » écraser comme un ver, je me suis défendu de mon

» mieux, car, après tout, Dieu merci, un homme » en vaut un autre, comme on dit; mais il était trop » fort pour moi.

» Peut-être que si j'avais poussé jusqu'à la ville » du marché, en m'adressant à Munsle, votre homme » de loi, il aurait pu me donner les moyens de vous » écrire. Mais après avoir espéré et attendu en vain, » il m'est venu d'autres idées là-dessus. Je n'ai pas » cherché, monsieur, à vous aller ennuyer de mes » affaires; car je n'aime pas à importuner personne; » je gardais cela pour ma dernière ressource. Or » donc, à présent qu'elle m'a aussi manqué, je suis, » pour ainsi dire, honteux d'y avoir songé. Est-ce » que je n'ai pas, me suis-je dit, des bras et des » jambes aussi bien qu'un autre? Me voilà chassé » de ma maison, sans feu ni lieu. Eh bien, qu'est-» ce que cela fait? Je ne suis pas un chou qui meurt, » parce qu'on l'a mis hors de terre. Je suis sans un » penny, cela est vrai; et combien y en a-t-il par » centaines et par milliers, qui vivent au jour le » jour pendant toute leur vie! Et puis, me suis-je » dit (j'en demande pardon à Votre Honneur), si » nous autres petites gens nous avions seulement » l'esprit de nous suffire à nous-mêmes, les autres » ne seraient pas d'insipides et d'orgueilleux fai-» néants comme ils sont. Ils se trouveraient bien » embarrassés d'eux-mêmes.

» Mais il y a une autre chose qui m'a décidé plus » que tout le reste. Je ne sais comment vous dire » cela, monsieur. Mon pauvre enfant, mon Léonard, » tout le bonheur de ma vie, est depuis trois se-

» maines dans la prison du comté. Cela est de toute » vérité, monsieur. C'est le squire Tyrrel qui l'a » fait mettre là. A présent, monsieur, je ne pose » pas de fois ma tête sur l'oreiller, dans ma pauvre » chaumière, que le cœur ne me saigne de la situa- » tion de mon Léonard. Ce n'est pas tant pour la » souffrance, ce n'est pas là ce qui m'inquiète; je » ne m'attendais pas qu'il n'eût pas de peine à en- » durer dans sa vie, je ne suis pas assez sot pour » le croire. Mais qui sait ce qui peut lui arriver » dans une prison? Je suis allé trois fois pour le » voir, et il y a dans le même coin de prison que » lui un homme qui a une si mauvaise figure! Je » ne sais pas comment sont les autres. Certainement » Léonard est un des braves garçons qu'il y ait. » J'espère bien qu'il n'écoutera pas de pareilles » gens. Mais qu'il en arrive ce que Dieu voudra, je » suis bien résolu à ne le pas laisser dans cette com- » pagnie-là encore douze heures de plus. Je ne suis » peut-être qu'un obstiné et un vieux fou; mais je » l'ai mis dans ma tête, et cela sera. Ne me deman- » dez pas ce que c'est; s'il me fallait vous écrire et » attendre la réponse, cela prendrait huit ou dix » jours de plus; il n'y faut pas penser.

» Le squire Tyrrel est fort opiniâtre, et vous, n'en » déplaise à Votre Honneur, vous êtes tant soit peu » vif. Je ne veux pas que personne ait du bruit par » rapport à moi. Il n'y a déjà eu que trop de mal » de fait; et je ne veux autre chose que me tirer » de la presse. Ainsi j'écris ceci à Votre Hon- » neur seulement pour me décharger le cœur. Je

» me sens obligé à vous respecter et à vous aimer » comme si vous aviez fait pour moi tout ce que » vous n'auriez pas manqué de faire, j'en suis sûr, » si la chance eût tourné différemment. Il y a beau- » coup à parier que vous n'entendrez plus parler de » moi davantage. Si cela est, tenez votre digne » cœur en repos. Je me connais trop bien pour être » jamais tenté de rien faire qui soit réellement mal. » Il faut maintenant que j'aille chercher ma fortune » dans le monde. J'ai été assez maltraité, Dieu le » sait; mais je n'en garde pas de rancune; mon » cœur est en paix avec tous, et je pardonne à qui » m'a fait mal. Je crois bien que ce pauvre Léonard » et moi nous n'aurons pas mal de peines à endurer, » au milieu d'étrangers, et étant obligés de nous » cacher comme des voleurs de grand chemin. Mais » je défie la malice du sort, quelle qu'elle soit, de » nous pousser à rien de vicieux. C'est là la con- » solation qui nous soutiendra toujours contre les » travers et les croix de ce malheureux monde.

» Que Dieu bénisse Votre Honneur!

» Ce sont là les vœux de votre humble serviteur, » à vous obéir,

» BENJAMIN HAWKINS. »

Je lus cette lettre avec une extrême attention, et elle me fit faire bien des retours sur le passé. Suivant moi, elle portait la vive empreinte d'une âme simple et droite.

C'est une réflexion bien triste, me disais-je à moi-même; mais c'est ainsi que l'homme est fait. A juger sur les apparences, on aurait dit :

« Voilà un brave homme, capable de supporter, avec un cœur incorruptible, la bonne et la mauvaise fortune. » Et pourtant, voyez où tout cela aboutit! Ce même homme a pu devenir ensuite un meurtrier, et finir ses jours au gibet. O pauvreté! on peut dire que ton influence est toute-puissante! Tu nous brise l'âme par le désespoir; tu détruis en nous nos principes les plus chers et les plus profondément enracinés; tu nous remplis de vengeance et de méchanceté, et tu nous rends capables des actions les plus atroces. Puissé-je ne jamais sentir ta funeste puissance dans toute son étendue.

Après avoir contenté ma curiosité, j'eus soin de déposer cette lettre de manière à ce qu'elle pût être trouvée par M. Falkland, en même temps que, par une suite du sentiment qui me dominait alors, je voulais qu'en frappant son attention ce papier lui fît naître l'idée qu'il avait pu passer par mes mains. Je vis M. Falkland le lendemain matin; et, quand la conversation, que je n'étais déjà plus embarrassé d'entamer, fut une fois en train, je m'arrangeai pour l'amener insensiblement au point où je la voulais. Après beaucoup de questions, de répliques et de précautions oratoires, je continuai ainsi :

« En vérité, monsieur, quand je réfléchis à la ature humaine, je ne puis m'empêcher de voir avec eine qu'il n'y a pas de fond à faire sur sa constance, t qu'au moins, parmi les gens sans éducation et sans culture, les plus heureux commencements peuvent finir par la honte et l'infamie.

— Ainsi, vous pensez donc qu'un esprit orné par les lettres et cultivé par l'étude est le seul garant de la solidité de nos principes?

— Hum !... mais pourquoi supposeriez-vous, monsieur, que le talent et l'instruction ne servent pas souvent plutôt aux gens à cacher leurs crimes qu'à les empêcher d'en commettre? Nous lisons là-dessus d'étranges choses dans l'histoire.

— Williams, dit M. Falkland un peu troublé, vous avez un bien singulier penchant à la censure et à la misanthropie.

— J'espère que non. Assurément, je n'aime pas moins à voir le revers de la médaille, pour compter combien il y a de gens qui ont été calomniés, et même, dans un temps ou dans un autre, déchirés et presque mis en pièces par leurs compatriotes, et qui pourtant se sont trouvés faits pour être chéris et vénérés, quand on a pu les bien juger.

— En vérité, reprit en soupirant M. Falkland, quand je pense à tout cela, je ne m'étonne pas de l'exclamation de Brutus mourant : « O vertu! je t'ai cherchée comme une réalité, et je trouve que tu n'es qu'un vain nom. » Je ne suis que trop porté à penser comme lui.

— Assurément, monsieur, l'innocence et le crime sont souvent, dans cette vie, confondus l'un avec l'autre. Je me rappelle une histoire bien intéressante d'un pauvre homme du temps d'Élisabeth, qui aurait été infailliblement pendu pour meurtre, par la force des circonstances qui déposaient contre lui, si le véritable auteur n'était pas allé de lui-même se présenter au jury et prévenir la condamnation. »

En disant ceci, je touchais la corde sensible qui réveillait toutes ses douleurs. Il vint sur moi d'un air furieux, comme déterminé à m'arracher de force ma secrète pensée. Une sorte d'avertissement soudain parut lui faire changer d'idée; il retourna en arrière avec un tremblement convulsif, en s'écriant : « Maudit soit mille fois le monde et les lois qui le gouvernent! L'honneur, la vertu, la justice! toutes jongleries de fripons! J'abîmerais tout à l'heure l'univers entier dans le néant, si j'en avais le pouvoir.

— Ah! monsieur, répliquai-je, les choses ne sont pas si mal que vous le supposez. Le monde a été fait pour que les sages le conduisissent à leur gré; ses affaires ne peuvent être en de meilleures mains que dans celles des vrais héros; et comme, au bout du compte, ce sont là les amis et les protecteurs naturels de la société, la multitude n'a qu'à les contempler, se régler sur eux et admirer. »

M. Falkland fit un grand effort pour recouvrer sa tranquillité. « Williams, dit-il, vous me donnez une excellente leçon. Vous avez des idées justes des choses, et j'augure très-bien de vous. Je veux être maître de moi; je me dompterai, j'oublierai le passé et ferai mieux pour l'avenir. L'avenir! l'avenir est toujours à nous.

— Je suis affligé, monsieur, de vous avoir fait de la peine. Je ne sais si je dois dire tout ce que je pense ; mais mon opinion est qu'à la fin tout s'éclaircira, que justice sera faite, et que la vérité se fera connaître, malgré toutes les fausses couleurs dont on aura voulu la couvrir. »

L'idée que je suscitais dans l'esprit de M. Falkland ne lui fut pas agréable. Il essuya une rechute d'un moment. « Justice, reprit-il entre ses dents; je ne sais pas ce que c'est que justice. Mon mal est au delà des remèdes ordinaires; peut-être est-il sans remède. Tout ce que je sais, c'est que je suis le plus malheureux des hommes. J'ai commencé ma vie avec les intentions les plus pures, avec le plus ardent amour de l'humanité, et me voici..... malheureux..... malheureux au delà de tout ce qu'on peut exprimer, de tout ce qu'il est possible de supporter. »

Après ces paroles, il se recueillit tout à coup en lui-même, et reprit sa morgue avec sa dignité ordinaires. « Comment cette conversation est-elle venue? s'écria-t-il. Qui vous a donné le droit de vous faire mon confident! Bas, artificieux serpent que vous êtes; apprenez à vous comporter avec plus de respect. Suis-je fait pour que mes passions soient soulevées et apaisées au gré d'un insolent domestique? M'avez-vous pris pour un instrument sur lequel vous pouviez jouer à plaisir, pour tâcher d'en exprimer tous les secrets de mon âme [1]? Sortez, et craignez que je ne vous fasse payer cher votre folle témérité. »

Ces paroles étaient accompagnées d'une expres-

1. Idée empruntée à *Hamlet*.

sion si énergique et si prononcée qu'elles ne souffraient pas de réplique. Je restai muet; je me sentis comme privé de tout mouvement actif; je ne pus sortir que machinalement et en silence de la chambre.

XV

Deux jours après cette conversation, M. Falkland me fit appeler.

Dans le compte que je rendrai de ce qui s'est passé entre nous, je continuerai de rapporter non-seulement les paroles, mais même le langage muet de nos conversations. Il avait habituellement dans l'extérieur quelque chose de bien plus expressif et de plus animé qu'aucun homme que j'aie jamais vu. C'était là l'objet de mon étude continuelle, aiguillonné comme je l'étais par la curiosité, qui était alors, je l'ai déjà dit, ma passion dominante. Il pourra aussi très-bien arriver, tandis que je m'occupe ainsi à réunir les matériaux épars de mon histoire, que dans certaines occasions je joigne aux apparences qui m'ont frappé un éclaircissement que j'étais alors bien loin de posséder, et que la suite des événements a pu seule me suggérer.

Dans la conjoncture actuelle, le visage de M. Falkland portait un air de calme peu ordinaire. Avec cela, ce calme ne paraissait pas être le résultat d'une satisfaction intérieure, mais plutôt l'effort d'un homme qui, se préparant pour une scène importante, s'arrange d'avance pour rester toujours maître de soi et ne rien perdre de sa présence d'esprit.

« Williams, me dit-il, je suis déterminé, quelque chose qu'il puisse m'en coûter, à avoir avec vous une explication. Vous êtes un garçon fort indiscret et fort inconsidéré; vous m'avez contrarié sérieusement : vous auriez dû sentir que, si je vous laisse causer avec moi sur des matières indifférentes, il est bien peu convenable à vous d'amener la conversation à rien qui puisse avoir trait à mes intérêts personnels. Dernièrement, vous m'avez dit plusieurs choses d'une manière très-mystérieuse et qui annonce que vous en savez plus que je ne présumais. Je serais aussi embarrassé de dire comment ce que vous savez a pu venir à votre connaissance que de deviner en quoi cela consiste. Mais je crois voir en vous beaucoup trop de disposition à vous jouer de ma tranquillité; c'est ce qui ne devrait pas être, et je n'ai pas mérité un pareil procédé de votre part. Mais, quoi qu'il en soit, il est trop pénible pour moi de me voir ainsi obligé d'être continuellement avec vous sur le qui-vive; c'est une sorte de petite guerre que vous faites à ma sensibilité et que je suis très-résolu de faire cesser. J'attends donc de vous que vous mettiez de côté tout mystère et toute équivoque, et que vous m'expliquiez franchement sur quoi vous fondez vos perpétuelles allusions. Que savez-vous? Que cherchez-vous à savoir? Je n'ai déjà été que trop exposé à des mortifications et à des traverses sans exemple, et je ne puis plus laisser ainsi continuellement sonder mes blessures.

— Je sens, monsieur, répondis-je, combien j'ai eu tort, et je suis honteux que quelqu'un comme moi ait pu vous causer tant de déplaisir et d'inquiétude. Je l'ai bien senti dans le temps, mais j'ai été entrainé malgré moi, sans savoir comment. J'ai toujours voulu m'arrêter, mais le démon qui me possède estplus fort que moi. Je ne sais rien, monsieur, que ce que m'a appris M. Collins. Il m'a raconté l'histoire de M. Tyrrel, de miss Melville et de Hawkins; bien sûrement, monsieur, il ne m'a rien dit qui ne fût à votre honneur, et qui ne me prouvât que vous êtes un ange plutôt qu'un homme.

— Fort bien, monsieur; j'ai trouvé l'autre jour une lettre écrite par ce Hawkins; cette lette ne vous était-elle pas tombée entre les mains ? ne l'avez-vous pas lue ?

— Pour l'amour de Dieu, monsieur, renvoyez-moi de votre maison; punissez-moi de manière ou d'autre, pour que je puisse me pardonner à moi-même. Je suis un insensé, un misérable, le plus méprisable des hommes : je l'avoue, monsieur, j'ai lu cette lettre.

— Et comment avez-vous osé la lire? cela est certainement très-mal à vous ; mais nous y reviendrons tout à l'heure. Eh bien, qu'est-ce que vous avez dit de cette lettre? Vous savez, à ce qu'il paraît, que Hawkins a été pendu.

— Ce que j'en ai dit, monsieur,.. oh ! c'est pour

cela qu'il m'est venu à l'esprit de la lire. J'en ai dit ce que je vous disais avant-hier; quand je vois un homme qui paraît avoir de si bons principes, s'abandonner ensuite, de propos délibéré, au dernier des crimes, il m'est impossible de supporter une pareille idée.

— Voilà ce que vous vous êtes dit... Bon... il paraît que vous savez aussi (souvenir détesté!) que j'ai été accusé de ce crime? »

Je ne répondis rien.

« Fort bien, monsieur. Vous savez peut-être aussi que du moment où le crime fut commis... oui, monsieur, c'est de cette époque (et en disant ceci, il y avait dans son air quelque chose d'effrayant, je dirai presque de diabolique)... je n'ai pas eu une heure de repos; du plus heureux des hommes je suis devenu la plus misérable des créatures; le sommeil a fui de mes yeux; toute pensée de joie ou de consolation a été étrangère pour moi : le néant serait mille fois préférable à la triste existence que j'ai eu à supporter. Dès le moment où j'avais été capable de faire un choix, j'avais choisi l'honneur et l'estime des hommes comme le premier de tous les biens. Vous n'ignorez pas, à ce qu'il semble, de combien de manières j'ai été traversé dans l'objet de toute mon ambition... Je ne remercierai pas Collins pour s'être fait l'historien de mon déshonneur... Plût au ciel que cette horrible soirée fût à jamais effacée de la mémoire des hommes!... Mais, loin de s'anéantir, cette soirée est devenue pour moi une source de calamités toujours nouvelles, une source à jamais intarissable ! Est-ce dans l'état où je suis, plongé dans un abîme de misère, que vous deviez me choisir pour exercer sur moi votre insatiable curiosité et pour vous instruire dans l'art de tourmenter une âme ? N'est-ce pas assez que j'aie été déshonoré publiquement? que je me sois vu arracher, par je ne sais quelle puissance infernale, la seule ressource qui me restât pour venger mon honneur ? Non, pour surcroît d'infortune, j'ai été accusé d'avoir, dans ce moment critique, prévenu moi-même ma vengeance par le plus noir de tous les crimes. Tout cela est passé. Le malheur qui me poursuit n'avait rien à me réserver de plus cruel, si ce n'est la peine que vous m'avez infligée en paraissant douter de mon innocence, ce qu'après l'examen le plus approfondi et le plus solennel, personne n'avait encore osé faire. Vous m'avez forcé à en venir à cette explication; vous avez arraché de mon sein une confidence que je n'étais pas disposé à en laisser sortir. Mais c'est encore une partie des maux de ma déplorable destinée, d'être à la merci du dernier des hommes, quel qu'il soit, qui se sentira disposé à se jouer de ma détresse. Soyez satisfait; vous m'avez mis assez bas.

— Ah ! monsieur ! je ne suis pas satisfait; je ne puis pas être satisfait. Je ne puis supporter l'idée de ce que j'ai osé faire. Je n'aurai jamais le front de regarder en face le meilleur des maîtres et le meilleur des hommes. Je vous le demande comme une grâce, monsieur, renvoyez-moi de votre service, afin que j'aille me cacher pour jamais loin de vos yeux. »

L'air de M. Falkland avait été extrêmement sévère

pendant toute cette conversation; mais en ce moment il devint plus dur et plus menaçant qu'auparavant. « Comment, misérable! s'écria-t-il, vous voudriez me quitter, dites-vous? Qui vous dit que j'aie envie de vous renvoyer!... mais vous ne pouvez supporter de vivre avec un être aussi profondément malheureux que je le suis? vous n'avez pas le courage d'endurer les caprices d'un homme aussi chagrin et aussi injuste.

— Ah! monsieur, ne me parlez pas ainsi; faites de moi tout ce qu'il vous plaira, tuez-moi, si vous voulez.

— Que je vous tue! »

(Il faudrait des volumes pour peindre les émotions avec lesquelles cet écho de ma dernière phrase sortit de sa bouche et frappa mon oreille.)

« Monsieur, continuai-je, je mourrais pour vous servir. Je vous aime plus que je ne puis l'exprimer; je vous vénère comme un être d'une nature supérieure; je suis un étourdi, un insensé, sans jugement et sans expérience...; je suis cent fois pis que tout cela...; mais jamais une pensée contraire à la fidélité que je vous dois n'est entrée dans mon cœur. »

Notre conversation finit là; il est impossible de rendre l'impression qu'elle fit sur une âme jeune et simple comme la mienne. J'étais étonné, même transporté, quand je songeais aux égards et à la bonté que m'avait laissé voir M. Falkland à travers toute la sévérité de ses reproches. Je ne pouvais revenir de ma surprise de me voir, moi, pauvre, obscur et ignoré comme je l'étais, devenu tout à coup d'une telle importance au bonheur d'un des hommes les plus éclairés et les plus accomplis de l'Angleterre; mais ce sentiment m'attacha à mon maître plus vivement que jamais, et je jurai mille fois, en méditant sur ma situation, de ne jamais me montrer indigne d'un aussi généreux protecteur.

XVI

N'est-il pas inconcevable qu'au milieu de ce redoublement de vénération pour mon maître, les premiers élans de mon émotion furent à peine calmés que je sentis revenir à ma pensée ce premier doute qui avait excité mes conjectures : *Serait-il l'assassin?* Il y avait dans ma fatale destinée quelque chose qui m'entraînait à ma perte malgré moi. Je ne m'étonnais pas du trouble qu'éprouvait M. Falkland à toute allusion, quelque éloignée qu'elle fût, qui rappelait sa cruelle affaire. Son excessive sensibilité sur l'article de l'honneur expliquait ce trouble aussi complétement qu'eût pu le faire la supposition d'un crime atroce. Sachant que son nom avait été une fois souillé par une imputation aussi odieuse, il était naturel qu'il fût dans une gêne continuelle, et prêt à la moindre occasion à soupçonner quelque reproche indirect. Auprès de tout homme avec lequel il avait la moindre communication, il avait à redouter d'être en secret l'objet des soupçons les plus odieux. A mon égard, il avait découvert que j'avais reçu des informations sur son compte, sans qu'il lui fût possible de deviner jusqu'où elles allaient, si on m'avait dit vrai ou faux, si on m'avait raconté les faits avec candeur ou avec malice. Il avait aussi quelque raison de supposer que j'entretenais des idées injurieuses à son honneur, et que je n'en jugeais pas aussi favorablement que l'exigeait l'extrême susceptibilité de sa passion dominante. Toutes ces considérations devaient naturellement le tenir dans un état habituel d'agitation et de malaise. Mais, quoique je ne trouvasse rien qui pût réellement fonder l'ombre d'un doute, cependant il m'était impossible de sortir de l'incertitude et du tourbillon perpétuel de mes conjectures.

L'état flottant de mon âme amena en moi une lutte de principes opposés qui se disputaient tour à tour la direction de ma conduite. Tantôt j'étais dominé par la plus profonde vénération pour mon maître ; je mettais une confiance sans réserve dans son intégrité et ses vertus, je lui soumettais aveuglément ma raison et mon jugement. Une autre fois, tout ce respect, toute cette confiance commençaient à refluer en sens contraire; je redevenais, comme auparavant, défiant, soupçonneux, tourmenté par mille conjectures sur le sens des actes les plus indifférents. M. Falkland, qui était sans cesse dans les alarmes sur tout ce qui pouvait avoir trait à son honneur, apercevait très-bien toutes ces variations, et trahissait l'impression qu'elles lui faisaient tantôt d'une manière, tantôt d'une autre, souvent avant que je m'en fusse aperçu moi-même, quelquefois même avant qu'elles existassent. Notre situation à tous deux était affreuse : nous étions un fléau l'un pour l'autre; souvent je ne pouvais comprendre qu'à la fin la patience et la bonté de mon maître ne fussent à bout, et qu'il ne se déterminât pas à se débarrasser pour jamais d'un observateur aussi insupportable. A la vérité, dans notre tourment commun, il y avait une différence essentielle entre sa part et la mienne. Moi, au milieu de mon agitation continuelle, j'avais quelque consolation. La curiosité porte avec soi ses plaisirs aussi bien que ses peines. L'esprit se sent aiguillonné sans relâche; il est comme s'il touchait à chaque moment au but qu'il se propose; et, attendu que c'est un désir insatiable de se satisfaire qui est son principe, il se promet dans cette satisfaction une jouissance inconnue, faite pour compenser, suivant lui, tout ce qu'il peut avoir à souffrir dans le cours de son entreprise. Mais pour M. Falkland, il n'avait aucune sorte de consolation. Ce qu'il avait à endurer dans nos relations respectives semblait un mal gratuit. Ce qu'il pouvait faire était de désirer qu'il n'y eût pas au monde un être tel que moi, et de maudire l'instant où son humanité l'avait porté à me tirer de l'obscurité pour me prendre à son service.

Je ne dois pas passer sous silence un des effets que produisit en moi la nature extraordinaire de ma position. L'état constant de soupçon et de vigilance dans lequel se trouvait mon esprit avait opéré un changement très-rapide dans mon caractère. Il paraissait y avoir fait tout ce qu'on aurait pu attendre d'une suite d'années d'observation et d'expérience. L'habitude où j'étais de fixer sans cesse un œil curieux et attentif sur ce qui se passait dans l'âme d'un homme et de me promener toujours au milieu d'une multitude toujours renaissante de conjectures, avait fait de moi, pour ainsi dire, un adepte fort habile dans la science des diverses manières dont se déploient les ressorts les plus secrets de l'intelligence humaine. Je ne me disais pas à moi-même, comme j'avais fait dans le commencement : « Je demanderai à M. Falkland si c'est lui qui est l'assassin ? » Au contraire, après avoir soigneusement examiné les différentes sortes d'évidences dont le sujet était susceptible, et m'être rappelé tout ce qui s'était passé, c'était avec une peine extrême que je me sentais hors d'état de découvrir aucun moyen qui pût me convaincre d'une manière complète et irrévocable de l'innocence de mon maître. Quant à la question de savoir s'il était coupable, il m'était presque impossible d'en venir à douter que, d'une manière ou d'une autre, plus tôt ou plus tard, je parviendrais certainement à l'éclaicir, si réellement il l'était. Mais je ne supportais pas d'arrêter ma pensée, ne fût-ce qu'un moment, sur ce côté de l'alternative comme sur un fait ; et, au milieu de ces pressantes conjectures que je ne pouvais réprimer et que faisaient naître tant de circonstances mystérieuses, malgré ce penchant d'un esprit jeune et sans expérience vers toutes les idées qui nourrissent son imagination de peintures sublimes ou terribles, je ne pouvais arriver à conclure la culpabilité de M. Falkland que par la supposition la plus improbable.

J'espère que le lecteur me pardonnera de m'arrêter si longtemps sur ces circonstances préliminaires; je ne viendrai que trop tôt à l'histoire de mes malheurs. J'ai déjà dit qu'un des motifs qui m'engageaient à tracer ces mémoires était de trouver une distraction à des maux insupportables. Je trouve un triste plaisir à m'étendre sur des incidents qui m'ont imperceptiblement frayé la route vers l'abîme. Tandis que je me retrace ou que je cherche à décrire ces moment, passés d'une époque plus heureuse de mavie, mon attention se détourne pendant quelques instants de ce gouffre sans fond d'infortunes et de misère où je suis aujourd'hui plongé. Il serait bien dur et insensible, l'homme qui pourrait m'envier ce faible soulagement à mes peines. Je continue.

Après l'explication qui avait eu lieu entre mon maître et moi, sa sombre mélancolie, loin d'être adoucie le moins du monde par la main bienfaisante du temps, alla sans cesse en croissant. Ses accès de démence (car faute d'une dénomination propre, il faut bien que je les désigne par ce mot, quoique peu convenable sans doute dans le sens admis par la Faculté ou par les tribunaux) devinrent plus forts et plus durables que jamais. Il ne fut pas possible de les dérober entièrement à la connaissance des gens de la maison ni même des voisins. Quelquefois il restait deux ou trois jours absent de chez lui, sans en prévenir, et sans se faire accompagner de qui que ce fût. Ceci était d'autant plus extraordinaire, qu'on savait fort bien qu'il ne faisait pas de visites et n'entretenait aucune relation avec les personnes du voisinage. Mais il était bien difficile qu'un homme du rang et de la fortune de M. Falkland menât un pareil genre de vie sans qu'on découvrît ce qu'il devenait, malgré la solitude d'une grande partie de notre comté. M. Falkand avait été vu quelquefois gravissant des rochers, quelquefois immobile et penché pendant des heures entières sur le bord d'un précipice, ou bien plongé dans une sorte d'assoupissement léthargique, près de la chute d'un torrent. Il passait des nuits entières en plein air, sans prendre garde ni au lieu ni au temps, insensible à toutes les injures de la saison, ou plutôt paraissant se plaire au tumulte et au désordre des éléments pour distraire en partie son attention de l'état de désolation qui accablait son âme.

Les premières fois, quand on nous donnait avis du lieu où s'était retiré M. Falkland, quelqu'un de sa maison, M. Collins ou moi, mais moi plus ordinairement, comme étant toujours au logis et toujours inoccupé, au moins dans le sens ordinaire de ce mot, nous allions le trouver pour l'engager à revenir. Mais après quelques expériences, nous jugeâmes plus convenable de laisser notre maître prolonger ou terminer son absence, suivant son inclination. M. Collins, à qui ses cheveux blancs et ses longs services semblaient donner une espèce de droit de se rendre importun, réussissait quelquefois, quoique, dans ce cas même, rien n'était plus choquant pour M. Falkland que ces sortes d'instances qui semblaient lui insinuer qu'il avait besoin d'un tuteur pour prendre soin de sa personne, ou bien qu'il était tombé, ou au moins en danger de tomber dans un état à ne pouvoir juger par lui-même de ses propres actions. Quelquefois il cédait d'un air chagrin aux humbles et affectueuses sollicitations de son vénérable serviteur en murmurant de la contrainte qu'on lui imposait, mais sans avoir le courage de mettre quelque énergie dans ses plaintes. Quelquefois, même en se rendant à ce qu'on demandait de lui, il éclatait tout à coup en reproches et en menaces. Alors il y avait dans sa colère quelque chose de farouche et d'effrayant qui rendait la position de la personne sur laquelle elle tombait la plus humiliante et la plus insupportable possible. Pour moi, dans ces occasions, il me traitait toujours avec emportement et me repoussait d'auprès de lui avec une véhémence hautaine et persistante au delà de tout ce dont j'aurais cru la nature humaine capable. Les excursions de M. Falkland étaient toujours, à ce qu'il me semblait, une espèce de crise de son mal, et, toutes les fois qu'on le déterminait à un retour prématuré, il tombait immédiatement après dans une mélancolie et une langueur qui duraient ordinairement deux ou trois jours. Par une fatalité opiniâtre, toutes les fois que je voyais M. Falkland dans ces situations déplorables, et particulièrement quand, après l'avoir cherché parmi les rochers et les précipices, mes yeux venaient à se porter sur lui, je le voyais pâle, maigre, hagard et farouche ; alors, en dépit de mon penchant, en dépit de ma conviction, en dépit de l'évidence, quelque chose d'involontaire me suggérait continuellement l'idée fatale : *A coup sûr, cet homme est un meurtrier.*

XVII

Dans un des intervalles lucides, si je puis les appeler ainsi, qui eurent lieu pendant cette période, on amena un jour devant M. Falkland, en sa qualité de juge de paix, un paysan accusé du meurtre d'un de ses camarades. Comme M. Falkland passait dès lors pour un homme valétudinaire et atteint de mélancolie, il est vraisemblable qu'il n'eût pas été appelé à siéger dans cette circonstance, si ce n'est que deux ou trois des juges de paix du voisinage, se trouvant à la fois absents, il n'y en avait aucun autre à plusieurs lieues à la ronde auquel on pût s'adresser. Quoique je me sois servi du terme de *démence* en décrivant les symptômes de son mal, il ne faut pas que le lecteur s'imagine que M. Falkland fût le moins du monde regardé, par la généralité de ceux qui avaient occasion de le voir, comme une espèce d'insensé. Il est vrai qu'en certaines circonstances sa conduite était singulière et inexplicable; mais, dans toutes les autres, elle portait un tel caractère de dignité, de circonspection et de prudence; il savait si bien commander le respect et l'obéissance ; il régnait dans ses manières tant d'égards et de politesse que, bien loin qu'il eût rien perdu de la confiance des malheureux, tous les environs ne retentissaient que de ses louanges.

J'étais présent à l'examen de l'affaire de ce paysan. Dès l'instant que j'avais appris le sujet qui amenait cette foule de survenants, une idée m'avait soudain frappé. J'avais conçu la possibilité de faire servir cet incident à la grande recherche qui absorbait toutes mes facultés. Je me dis : Cet homme est accusé de meurtre, et le mot seul de *meurtre* est le grand ressort de la sensibilité de M. Falkland. Je vais l'observer; je ne le perdrai pas un instant de vue ; je veux suivre pas à pas le dédale de ses pensées ; à coup sûr, voici le moment où le secret de son âme va se dévoiler dans ses traits; à coup sûr, si j'y mets bien tous mes soins, je vais le voir condamner ou absoudre par le plus redoutable et le plus infaillible des tribunaux.

Je pris mon poste de la manière la plus favorable à l'objet qui m'occupait tout entier. Quand M. Falkland entra, il me fut aisé d'apercevoir dans sa figure une extrême répugnance pour l'affaire dont il était obligé de s'occuper; mais il n'y avait pas pour lui possibilité d'éluder. Sa contenance était inquiète et embarrassée. A peine aperçut-il une seule des personnes de l'assemblée. Il n'y avait pas longtemps que l'examen de l'affaire était commencé, lorsqu'il vint à tourner les yeux vers l'endroit de la salle où j'étais. Il nous arriva dans cette circonstance, comme dans plusieurs autres, que nous échangeâmes en silence un regard qui nous disait à l'un et à l'autre un million de choses. M. Falkland changea plusieurs fois de couleur. Je compris parfaitement ce qui se passait dans son âme, et j'aurais voulu me retirer; mais cela m'était impossible : mes passions étaient trop fortement engagées; j'étais cloué à ma place; quand il se serait agi de ma propre vie, de celle de mon maître, ou presque du sort de tout un peuple, je n'aurais pas été le maître de changer de lieu.

Toutefois, le premier mouvement de surprise étant calmé, M. Falkland prit un air de résolution et d'assurance, et il parut conquérir plus d'empire sur lui-même qu'on n'aurait pu l'attendre de son entrée. Vraisemblablement il serait venu à bout de soutenir ce rôle jusqu'à la fin, si ce n'est que la scène, au lieu d'être continue, fut en quelque sorte perpétuellement changeante. L'homme qui était amené devant lui était vivement chargé par le frère du mort d'avoir agi avec la méchanceté la plus noire. Celui-ci déclara sur son serment qu'il avait existé une rancune d'ancienne date entre les parties, et il en rapporta plusieurs exemples. Il affirma que le meurtrier avait cherché l'occasion de satisfaire sa vengeance, qu'il avait porté le premier coup; et, quoique en apparence la contestation ne fût qu'un simple défi ordinaire à coups de poing, qu'il avait guetté le moment pour frapper un coup mortel qui avait tué presque aussitôt son adversaire.

Tandis que l'accusateur déduisait ses charges et ses preuves, l'accusé manifestait la plus vive sensibilité. Tantôt une profonde douleur se peignait dans tous ses traits, et des larmes involontaires coulaient le long de son visage mâle et austère; tantôt il tressaillait de surprise à la tournure défavorable qu'on donnait aux faits, sans pourtant témoigner aucune impatience ni aucune envie d'interrompre. Jamais je ne vis un homme d'un extérieur qui annonçât moins la cruauté. Il était grand, bien fait et d'une belle figure. Il y avait dans ses traits de la simplicité et de la bonté, sans niaiserie. Il était accompagné d'une jeune femme qui était sa maîtresse : c'était une personne tout à fait agréable, et dont les regards témoignaient assez l'intérêt qu'elle prenait au sort de son amant. Les spectateurs que le hasard avait amenés étaient partagés entre l'indignation contre la noirceur du prétendu criminel et la compassion pour l'aimable et malheureuse fille qui l'accompagnait. Ils paraissaient ne pas trop prendre garde à l'extérieur agréable de l'accusé; ce ne fut que par la suite que ce témoignage muet attira plus favorablement leur attention. Pour M. Falkland, il était quelquefois absorbé tout entier par la curiosité et le désir ardent de découvrir la vérité; puis, le moment d'après, il laissait voir une émotion soudaine et comme une sorte de retour sur lui-même, qui semblait lui rendre cet examen trop pénible pour qu'il pût le supporter plus longtemps.

Quand l'accusé en vint à établir sa défense, il n'hésita pas à convenir de la mésintelligence qui avait existé entre lui et le mort; il avoua même que ce dernier était le plus grand ennemi qu'il eût eu au monde. C'était, à la vérité, son seul ennemi, et il lui était impossible de dire la cause de cette inimitié. Il avait fait tous les efforts imaginables pour apaiser son animosité, mais sans succès. Le défunt avait cherché sans cesse les occasions de le mortifier et de lui jouer de mauvais tours; mais lui, il avait pris la ferme résolution de ne jamais entrer en querelle avec cet homme, et jusqu'à ce moment-là il y avait toujours réussi. Si le malheur qui lui était arrivé eût eu lieu avec toute autre personne, au moins on aurait pu penser que c'était un accident; mais dans la conjoncture présente il sentait bien que tout le monde croirait qu'il avait agi par préméditation et par esprit de vengeance.

Le fait était que lui et sa maîtresse étaient allés à une foire voisine, où ils avaient été rencontrés par cet homme. Celui-ci avait souvent cherché à l'insulter, et, ayant pris sa patience et sa modération pour de la lâcheté, avait été encouragé par là à redoubler de grossièreté et de mauvais procédés. Enfin, voyant que l'accusé avait enduré, sans se fâcher, plusieurs insultes personnelles, sa brutalité s'était soudain tournée contre la jeune fille. Il les avait poursuivis; il avait essayé mille manières de les harceler et de les tourmenter; ils avaient cherché vainement à se débarrasser de lui. La jeune fille était fort effrayée. L'accusé en était venu à une explication avec cet agresseur, et lui avait demandé comment il pouvait être assez barbare pour s'acharner à faire peur à une femme? L'autre avait répliqué d'un ton insultant : « Eh bien, il faut que cette femme cherche quelqu'un en état de la défendre; les gens qui se lient avec de mauvais sujets, et qui se fient sur eux, méritent ce qui leur arrive. » L'accusé avait essayé tous les moyens possibles de prévenir une querelle; à la fin, il avait perdu patience, la colère s'était emparée de lui, il avait défié son adversaire. Le défi avait été accepté; on avait fait un cercle [1]; il avait remis sa maîtresse aux soins del'un des assistants, et malheureusement le premier coup qu'il avait porté avait été mortel.

L'accusé ajouta qu'il ne se souciait guère de ce qui arriverait de lui. Son vœu le plus cher avait été de passer sa vie sans faire mal à personne, et voilà que ses mains étaient teintes de sang. Tout ce qu'il pouvait dire, c'est qu'on lui rendrait service de le débarrasser de la vie le plus tôt possible, car sa conscience ne lui laisserait pas un moment de repos; que tant qu'il vivrait il aurait sans cesse devant les yeux l'image de ce mort, tel qu'il l'avait vu étendu sans mouvement à ses pieds. Que cet homme, qui était plein de santé et de vigueur, eût été le moment d'après levé de terre comme une masse froide et insensible, et tout cela par son fait, c'était une pensée trop affreuse pour qu'il pût la supporter. Il avait aimé de tout son cœur la pauvre

1. La loi du pugilat est tellement sacrée en Angleterre, qu'au moindre défi un cercle se forme autour des deux boxeurs, qu'on laisse se battre jusqu'à ce que l'un des deux tombe mort ou demande grâce.

fille qui avait été la cause de ce malheur, mais il ne pouvait plus la regarder. Cette vue évoquait soudain une légion de démons déchaînés contre lui. Un malheureux moment avait empoisonné toutes ses espérances et lui avait rendu la vie à charge... En disant ceci, ses bras retombèrent le long de son corps, ses traits s'altérèrent, et il resta immobile, dans l'attitude du désespoir.

Telle était l'histoire que M. Falkland avait à écouter. Quoique les incidents fussent pour la plupart fort différents de ceux que j'ai eu à rapporter, et qu'il y eût eu dans la rencontre de ces deux villageois beaucoup moins de politique et de talents déployés de part et d'autre, cependant, pour un homme dont l'esprit était fortement imbu de la première de ces aventures, il y avait dans celle-ci beaucoup de traits propres à suggérer une ressemblance suffisante. Dans l'une comme dans l'autre, c'était un homme brutal et grossier que la bienveillance et la circonspection de son adversaire n'avaient pu fléchir, et qu'un coup soudain et terrible avait frappé au milieu de sa carrière. Cette analogie déchirait continuellement le cœur de M. Falkland. Dans un moment il tressaillait de surprise; dans un autre il changeait sans cesse de posture, comme quelqu'un qui ne peut plus résister au mal qui le presse. Ensuite on voyait ses muscles se tendre de nouveau pour se monter au ton de la patience la plus opiniâtre; mais, au milieu de l'inflexible immobilité de sa figure, j'aperçus une larme de douleur rouler dans ses yeux et s'échapper le long de ses joues. Il n'osait pas tourner ses regards du côté de la salle où j'étais, ce qui donnait à sa contenance un air d'embarras et de contrainte. Mais, quand l'accusé vint à parler de ses propres sentiments, qu'il se mit à peindre la profondeur et l'amertume de ses regrets pour une faute involontaire, M. Falkland ne put pas y tenir davantage ; il se leva tout d'un coup et sortit brusquement de la salle avec tous les signes de l'horreur et du désespoir.

Cette circonstance fut assez indifférente pour l'affaire de l'accusé. Les parties restèrent environ une demi-heure à attendre. M. Falkland avait entendu lui-même ce qu'il y avait de plus essentiel dans les preuves. Cet intervalle écoulé, il envoya chercher M. Collins qui sortit de la salle. Les faits allégués par l'accusé étaient confirmés par beaucoup de témoins présents à l'événement. Il fut dit à l'assemblée que mon maître était indisposé, et en même temps la décharge de l'accusé fut prononcée. Néanmoins, à ce que j'appris par la suite, la vengeance du frère ne s'en tint pas là, et celui-ci trouva un magistrat ou plus scrupuleux, ou plus despotique, qui ordonna l'arrestation du prévenu.

Cette affaire ne fut pas plutôt terminée que je courus bien vite au jardin m'enfoncer dans un des bosquets les plus épais. Je sentais battre les veines de mon front ; j'étais haletant, et je ne me trouvai pas plutôt à l'abri de tous les regards, que mes pensées se firentpassage malgré moi, et que, dans un accès d'enthousiasme que je ne pouvais contenir : « Voilà, m'écriai-je, voilà le meurtrier. Les Hawkins étaient innocents! j'en suis sûr! je parierais ma vie! tout est dit, tout est découvert! coupable, coupable, sur mon âme! »

Tandis que je marchais ainsi à pas précipités le long des allées les plus écartées, et que de temps en temps je donnais carrière au tumulte de mes pensées par des exclamations involontaires, il me semblait sentir s'opérer dans toute ma machine une révolution complète. Mon sang bouillonnait dans mes veines. J'éprouvais une espèce de transport que je ne pouvais définir. Quoique agité des plus vives émotions, je me sentais plus de dignité et d'importance, en même temps que j'étais plein d'énergie et brûlant d'indignation. Au milieu de la tempête de toutes ces passions, il me semblait que mon âme jouissait du calme le plus ravissant. Je ne saurais mieux exprimer l'état où je me trouvais en ce moment, qu'en disant que je n'avais jamais si parfaitement goûté la vie.

Cet état d'exaltation mentale dura pendant plusieurs heures; mais à la fin il s'apaisa, et fit place à la réflexion. Une des premières questions qui se présentèrent alors à moi fut celle-ci: *Que vais-je faire de cette connaissance que j'ai eu tant de désir d'acquérir?* Je n'avais pas l'envie de devenir un délateur; je sentais ce dont je n'avais eu auparavant aucune idée, c'est qu'il était possible d'aimer un meurtrier, et même, comme je le jugeais alors, le plus criminel des meurtriers. Je trouvais que c'était le dernier degré de l'absurdité et de l'injustice de perdre un homme fait pour rendre à l'humanité les services les plus essentiels, et cela simplement parce qu'en revenant sur sa vie passée, il s'y trouvait une action qui, quelle qu'en pût être la gravité, n'en était pas moins aujourd'hui irréparable.

Cette réflexion me conduisit à une autre, à laquelle je n'avais pas pris garde d'abord. Si j'avais été d'humeur à me rendre dénonciateur, ce qui s'était passé ne constituait nullement un genre de preuve admissible devant une cour de justice. « Eh bien donc, ajoutais-je, si le fait n'est pas de nature à être admis par un tribunal criminel, suis-je sûr qu'il soit tel que je puisse l'admettre pour moi-même ? A cette scène, dont je prétends tirer une aussi fatale conséquence, il y avait vingt personnes avec moi. Pas une d'elles n'a vu la chose sous le même jour que je l'ai vue. Toutes l'ont regardée comme une circonstance accidentelle et indifférente, ou bien ils l'ont trouvée suffisamment expliquée par les malheurs de M. Falkland et par son état d'infirmité. Renfermait-elle donc réellement une telle étendue d'applications et de conséquences, qu'il n'y avait personne que moi qui eût eu le discernement de les apercevoir ? »

Mais tous ces raisonnements ne produisirent aucun changement dans ma façon de penser. Je ne pouvais, pendant tout ce temps, bannir un seule minute de mon esprit : *M. Falkland est l'assassin! Il est coupable! je le vois, je le sens, j'en suis sûr!* c'était ainsi qu'une inexorable destinée m'entraînait au précipice. L'état de mes passions dans leur marche rapide et progressive, l'ardeur et l'impatience de ce principe de curiosité qui dominait toutes mes pensées, semblaient rendre inévitable la détermination à laquelle je m'arrêtais.

Pendant que j'étais au jardin, il survint un incident qui ne fit pas grande impression sur moi pour le moment, mais que je me rappelai quand le mouvement de mes idées fut un peu ralenti. Au milieu d'une de mes exclamations involontaires et quand je me croyais absolument seul, il me sembla voir passer rapidement, à quelque distance de moi, comme l'ombre d'un homme qui cherchait à m'éviter. Quoique j'eusse à peine pu l'entrevoir, cependant il y avait quelque chose dans les circonstances du moment qui me fit croire que ce devait être M. Falkland. La seule possibilité qu'il eût pu entendre les paroles qui m'étaient échappées me fit frissonner. Mais, quelque alarmante que fût cette idée, elle n'eut pas cependant la force d'arrêter sur-le-champ le cours de mes réflexions. Néanmoins, des circonstances subséquentes la rappelèrent encore à mon esprit. A peine me resta-t-il un doute sur la réalité quand je vis arriver l'heure du dîner, sans qu'il fût possible de trouver M. Falkland. Le souper et la nuit se passèrent de même. La seule conclusion qu'en tirèrent ses domestiques, c'est qu'il était allé, comme à son ordinaire, faire une de ses promenades mélancoliques.

XVIII

L'époque à laquelle cette histoire est maintenant arrivée paraît être vraiment l'instant critique qui décida du sort de M. Falkland. Les incidents se pressèrent les uns sur les autres. Le lendemain matin, sur les neuf heures, le bruit se répand que le feu était à l'une des cheminées de la maison. Rien de plus commun en apparence qu'un tel accident; cependant l'incendie se manifestait avec tant de violence, qu'il paraissait évident que les flammes avaient gagné quelque poutre, imprudemment placée dans le bâtiment lors de sa construction. On craignit du danger pour la totalité de l'édifice. Ce qui rendait encore la confusion plus grande, était l'absence du maître, ainsi que celle de M. Collins, l'intendant. Tandis qu'une partie des gens de la maison était occupée à essayer d'éteindre le feu, il parut à propos que les autres se missent à transporter les meubles les plus précieux sur une pièce de gazon, dans le jardin. Je pris sur moi de donner quelques ordres dans cette circonstance, comme, dans le fait, mon emploi dans la maison semblait m'y autoriser, et comme on m'en jugeait d'ailleurs assez capable par mon intelligence et les ressources de mon esprit.

Après avoir indiqué quelques mesures générales, je pensai que ce n'était pas assez faire que de rester là pour surveiller et ordonner, mais que je devais contribuer de ma personne au travail qu'exigeait la conjoncture présente. Je sortis donc pour cela; et par je ne sais quelle secrète fatalité, mes pas se portèrent vers cette pièce particulière qui était à l'extrémité de la bibliothèque. Arrivé là, comme je regardais autour de moi, mes yeux tombèrent tout à coup sur ce coffre dont j'ai parlé dans le premier chapitre de cette histoire.

Mon esprit était exalté au dernier degré. Il y avait dans l'appui de l'une des croisées de la chambre un ciseau et quelques autres outils de charpentier. Je ne sais quel moment de délire s'empara de moi tout à coup. C'était une impulsion trop forte pour pouvoir y résister. J'oubliai l'affaire pour laquelle j'étais venu, j'oubliai les gens de la maison et l'urgence du danger général. La chambre où j'étais aurait été tout enveloppée de flammes que j'en aurais fait de même. Je m'emparai d'un outil propre à mon dessein, je me mis à terre, et tentai bien vite l'ouverture de ce qui renfermait l'objet de mon ardente curiosité. Après deux ou trois efforts où toute l'énergie d'une passion indomptable se joignit à ma force physique, la garniture céda, le coffre s'ouvrit, et tout ce que je brûlais de voir et d'apprendre se trouvait déjà en ma puissance.

J'en étais à lever le couvercle, quand entra M. Falkland essoufflé, l'œil farouche et hagard. Il avait été ramené chez lui par la vue des flammes qu'il avait aperçues de fort loin. A l'instant le couvercle m'échappe des mains et retombe. Il ne me voit pas plûtôt que la rage étincelle dans ses regards. Il court à une paire de pistolets chargés qui étaient sur une table, en saisit un, et me le présente à la tête. Je vis son dessein, et m'esquivai pour l'éviter; mais, abandonnant sa résolution aussi rapidement qu'il l'avait formée, il court à la fenêtre et décharge le pistolet dans la cour. Il m'ordonne de sortir avec cet accent énergique et irrésistible qui lui était ordinaire; et moi, confondu déjà par la honte d'avoir été surpris dans une telle action, j'obéis sur-le-champ.

L'instant d'après, une partie considérable de la cheminée vint à s'écrouler avec fracas dans la cour, et une voix s'écria que le feu était plus violent que jamais. Ces circonstances eurent l'air de produire sur mon maître un effet machinal; après avoir fermé le cabinet, il paraît aussitôt en dehors de la maison, monte sur le toit et en un moment se montre partout où sa présence peut sembler nécessaire. Bientôt le feu fut totalement éteint.

Il serait difficile au lecteur de se former une idée de l'état où je me trouvais alors réduit. Ce que j'avais fait était en quelque sorte un acte de démence; mais quand j'y reportais ma pensée, quel sentiment inexprimable que celui que j'éprouvais! c'était un premier mouvement, une impulsion du moment, une aliénation d'esprit passagère; mais que penserait M. Falkland de cette aliénation d'esprit? Pour tout le monde, quelqu'un qui s'est une fois montré capable de se laisser aller à un pareil écart, doit paraître un homme dangereux; combien devrait-il donc le paraître aux yeux d'une personne dans la situation où était M. Falkland! Tout à l'heure j'avais eu un pistolet appuyé sur mon front par une main décidée à terminer mon existence. A la vérité le moment était passé; mais qui savait ce que l'avenir me réservait encore? ne sentais-je pas sur ma tête la vengeance, l'insatiable vengeance d'un Falkland, d'un homme que mon imagination me représentait avec des mains teintes de sang, et avec un cœur familiarisé au meurtre et à la cruauté? Quelles ressources n'avait-il pas dans son esprit si inventif et si entreprenant, ressources dorénavant conjurées pour ma ruine! Tel était pourtant le terme de cette fatale et indomptable curiosité, de cette impulsion que je m'étais représentée comme si simple et si excusable.

Dans l'effervescence de la passion, je n'avais pas songé aux conséquences. J'étais comme au sortir d'une rêve. Est-il donc dans la nature de l'homme de se précipiter de lui-même au fond des abîmes, ou de s'élancer sans hésiter au milieu des flammes? Comment était-il possible que j'eusse oublié un seul instant l'air si imposant, si menaçant, si terrible de Falkland, et la fureur implacable que j'allais exciter dans son âme? Il ne m'était pas entré dans l'esprit une seule idée sur ma sécurité à venir. J'avais agi sans le moindre plan. Je ne m'étais nullement occupé des moyens de cacher mon entreprise après qu'elle aurait été effectuée. Mais il n'était plus temps, une minute avait changé ma situation avec une promptitude dont les événements humains n'offrent presque pas d'exemple.

J'ai toujours été embarrassé de me rendre raison du mouvement qui m'entraîna ainsi à une action aussi monstrueuse. C'était une sorte de puissance secrète et sympathique. Par les lois de la nature, un sentiment se perd dans un autre du même caractère. C'était la première fois que j'étais témoin des dangers d'un incendie. Tout était confusion autour de moi, et tout contribuait à jeter le désordre dans ma tête. Mon peu d'expérience me faisait regarder la situation générale comme tenant du désespoir, et, par contagion, le désespoir s'était aussi emparé de moi. D'abord j'avais paru, jusqu'à un certain point, calme et recueilli; mais c'était encore de ma part un effort de désespoir; et, quand il fut épuisé, une sorte de démence instantanée lui avait succédé.

J'avais maintenant tout à craindre, et pourtant quel était mon crime? Il ne provenait d'aucun de ces mobiles qui excitent à juste titre l'aversion des hommes; ce n'était ni la soif des richesses, ni celle du pouvoir, ni la satisfaction des sens qui m'avaient fait agir. Mon cœur ne renfermait pas la moindre étincelle de malignité. J'avais toujours eu de la vénération pour l'âme sublime de M. Falkland; j'en avais encore. Une soif inconsidérée d'apprendre constituait toute mon offense. Cette offense toutefois était de nature à n'admettre ni rémission ni grâce. Cette cruelle époque a été la crise de ma destinée; c'est elle qui sépare ce que je pourrais appeler la partie offensive de ma vie d'avec cette défensive continuelle qui est ensuite devenue l'unique affaire du reste de mes jours. Mon offense fut courte, hélas! aucune intention sinistre ne l'aggrava; mais que les terribles représailles qu'elle me coûte sont longues! Elles ne peuvent se terminer qu'avec ma vie.

L'état dans lequel je me trouvai, quand le souvenir de ce que j'avais fait revint se présenter à moi, ne me permettait de rien résoudre. Tout était chaos et incertitude au dedans de moi. L'effroi qui enveloppait toutes mes pensées ne leur laissait aucune activité. Je sentis que mes facultés intellectuelles m'avaient abandonné, que les ressorts de mon âme étaient paralysés, et que j'étais réduit à attendre en silence l'orage d'infortunes qui m'était réservé. J'étais comme un homme qui, frappé de la foudre et privé pour jamais de la force de se mouvoir, aurait encore néanmoins conservé le sentiment de son immobilité. Un désespoir mortel était la seule idée dont je fusse capable.

Tel était encore la situation de mon âme, quand M. Falkland m'envoya chercher. Ce message me tira de mon angoisse; en revenant à moi, j'éprouvai ces sensations de malaise et de dégoût qu'on pourrait supposer dans un homme qui reviendrait du sommeil de la mort. Je recouvrai par degrés la faculté de recueillir mes idées et de diriger mes pas. J'appris que M. Falkland s'était retiré dans sa chambre aussitôt que le feu avait cessé. La soirée était déjà avancée quand il me fit appeler.

Je le trouvai avec tous les signes du dernier abattement, si ce n'est qu'un air de dignité calme et triste régnait dans tout son maintien. Pour le moment on n'y découvrait rien de sombre, d'altier ni de sévère. Lorsque j'entrai, il leva les yeux, et, voyant que c'était moi, il m'ordonna de fermer la porte en dedans. J'obéis; lui-même il fit le tour de la chambre et examina avec soin toutes les autres issues. Je tremblais de tout mon corps : je me disais en moi-même : « Quelle scène sanglante Roscius se prépare-t-il à jouer? »

« Williams, me dit-il d'un ton qui annonçait plutôt la douleur que le ressentiment, j'ai attenté à votre vie! je suis un misérable voué au mépris et à l'exécration des hommes! »

Il s'arrêta un moment avant de poursuivre en ces termes :

« S'il y a sur toute la terre un être capable de sentir plus vivement qu'un autre le mépris et l'exécration qui me sont dus, c'est moi-même. J'ai été longtemps dans un état de torture continuelle et livré à la plus affreuse démence. Mais je puis mettre un terme à cet état et à ses conséquences; au moins en ce qui regarde mes relations avec vous, je suis déterminé à le faire. Je connais tout le prix qu'il y faut mettre et... et mon parti est pris.

« Je veux votre serment, ajouta-t-il, il faut vous engager par tout ce qu'il y a de plus sacré au ciel et sur la terre, de ne jamais dévoiler ce que j'ai à vous dire.... » Il dicta la formule du serment, et je la répétai à contre-cœur. Je n'avais pas la force d'objecter un mot.

« Cette confidence, dit-il, c'est vous qui l'avez

cherchée et non pas moi; elle m'est aussi odieuse qu'elle est dangereuse pour vous. »

Après ce préambule, il fit une pause. Il eut l'air de se recueillir comme pour un grand effort de courage. Il s'essuya le visage avec son mouchoir qui me parut baigné non pas de larmes, mais de sueur.

« Regardez-moi, observez-moi bien. N'est-il pas étrange qu'un être tel que moi conserve encore les traits d'une créature humaine? Je suis le dernier des scélérats. Je suis le meurtrier de Tyrrel, je suis l'assassin des Hawkins. »

Je tressaillis d'effroi, mais je gardai le silence.

« Quelle histoire que la mienne! insulté, déshonoré, couvert d'opprobre à la face d'une assemblée, je devins capable de tout acte de désespoir. J'épiai le moment, je suivis M. Tyrrel hors de la salle, et, muni d'un couteau très-aigu qui se trouva sous ma main, j'allai derrière lui et le frappai au cœur. Le corps gigantesque de mon ennemi roula à mes pieds.

» Ce ne sont que les anneaux d'une même chaîne. Un outrage! un meurtre! Il fallut ensuite me défendre, il fallut débiter un mensonge assez bien ourdi pour qu'il pût en imposer à tous les hommes. Fut-il jamais de tâche plus pénible et plus insupportable?

» Jusque-là, la fortune me secondait. Elle me favorisa par delà mes désirs : le soupçon fut écarté bien loin de moi; il fut rejeté sur un autre; mais c'était encore ce qu'il m'était réservé de souffrir. D'où provinrent contre tel autre ces indices accidentels, ces traces de sang, ce couteau brisé, c'est ce que je ne saurais vous dire. Je suppose que, par quelque hasard qui tient du prodige, il lui arriva de passer par là, et qu'il chercha à assister son persécuteur expirant. On vous a raconté l'histoire de Hawkins, vous avez lu une de ses lettres; mais vous ne connaissez pas la millième partie des preuves que j'ai eues de la simple et inaltérable droiture de son cœur. Son fils périt avec lui, ce fils dont il avait voulu conserver le bonheur et la vertu, au prix de tout ce qu'il possédait, ce fils pour qui il avait affronté la misère, et pour qui il aurait donné cent fois sa vie... Non, jamais je ne saurais décrire les tourments que j'ai éprouvés.

» Et voilà donc ce que c'est qu'un gentilhomme!... un homme d'honneur! J'étais l'adorateur aveugle de la considération. Ma vertu, ma probité, la paix de mon âme, j'ai pu tout sacrifier à cette insatiable idole; mais ce qu'il y a de plus cruel, c'est que rien de ce qui est arrivé n'a contribué le moins du monde à me guérir. Cet amour fréné-ique de l'honneur et de la considération, je le orte encore plus que jamais dans mon cœur; j'y iendrai jusqu'au dernier souffle de ma vie. Quoique e plus noir des scélérats, je veux laisser après moi n nom sans tache et partout honoré. Il n'y a pas e forfait si atroce, pas de scène de sang si horrible, ue la poursuite de cet objet ne puisse me faire enreprendre. Il n'importe que ces choses vues de loin xcitent mon aversion... Je suis sûr de ce que je is; qu'on me mette à l'épreuve, je cèderai. Je me méprise, je me déteste moi-même; mais c'est ainsi que je suis; les choses ont été trop loin pour que je recule.

» Qu'est-ce qui me force à cette confidence? Le soin de mon honneur. La vue d'un pistolet dans mes mains, d'un instrument de mort quelconque à ma disposition, me fait frémir; peut-être que le premier meurtre que j'aurai à commettre n'aura pas le succès des autres. Je n'avais plus d'autre alternative que de vous prendre pour confident ou pour victime. Il valait mieux vous confier la vérité tout entière, sous le sceau du secret, que de vivre dans une crainte continuelle de votre pénétration ou de votre témérité.

» Savez-vous ce que vous avez fait? Pour satisfaire une vaine fantaisie de curiosité, vous vous êtes vendu vous-même. Vous resterez à mon service, mais vous n'aurez jamais de part à mon affection. Je vous ferai du bien sous le rapport de la fortune, mais vous serez toujours l'objet de ma haine. Si jamais un mot inconsidéré vient à sortir de votre bouche, si jamais vous donnez lieu à mes soupçons ou à ma défiance, attendez-vous à l'expier par votre mort ou peut-être plus cher encore. Vous venez de conclure un marché terrible; mais il est trop tard pour reculer. Par tout ce qu'il y a de plus sacré et de plus épouvantable au monde, songez à garder votre foi.

» Pour la première fois depuis plusieurs années, ma bouche vient de parler aujourd'hui d'après mon cœur et dès ce moment tout commerce entre mon cœur et ma bouche est fermé pour jamais. Je n'ai pas besoin de pitié, je ne désire pas de consolation : environné d'horreurs comme je le suis, je saurai conserver jusqu'au bout la force de l'âme. Si j'eusse été réservé à d'autres destinées, j'avais des qualités faites pour soutenir une meilleure cause. Je puis être insensé, misérable, frénétique; mais même au milieu de mon délire je sais conserver ma présence d'esprit et ma prudence. »

Tel était le fond de cette histoire que j'avais tant désiré connaître; quoique pendant des mois entiers ce mystère eût été l'objet de toutes mes méditations, il n'y avait pas ici une syllabe qui ne fût venue à mon oreille avec toute la force de la nouveauté. « M. Falkland est un assassin! me disais-je en sortant de cette conférence. (Cet effroyable nom d'assassin me glaçait le sang dans les veines.) Il a tué M. Tyrrel parce qu'il n'a pu se rendre maître de son ressentiment et de sa colère; il a sacrifié les deux Hawkins, le père et le fils, parce qu'il n'a pu supporter, à quelque prix que ce fût, de perdre publiquement l'honneur; comment me serait-il possible d'espérer de n'être pas tôt ou tard la victime d'un homme aussi emporté et aussi inexorable dans ses passions? »

Mais, malgré cette conclusion effrayante (conclusion qui contribue peut-être, de près ou de loin, pour les neuf dixièmes, à l'horreur que le vice inspire aux hommes), je ne pouvais m'empêcher de revenir de temps en temps à des réflexions d'une nature tout opposée. « M. Falkland est un assassin!

reprenais-je. Il pourrait pourtant encore être le plus excellent des hommes, s'il voulait seulement se regarder comme tel. Suffit-il donc de nous juger nous-mêmes vicieux pour nous rendre vicieux? »

Au milieu du désordre d'idées que me causait cette conviction affreuse, à laquelle, au milieu de tous mes soupçons, je n'avais jamais osé m'arrêter jusqu'alors, je trouvais encore de nouveaux motifs d'admirer mon maître. A la vérité, ses menaces étaient terribles; mais quand je réfléchissais sur mon procédé si offensant, si contraire à tous les principes de la société, si insolent et si dur, si insupportable pour un homme du rang de M. Falkland et dans une situation comme la sienne, j'étais encore surpris de sa patience. Il y avait bien, il est vrai, des raisons assez sensibles de ce qu'il n'avait pas voulu prendre un parti extrême contre moi; mais, après tout, que sa conduite était calme et mesurée, que son langage était plein de modération, en comparaison des craintes sinistres que mon imagination avait conçues! A cet égard, je me crus quitte pour un moment de tous les maux dont l'attente m'avait fait trembler, et je m'imaginai qu'ayant affaire à un homme aussi noble et aussi généreux que M. Falkland, je n'avais rien de rigoureux à craindre.

« C'est, me disais-je, une perspective effrayante qu'il veut tenir sans cesse devant mes yeux. Il croit que je ne suis retenu par aucun principe, que je suis insensible à l'excellence de ses qualités personnelles; mais je veux qu'il reconnaisse qu'il s'est mépris sur mon compte. Jamais je ne ferai rien contre mon maître; ainsi je ne l'aurai pas pour ennemi. Au milieu de toutes ses infortunes et de toutes ses fautes, je sens que je ne soupire qu'après son bien-être. S'il a été criminel, il faut l'imputer aux événements; dans d'autres circonstances, les mêmes qualités l'auraient appelé, ou plutôt l'ont appelé de fait, aux actes de la plus sublime bienfaisance. »

Sans doute que mes raisonnements étaient infiniment plus favorables à mon maître que ceux qu'on a coutume de faire en pareil cas sur les hommes désignés sous le nom de *grands criminels*. Il n'y a pas de quoi s'en étonner, si l'on considère que moi-même je venais de fouler aux pieds les limites du devoir, telles qu'elles sont établies dans la société, et que par conséquent je pouvais éprouver pour les autres coupables une commisération de sympathie. Ajoutez à cela que dans le principe M. Falkland m'était apparu comme une divinité bienfaisante. J'avais observé à loisir, et avec une attention minutieuse qui ne pouvait me tromper, les excellentes qualités de son cœur, et je trouvais en lui l'homme le plus accompli, sans nulle comparaison, que j'eusse jamais rencontré.

Mais, quoique la première impression de terreur qui m'avait frappé fût considérablement adoucie, ma situation ne laissait pas d'être encore fort misérable. Le contentement, la sécurité, la douce insouciance de la jeunesse, m'avaient abandonné pour jamais. Une voix inexorable répétait sans cesse à mon oreille, comme à celle de Macbeth : *Plus de sommeil pour toi.* J'étais tourmenté par le poids d'un secret qui devait à jamais peser sur mon âme, et ce sentiment était pour moi la source d'une mélancolie continuelle. Je m'étais rendu prisonnier, dans le sens le plus intolérable de ce mot, et cela pour des années, pour le reste de ma vie peut-être. En supposant même ma prudence et ma discrétion infaillibles, j'étais condamné à sentir constamment à mes côtés un surveillant vigilant, infatigable, sans cesse éveillé par le cri de sa conscience coupable, sans cesse animé par le ressentiment des moyens inexcusables par lesquels j'avais arraché son affreux secret, et disposé au moindre caprice à prononcer en maître absolu sur tout ce que j'avais de plus cher. Ce n'est rien que la vigilance d'un despotisme public et organisé, comparée à celle qu'aiguillonnent ainsi les passions les plus actives d'une âme inquiète et jalouse. Je ne savais quel refuge implorer contre un pareil genre de persécution. Je n'osais ni fuir l'œil de mon observateur, ni rester exposé à sa sinistre vigilance. A la vérité, je fus bercé d'abord jusqu'à un certain point par des idées de sécurité jusqu'au bord du précipice. Mais il ne se passa guère de temps sans que je fusse, à toute heure, averti de ma véritable position par mille circonstances. Parmi les plus mémorables sont celles que je vais rapporter.

XIX

Il n'y avait pas longtemps que M. Falkland m'avait fait cette fatale confidence, lorsque M. Forester, un frère aîné qu'il avait du côté de sa mère, vint faire une résidence de quelques jours dans notre maison. C'était une circonstance opposée aux habitudes et aux inclinations de mon maître. Comme je l'ai déjà dit, il avait rompu depuis longtemps tout commerce de visites avec ses voisins; il se refusait toute espèce d'amusement et de distraction. Il fuyait la société des hommes, et ne se trouvait jamais assez enseveli dans l'obscurité et la solitude. Pour un homme ferme dans ses résolutions, ce plan de conduite était, dans presque toutes les circonstances, d'une exécution assez facile; mais il n'était pas possible à M. Falkland d'éviter la visite de M. Forester. Ce gentilhomme arrivait du continent, où il avait fait un séjour de plusieurs années; il avait demandé à son frère un appartement jusqu'à ce que sa propre maison, qui était à trente milles de là, fût en état de le recevoir, et il avait fait cette demande avec un ton d'assurance qui n'admettait guère la possibilité d'un refus. Tout ce que put dire M. Falkland, c'est que l'état de sa santé et de son humeur était tel qu'il avait à craindre qu'un séjour dans sa maison ne fût fort peu agréable à son frère ; et de son côté, M. Forester, imaginant qu'un pareil genre d'indisposition était de nature à augmenter à proportion du peu de résistance qu'on lui opposait, espéra que sa compagnie engagerait M. Falkland à se relâcher de ses habitudes solitaires. M. Falkland n'insista plus ; il n'aurait pas voulu marquer de froideur à un parent pour lequel il avait une estime particulière ; et, gêné par la crainte de laisser entrevoir ses véritables motifs, il n'osa pas pousser plus loin ses objections.

Sous bien des rapports, M. Forester était l'opposé de mon maître. Son seul aspect indiquait la singularité de son caractère. Ses yeux étaient enfoncés sous un front proéminent et d'épais sourcils; son visage était court et angulaire, son teint basané et ses traits durs. Il avait beaucoup vu le monde ; mais à en juger par la rondeur et la simplicité de ses manières, on aurait pu croire qu'il n'était jamais sorti du coin de son feu.

Son humeur était aigre et pétulante : on s'étonnait de le voir s'offenser tout à coup d'une bagatelle, et relever durement l'erreur qui le choquait, comme pour vous humilier, sans égard pour votre sensibilité. Dans ces cas-là, il regardait la peur d'une remontrance comme une lâcheté qu'il fallait étouffer sans ménagement et sans indulgence. Comme c'est l'usage chez les hommes, il s'était formé une manière de penser conforme à cette bizarrerie d'humeur. Il prétendait qu'on devait dissimuler l'affection qu'on avait pour quelqu'un, de telle sorte qu'on lui rendît des services réels, mais en prenant bien garde de lui donner un avantage en trahissant la partialité qu'il inspirait. Sous cet extérieur peu engageant, M. Forester cachait un cœur bon et généreux. On le jugeait mal au premier abord; mais il gagnait beaucoup à être connu. Bientôt sa rudesse ne paraissait plus qu'une habitude; son bon sens et sa bienveillance l'emportaient sur ses défauts dans le souvenir de ses amis. Lorsqu'il daignait mettre de côté ses demi-phrases brusques et mordantes, sa conversation devenait facile, amusante et instructive; il savait, par un heureux choix d'expressions, faire ressortir la finesse de son observation et la force de son jugement.

Les particularités du caractère de ce gentilhomme ne manquèrent pas de se manifester dans la nouvelle maison où il se trouva introduit. Etant naturellement bienveillant, il fut bientôt vivement touché de la situation malheureuse de son parent. Il fit tout ce qu'il put pour y porter remède; mais il y avait de la rudesse et de la gaucherie dans ses tentatives. Il n'avait pas cette douce éloquence de l'âme, qui fût peut-être parvenue à arracher pendant quelques moments M. Falkland à ses angoisses. Il exhortait son hôte à se faire une raison, à s'armer de courage, à prendre le dessus sur le maudit démon qui le subjuguait. Le ton de ces exhortations ne trouvait pas de cordes à son unisson dans le cœur de M. Falkland. Il n'avait pas assez d'adresse pour faire pénétrer la conviction dans un jugement aussi fortement obsédé par l'erreur. En un mot, après avoir tenté sur ce cœur malade tout ce que sa tendresse put lui suggérer, il retira toutes ses batteries, en murmurant de son peu de succès, mais plutôt mécontent de l'impuissance de ses efforts que piqué de l'obstination de M. Falkland. Son affection pour celui-ci n'en souffrit aucune diminution, et il éprouvait une peine réelle de lui avoir fait si peu de bien. Dans cette rencontre, les deux parties rendirent réciproquement justice à leur mérite respectif, en même temps que la disparité d'humeur s'opposait à ce qu'il pût en résulter le moindre effet. A peine y avait-il un seul point de contact dans leurs caractères. M. Forester n'était pas dans le cas de causer jamais à M. Falkland ce degré de plaisir ou de peine qui fait sortir l'âme de sa tranquillité et peut lui faire perdre un moment l'empire d'elle-même.

Notre nouveau commensal était d'une humeur très-communicative, et singulièrement disposé à causer, toutes les fois qu'il n'avait ni interruption ni contradictions à redouter. Il ne tarda pas à sentir qu'il était tout à fait hors de son élément. M. Falkland s'était voué à une vie solitaire et contemplative. A l'arrivée de son parent, il s'était bien un peu contraint, quoique même alors son goût favori perçât à tout moment. Mais quand ils se furent vus pendant quelque temps et qu'il fut bien évident que leur compagnie était, pour l'un comme pour l'autre, un fardeau plutôt qu'un plaisir, ils convinrent, par une sorte de convention tacite, de se laisser mutuellement en liberté de suivre leur inclination. Dans un sens, M. Falkland gagnait le plus à ce marché; il revenait à ses habitudes, et agissait à peu près comme il aurait fait si M. Forester n'eût pas été au monde. Mais pour celui-ci, tout était perte; il avait tous les désavantages de la retraite, sans pouvoir, comme il aurait fait chez lui, s'entourer de ses compagnons et de ses amusements ordinaires.

Dans cette situation, il jeta les yeux sur moi. C'était sa maxime de faire tout ce que lui dictait sa volonté, sans s'embarrasser des usages du monde. Il ne voyait pas de raison pour qu'un paysan qui avait quelque éducation ne fût pas une aussi bonne compagnie qu'un grand seigneur, en même temps qu'il était pénétré cependant d'une vénération profonde pour les anciennes institutions. Réduit donc, comme il l'était, à user de sa dernière ressource, il me trouva plus propre à ses vues qu'aucun autre des gens de la maison.

La manière dont il entama cette espèce de commerce entre nous ne laissa pas d'être assez caractéristique; et, quoique un peu brusque, elle portait l'empreinte de la véritable bonté. Son début eut tout l'air d'une boutade; mais il y avait quelque chose d'engageant dans cette rusticité même par laquelle il semblait vouloir descendre dans une classe au-dessous de la sienne. J'avais besoin qu'il me fît des avances; lui-même avait aussi à prendre sur lui, non pas de mettre de côté la vanité aristocratique, car il n'en avait qu'une très-petite dose, mais de me faire la première ouverture, car il ne pouvait pas souffrir la gêne. Tout cela produisit un peu d'indécision et de désordre dans son esprit, et donna une allure originale à sa conduite.

De mon côté, j'étais loin d'être ingrat de la distinction qu'on me témoignait. Si mon esprit avait un peu perdu de son ressort et de sa vivacité, au moins la réserve qu'il avait fallu m'imposer ne portait-elle aucun alliage de misanthropie ni d'insensibilité. Cette réserve ne tint pas longtemps contre les attentions pleines de condescendance de M. Forester. Je me sentis par degrés plus rassuré, plus encouragé, plus confiant. J'avais un désir ardent de m'avancer dans la connaissance des hommes; et, quoique personne peut-être n'eût aussi chèrement payé ses premières leçons dans cette école, mon envie d'apprendre n'avait nullement diminué. M. Forester était la seconde personne que j'eusse vue qui me parût mériter l'analyse, et il me semblait presque aussi digne d'être étudié que M. Falkland lui-même. J'étais charmé de pouvoir m'arracher au tourment de mes pensées, et les moments que je passais avec ce nouvel ami n'étaient pas empoisonnés par l'image des maux dont j'étais à toute heure menacé.

Avec de telles dispositions, j'étais ce qu'il fallait à M. Forester, un auditeur assidu et attentif. J'étais susceptible de vives impressions, et à mesure que mon âme les recevait, elles se manifestaient visiblement dans mes traits et dans mes gestes. Les observations que M. Forester avait faites dans le cours de ses voyages, les opinions qu'il s'était formées, étaient pour moi autant de sujets d'amusement et d'intérêt. Sa manière de raconter une histoire ou d'énoncer une idée était nette, expressive et originale; le style de sa conversation avait quelque chose de singulièrement piquant; tout ce qu'il avait à me raconter me charmait : en retour, mon attention, ma curiosité et mon ingénuité me rendaient pour M. Forester un auditeur précieux. Il ne faut pas s'étonner si notre commerce devint de jour en jour plus intime et plus cordial.

M. Falkland était destiné à être toujours malheureux, et on eût dit qu'il ne pouvait pas survenir un seul incident dont il ne sût extraire de quoi alimenter son incurable maladie. Excédé par une perpétuelle répétition des mêmes impressions, tout ce qui était nouveau lui causait un dégoût invincible. La visite de M. Forester était pour lui un objet d'antipathie; à peine pouvait-il le voir sans témoigner sa répugnance par un mouvement que celui-ci ne manquait pas d'apercevoir, mais qui n'excitait que sa pitié, parce qu'il l'attribuait à un effet de l'habitude et de la maladie. Cependant il n'y avait pas une des actions de M. Forester qui ne fût observée avec soin; la plus indifférente était un sujet d'inquiétude. A peine les premières ouvertures d'une sorte d'intimité entre M. Forester et moi eurent-elles eu lieu, qu'elles firent naître vraisemblablement dans l'âme de mon maître un sentiment de jalousie. Dès lors il me fit entendre qu'il ne lui serait nullement agréable qu'il y eût de fréquentes relations entre moi et son parent.

Que pouvais-je faire? Fallait-il s'attendre qu'à

mon âge j'irais faire le philosophe et m'appliquer sans cesse à plier tous mes penchants à une volonté étrangère. Quelle que fût l'imprudence que j'avais à expier, pouvais-je m'assujettir volontairement à une pénitence éternelle et me séquestrer moi-même de tout commerce avec les vivants? Pouvais-je repousser des avances dont la franchise était si bien à l'unisson de mon âme, et répondre par des froideurs à des démonstrations d'amitié dont mon cœur était ravi?

Outre cela, j'étais fort mal préparé pour la soumission servile qu'exigeait M. Falkland. Dans les premières années de ma vie, j'avais été habitué à être à peu près mon maître. Quand j'étais entré au service de M. Falkland, mes habitudes personnelles avaient un peu cédé à la nouveauté de ma position, et les hautes qualités de mon protecteur avaient gagné toutes mes affections. A la nouveauté et à son influence avait immédiatement succédé la curiosité. La curiosité, tant qu'elle avait duré, avait été en moi un principe plus puissant que l'amour même de l'indépendance. J'aurais sacrifié à cette passion ma liberté et ma vie; je me serais soumis à la condition d'un nègre des colonies ou aux tortures infligées par les sauvages de l'Amérique du Nord; mais maintenant l'effervescence de la curiosité était passée.

Tant que les menaces de M. Falkland s'étaient bornées à des termes généraux, je les avais endurées. Je sentais toute l'inconvenance de l'action que j'avais commise, et ce sentiment me rendait soumis. Mais quand il alla plus loin et en vint à me prescrire ma conduite article par article, je sentis que ma patience était à bout. Dans la malheureuse situation où m'avait réduit mon imprudence, je commençais à voir l'avenir avec un nouveau degré d'alarme. M. Falkland n'était pas un vieillard; il jouissait d'une santé robuste, quoiqu'elle pût paraître altérée. Il pouvait vivre aussi longtemps que moi. J'étais son prisonnier, et quel prisonnier! Toutes mes actions étaient épiées, ainsi que tous mes gestes. Je ne pouvais faire un mouvement à droite ou à gauche, que l'œil de mon gardien ne fût ouvert sur moi : sa vigilance était une torture pour mon cœur. Il n'y avait pour moi plus de liberté, plus de gaieté, plus d'insouciance, plus de jeunesse. Était-ce là cette vie où j'étais entré avec des espérances si flatteuses? Devais-je passer mes jours dans cette sombre réclusion, comme un esclave dont la mort ou celle de son maître pouvaient seules briser les chaînes?

J'avais tout osé pour satisfaire une curiosité puérile et déraisonnable; j'étais déterminé à m'exposer avec non moins de résolution, s'il le fallait, pour la défense du premier bien de la vie. Au reste, j'étais disposé à traiter à l'amiable d'une conciliation de nos intérêts; je consentais volontiers à l'engagement que M. Falkland n'aurait jamais rien à redouter de ma part; mais en revanche j'attendais aussi que je n'aurais à souffrir aucune usurpation sur mes droits, et qu'on me laisserait suivre la direction de mon propre jugement.

Je continuai donc à rechercher avec empressement la société de M. Forester; et c'est la nature d'une intimité qui ne va pas en déclinant d'augmenter toujours progressivement. M. Falkland en fit l'observation, et son trouble fut visible. Toutes les fois que je m'apercevais de ce trouble et que j'en devinais la cause, je ne pouvais m'empêcher de témoigner quelque confusion ; ce qui ne tendait nullement à calmer son anxiété. Un jour il me tira à part, et avec un regard à la fois mystérieux et terrible, il me parla ainsi :

« Jeune homme, j'ai un avis à vous donner. C'est peut-être la dernière fois que vous pourrez le recevoir. Je n'entends pas être toujours le jouet de votre simplicité et de votre inexpérience; je ne veux pas que votre faiblesse triomphe de ma force. Ne plaisantez point avec moi. Vous ne vous doutez guère de l'étendue de ma puissance. Dans ce moment les piéges de ma vengeance vous environnent de toutes parts ; ils vous enveloppent sans que vous puissiez les apercevoir, et ils vous saisiront au moment où vous vous croirez le plus à l'abri de leur atteinte. Vous n'êtes pas plus sous la main toute-puissante de Dieu que sous la mienne. Si vous risquez seulement de me toucher du bout du doigt, des heures, des mois, des années de tortures dont vous ne pouvez vous faire la moindre idée, seront le châtiment de votre témérité. Souvenez-vous en. Je ne parle pas en vain. Il n'y a pas un mot de ce que je vous dis qui ne soit exécuté dans toute sa rigueur si vous osez me provoquer. »

On peut croire que ces menaces ne furent pas sans effet. Je me retirai sans rien dire. Toutes les facultés de mon âme se révoltaient contre le traitement que j'endurais, et pourtant je ne pus proférer un mot. Pourquoi ne pus-je pas exprimer tout ce dont mon cœur était plein, ou proposer le compromis dont j'avais projeté les articles? Ce fut le défaut d'expérience et non de courage qui me réduisit au silence. Chacune des actions de M. Falkland portait un caractère nouveau, et je n'étais pas préparé à y répondre. Peut-être trouvera-t-on que le plus grand héros du monde est redevable de l'heureux à-propos de sa conduite dans toutes les circonstances à l'habitude qu'il a de rencontrer des difficultés, et d'en appeler promptement à toute l'énergie de son âme.

Je contemplais avec le plus grand étonnement les procédés de mon maître. Un sentiment d'humanité et de bonté générale était une des parties fondamentales de son caractère; mais, à mon égard, ce sentiment était stérile et inactif. Son intérêt personnel exigeait qu'il se conciliât mon affection; mais il aimait mieux me gouverner par la terreur, et me tenir sans cesse sous le regard de son infatigable inquiétude. Je méditais avec les sensations les plus tristes sur la nature de mon infortune. Je n'imaginais pas de créature humaine dans une position aussi digne de pitié que la mienne. J'étais comme si chacun des atomes qui me composaient eût eu une existence séparée, et que tous s'agitassent au dedans de moi. Je n'avais que trop de raison de croire que les discours de M. Falkland n'étaient pas de vaines paroles. Je connaissais son génie; je sentais la force de son ascendant. Si j'en venais aux prises avec un tel homme, quel espoir avais-je de vaincre? Si j'étais vaincu, quelle était la peine qui m'attendait? Eh bien donc, le reste de ma vie sera dévoué au plus cruel assujettissement! affreux arrêt! Et s'il était ainsi, qui me garantirait contre les injustices d'un homme défiant, capricieux et déjà criminel? J'enviais le sort du malheureux attaché sur l'échafaud. J'enviais celui de la victime de l'inquisition au milieu des tortures. Au moins, m'écriai-je, ils savent ce qu'ils ont à souffrir; et moi, je ne puis que m'imaginer ce qu'il y a de plus épouvantable, et me dire ensuite : le sort qui m'est réservé est pire encore que tout cela.

Heureusement pour moi, ces sensations n'étaient que passagères; la nature humaine ne pourrait pas supporter longtemps ce que j'éprouvais. Par degrés mon âme secoua son fardeau. L'indignation succéda aux émotions de la terreur. Les sentiments hostiles de M. Falkland excitèrent en moi des sentiments de même nature. J'étais déterminé à ne jamais me permettre contre lui un seul mot qui pût blesser sa réputation, bien moins encore à rien laisser percer du grand secret de sa vie. Mais en abjurant entièrement tout rôle offensif, je pris bien la résolution de me tenir ferme sur la défensive. A quelque prix que ce fût, je voulais conserver la liberté d'agir d'après les déterminations de ma volonté. Si je venais à avoir le dessous dans cet assaut, il me resterait au moins la consolation de penser que je m'étais comporté avec énergie. A mesure que je m'affermis dans cette détermination, je négligeai les petites attaques, afin de recueillir toutes mes forces, sentant la nécessité d'agir avec réflexion et avec une combinaison de mesures. Je composais sans cesse dans ma tête des plans pour ma délivrance; mais je voulais surtout ne pas me décider sur le choix avec précipitation.

J'étais dans cet état d'irrésolution et d'incertitude quand M. Forester mit fin à son séjour. Il s'aperçut d'un changement étrange dans ma conduite à son égard, et il m'en fit des reproches avec sa manière franche et ouverte. Je ne lui répondis que par un coup d'œil morne et mystérieux, par un silence aussi triste qu'expressif. Il tenta de s'en expliquer avec moi; mais je mettais autant de soin à l'éviter que j'avais mis auparavant d'empressement à le chercher; et, comme il me l'a dit depuis, il nous quitta frappé de l'idée qu'il y avait une mauvaise destinée attachée à notre maison, qui rendait malheureux tous ceux qui l'habitaient, sans qu'il fût possible à aucun observateur d'en pénétrer la cause.

XX

M. Forester nous avait quittés depuis trois semaines environ, lorsque M. Falkland m'envoya pour affaires à une terre qu'il possédait dans le comté voisin, à une cinquantaine de milles de sa résidence principale. La route conduisait dans une direction fort éloignée de la demeure de M. Forester. Je revenais de l'endroit où l'on m'avait envoyé, quand je me mis à repasser dans mon imagination toutes les circonstances de ma position actuelle,et, enseveli dans ces profondes méditations, je vins à perdre toute idée des objets qui m'environnaient. La première résolution à laquelle je m'arrêtai, ce fut d'échapper à la jalousie clairvoyante et au despotisme insupportable de M. Falkland; la seconde fut de mettre toute la prudence et la réflexion possibles pour me prémunir contre les dangers dont je prévoyais que ma tentative serait accompagnée.

Préoccupé de ces sujets de méditation,je me laissai conduire par mon cheval pendant un espace de plusieurs milles avant de m'apercevoir que je m'étais tout à fait écarté de ma route. A la fin je revins à moi, et j'examinai tout ce qui m'entourait; mais je ne découvris aucun objet propre à me remettre sur la voie. De trois côtés je voyais la plaine s'étendre aussi loin que l'œil pouvait atteindre, et devant moi j'aperçus à quelque distance un bois assez considérable. A peine y avait-il une seule trace qui témoignât que cet endroit eût été fréquenté par une créature humaine. Le meilleur expédient qui se présenta à mon incertitude, ce fut de diriger mes pas vers le bois dont j'ai parlé, et ensuite de suivre du mieux que je pourrais les sinuosités de l'enclos. Par là je me trouvai, au bout de quelque temps, à l'extrémité de la plaine; mais je n'en étais pas moins embarrassé de savoir quelle route je devais choisir. Un ciel gris et nébuleux me dérobait le soleil; j'eus l'idée de longer toujours la lisière du bois, et je franchis avec quelques difficultés les haies et les autres obstacles qui se présentaient de temps en temps sur mon passage. J'étais morne et abattu; la tristesse du temps et la solitude qui m'environnaient influèrent sur la sitation de mon âme. J'avais déjà fait beaucoup de chemin, et je me sentais accablé de faim et de fatigue, quand je vins à découvrir une petite auberge à peu de distance. Je poussai jusque-là, et, après quelques informations prises, je trouvai qu'au lieu de suivre ma véritable route j'en avais pris une qui me conduisait plutôt à la demeure de M. Forester qu'à la nôtre. Je mis pied à terre, et j'allais entrer dans l'auberge, quand M. Forester lui-même s'offrit à ma vue.

Il m'aborda amicalement, m'invita à entrer avec lui dans la chambre qu'il venait de quitter, et s'informa du hasard qui m'avait amené dans cet endroit. Tandis qu'il me parlait, je ne pus m'empêcher de penser à la singularité des circonstances qui nous rapprochaient encore une fois, ce qui me suggéra une foule d'autres idées. M. Forester me fit apporter quelques rafraîchissements, et je m'assis. Pendant tout ce temps, une pensée me revenait toujours à l'esprit : « M. Falkland ne saura jamais rien de cette rencontre; voici une occasion qui se présente à moi; et si je n'en profitais pas, je mériterais tout ce qui pourrait m'en arriver. Je puis conférer avec un ami, un ami puissant, sans crainte d'être épié ou surveillé. »

Est-il surprenant que j'aie été tenté de m'ouvrir à lui, non pas sur le sort de M. Falkland, mais sur ma propre situation, et de prendre les conseils d'un homme de mérite et d'expérience, quand j'avais, à ce qu'il me semblait, les moyens de le faire, sans entrer dans le moindre détail qui pût être injurieux à mon maître?

M. Forester, de son côté, désirant vivement apprendre pourquoi je me croyais malheureux, et pourquoi, pendant les derniers jours de sa résidence chez son parent, j'avais évité sa compagnie avec le même soin que j'avais mis d'abord à la rechercher, je lui répondis qu'il ne pouvait attendre de moi, sur cet article, qu'une satisfaction assez imparfaite, mais que je lui donnerais avec plaisir tous les éclaircissements qui étaient en mon pouvoir. « Le fait est, poursuivis-je, que, pour certaines raisons, il m'est impossible d'avoir un seul moment de tranquillité, tant que je serai sous le même toit que M. Falkland. C'est une matière que j'ai retournée cent fois dans ma tête en tous sens, et je suis à la fin convaincu que je me dois à moi-même de me retirer de son service. » J'ajoutai que je me doutais bien que, par cette demi-confidence, je m'exposais à me voir désapprouvé plutôt que soutenu par lui. « Mais je suis persuadé, lui dis-je, que, si vous pouviez tout connaître, quelque étrange que ma conduite vous paraisse, vous applaudiriez à ma réserve. »

Il parut rêver pendant un moment à ce que je

venais de lui dire, et puis me demanda quelle raison j'avais de me plaindre de M. Falkland ? Je répliquai que je conservais le plus profond respect pour mon maître, que j'admirais ses rares et excellentes qualités, que je le regardais comme né pour le bonheur de l'espèce humaine, que je serais à mes propres yeux le dernier des hommes si je me permettais un seul mot qui fût à son désavantage; mais que tout cela ne servait à rien, que je ne pouvais lui convenir, que peut-être je ne valais pas assez pour lui, et qu'enfin, quoi qu'on pût dire, j'étais certain d'être toujours malheureux tant que je resterais dans sa maison.

J'observai que M. Forester m'examinait avec beaucoup de curiosité et de surprise; mais je ne crus pas à propos de paraître y faire attention. Revenu à lui-même, il me demanda pourquoi, la chose étant ainsi, je ne quittais pas son service. Je lui répondis qu'il touchait là le point qui contribuait le plus de tous au malheur de ma position, que M. Falkland n'ignorait pas combien mon sort actuel me déplaisait : peut-être lui paraissais-je déraisonnable, injuste; mais je savais très-bien qu'il n'en viendrait jamais à donner son consentement à ce que je m'en allasse de chez lui.

M. Forester m'interrompit alors, et me dit en souriant que je me créais des fantômes et que je m'exagérais mon importance, ajoutant qu'il se chargerait de lever la difficulté, ainsi que de me procurer une place qui me fût plus agréable. Son offre m'alarma sérieusement. Je répliquai que je le suppliais de ne songer pour rien au monde à s'ouvrir sur ce sujet à M. Falkland. J'ajoutai que peut-être ne faisais-je que montrer ma faiblesse; mais qu'en réalité, très-peu au courant du monde, et malgré toute ma répugnance à garder ma place, je craignais de m'exposer, de propos délibéré, au ressentiment d'un homme aussi puissant que M. Falkland; quant à lui, je ne lui demandais qu'un conseil et l'espoir de sa protection en cas d'événement imprévu; avec un tel encouragement je pourrais me hasarder à suivre mon penchant et faire un effort pour recouvrer ma tranquillité.

Après que je me fus ainsi ouvert à ce généreux ami autant que je pouvais le faire sans manquer aux convenances et sans compromettre ma propre sûreté, il resta quelques moments en silence et parut réfléchir profondément. A la fin, m'adressant la parole avec un air de sévérité qui ne lui était pas ordinaire : « Jeune homme, me dit-il, j'ai peur que vous ne fassiez pas assez d'attention à la nature des choses que vous venez de me dire. Il y a là du mystère; il y a quelque chose que vous ne pouvez pas prendre sur vous de me déclarer; croyez-vous pouvoir ainsi obtenir la faveur d'un homme qui se respecte? Vous prétendez faire une confidence, et vous me racontez une fable qui n'a pas le sens commun. »

Je répondis que, quelle que pût être sa prévention, j'étais forcé de m'y soumettre; mais que la droiture de son cœur me faisait espérer qu'il interpréterait favorablement ma réticence.

M. Forester continua : « En vérité, c'est comme

cela : fort bien, je vous répète que je suis l'ennemi de tout détour et de tout déguisement. Voyez, jeune homme, je sais les choses de ce monde un peu mieux que vous. Parlez, ou ne comptez que sur mon mépris.

— Monsieur, répondis-je, ce n'est qu'après y avoir bien réfléchi que je vous parle ainsi. Je vous ai fait connaître la résolution que j'ai prise, et, quelles qu'en soient les conséquences, je ne dois pas m'en départir. Si, dans le malheur que j'éprouve, vous me refusez vos secours, tout est dit; cette ouverture de ma part ne m'aura servi qu'à vous déplaire et à vous donner de moi une mauvaise opinion.

— Non, non, reprit-il, tout n'est pas dit pour cela. Vous avez une fort mauvaise tête, et il faut que j'aie l'œil sur vous. Ma confiance a été fort mal placée; mais je ne vous abandonnerai pas pour cela. La balance penche encore pour vous. Combien de temps cela sera-t-il? c'est ce que je ne saurais dire. Je ne m'engage à rien; mais j'ai pour règle d'agir exactement comme je sens. Je ferai donc pour le moment ce que vous désirez de moi : Dieu veuille que ce soit pour le mieux. Soit à présent, soit dans un autre temps, je vous recevrai dans ma maison avec l'espoir que je n'aurai pas lieu de m'en repentir, et que tout ceci s'éclaircira aussi favorablement que je peux le désirer. »

Nous en étions ainsi à traiter cette matière si importante pour ma tranquillité avec tout l'intérêt qu'elle méritait, quand un événement, le plus cruel de tous ceux que j'aurais pu redouter, vint nous interrompre. Sans se faire annoncer, et comme si la foudre l'eût lancé sur nous, M. Falkland parut dans la chambre. J'appris ensuite que M. Forester était venu jusqu'à cet endroit pour aller à la rencontre de M. Falkland, avec lequel il avait rendez-vous à la poste voisine. M. Forester avait été retenu dans l'auberge où nous étions par notre conversation, qui lui avait fait un moment oublier son rendez-vous, tandis que M. Falkland, ne le trouvant pas au lieu indiqué, était venu en avant jusque-là sur la route de la maison de son parent. Mais, pour moi, cette rencontre était alors la chose la plus inexplicable du monde.

En un instant je prévis l'affreuse complication de malheurs que renfermait cet événement. Aux yeux de M. Falkland, l'entrevue que je venais d'avoir avec son parent devait paraître l'effet non du hasard, mais d'un projet concerté. J'étais entièrement hors de la route du lieu où il m'avait envoyé, et dans un chemin qui conduisait directement à la maison de M. Forester. Que devait-il penser de ceci ? Pour quel motif me pouvait-il supposer en cet endroit ? La vérité, c'est-à-dire que j'étais venu là sans dessein et simplement parce que je m'étais égaré, aurait paru le mensonge le plus impudent qu'on eût jamais inventé.

Me voilà donc pris sur le fait, et en relation avec l'homme dont la société m'avait été si sévèrement interdite. Mais, dans la circonstance, cette relation avait un caractère bien différent de celle qui avait déjà causé tant d'inquiétudes à M. Falkland. Alors elle avait lieu ouvertement et sans mystère; ainsi la présomption était qu'elle n'avait pour objet rien qui fût dans le cas d'être caché. Mais l'entrevue actuelle, en la supposant concertée, devait avoir toutes les apparences d'être clandestine et devait doublement me compromettre auprès de mon maître. C'était avec les plus terribles menaces qu'une relation avec M. Forester m'avait été défendue, et M. Falkland n'ignorait pas quelle profonde impression ces menaces avaient faite sur mon imagination. Ainsi une telle rencontre ne pouvait pas avoir été concertée pour un objet ordinaire. Tel était mon crime; telle était l'angoisse affreuse que devait causer ma présence en ce lieu; je pouvais bien supposer que la peine qui m'était réservée y serait proportionnée. Les menaces de M. Falkland retentissaient encore à mon oreille, et j'étais dans un vrai transport de terreur.

La conduite du même homme est souvent si variable selon les circonstances, qu'elle est difficile sinon impossible à expliquer. Dans cette crise si terrible pour lui, M. Falkland ne parut pas le moins du monde irrité. Il me regarda d'abord avec un étonnement muet; mais la minute d'après, pour ainsi dire, il fut parfaitement calme et maître de lui-même. S'il en eût été autrement, je ne doute pas que je n'eusse osé entamer une explication, et y mettre tant de franchise et d'assurance, qu'elle n'eût pu produire qu'un très-bon effet pour moi. Mais, dans cet état de choses, je me laissai subjuguer; je cédai, comme j'avais déjà fait, à l'influence accablante de la surprise. A peine osais-je respirer, étourdi et inquiet. M. Falkland, tranquillement, m'ordonna de retourner au logis et de prendre avec moi le valet qu'il avait amené avec lui. J'obéis sans dire un mot.

J'ai su par la suite qu'il avait questionné M. Forester sur les moindres circonstances de notre rencontre, et que celui-ci, voyant que le fait était découvert, se laissa aller à cette habitude de franchise si difficile à contraindre pour un caractère loyal, et raconta à M. Falkland tout ce qui s'était passé, sans taire même les observations que ma confidence lui avait fait faire. M. Falkland avait répondu à cette communication par un silence étudié et équivoque, qui ne m'avait été nullement favorable dans l'esprit déjà prévenu de M. Forester. Ce silence était en partie une suite de l'état d'incertitude et d'anxiété où il était; peut-être aussi était-il en partie calculé pour l'effet qu'il devait naturellement produire; M. Falkland n'étant nullement éloigné d'encourager des préventions contre la réputation d'un homme qui pourrait quelque jour attaquer la sienne.

Quant à moi, je repris le chemin du logis, car il n'y avait pas à résister. M. Falkland, avec un dessein auquel il avait su donner adroitement l'apparence d'un hasard, avait eu soin d'envoyer avec moi un garde pour accompagner son prisonnier. Il me semblait que j'étais conduit à l'une de ces forteresses fameuses dans l'histoire du despotisme, où le sort de la malheureuse victime reste inconnu pour jamais; et quand j'entrai dans ma chambre, je me regardai comme dans un cachot. Je songeai que j'étais à la merci d'un homme furieux de ma désobéissance et rendu cruel par des homicides successifs. Quelquefois je m'étais bercé des plus brillantes chimères; j'avais rêvé les plaisirs, l'autorité, les honneurs m'environnant au milieu de ma carrière. Eh! qui n'en a fait autant? surtout quand on est né avec une imagination aussi active et une âme aussi ardente que la mienne. Ces riantes perspectives se fermaient pour jamais; je tombais à l'entrée de cette carrière que j'avais parcourue si longtemps en imagination, avec d'inexprimables délices; ma mort pouvait n'être différée que de quelques heures. J'étais la victime sacrifiée au tourment d'une conscience coupable; j'allais être effacé de la liste des vivants, et mon sort resterait enseveli dans un secret éternel; l'homme qui allait ajouter mon homicide à tous ses crimes passés, se montrerait le lendemain au public, et recevrait encore les applaudissements et les témoignages de l'admiration des hommes.

Au milieu de toutes ces épouvantables images, une idée vint adoucir un peu ma souffrance; c'était le souvenir de cette tranquillité si étrange et si inexplicable qu'avait montrée M. Falkland au moment où il m'avait découvert en tête-à-tête avec M. Forester. Ce n'est pas que j'y fusse trompé; je savais fort bien que ce calme était passager et qu'il serait suivi d'une tempête horrible. Mais un homme poursuivi par des terreurs telles que les miennes, s'accroche au moindre roseau. Je me dis à moi-même que plus cette tranquillité devait être d'une courte durée, plus il fallait se hâter d'en profiter. Je ne pouvais pas supporter l'idée que ce serait peut-être par faute d'activité ou de hardiesse de ma part que mes craintes viendraient à se réaliser. En un mot, par la raison même que je redoutais déjà la vengeance de M. Falkland, je pris la résolution de risquer la possibilité de la rendre encore plus implacable et de terminer tout d'un coup mes affreuses incertitudes. Ajoutez que j'avais déjà fait part à M. Forester de la position où j'étais, et qu'il m'avait donné une assurance positive de sa protection. Cette pensée revenait volontiers à mon esprit, qui y puisait encore de l'encouragement et de la consolation dans ma situation désespérée. Poussé par ces réflexions, je me mis à écrire la lettre suivante à M. Falkland, sans penser que s'il méditait contre moi quelque vengeance tragique, une semblable lettre ne pouvait que l'y exciter encore davantage :

« Monsieur,

» J'ai formé le projet de quitter votre service;
» c'est une mesure que nous devons tous les deux
» désirer. Alors je redeviendrai, comme il est juste,
» maître de mes actions; et vous, vous serez déli-
» vré de la présence d'une personne dont vous ne
» supportez la vue qu'avec répugnance.

» Pourquoi voudriez-vous m'assujettir à une pu-
» nition éternelle ? Pourquoi voudriez-vous étouffer

» dans la souffrance et le désespoir toutes les espé-
» rances de ma jeunesse? Consultez les principes
» d'humanité qui ont marqué le cours de toutes vos
» actions, et que je ne sois pas, je vous en supplie,
» l'objet d'une rigueur inutile. Mon cœur est pé-
» nétré de reconnaissance pour toutes vos bontés.
» Pardonnez à mon sincère repentir les fautes de
» ma conduite. Je regarde le traitement que j'ai
» reçu dans votre maison comme une suite presque
» continuelle de bienveillance et de générosité. Je
» n'oublierai jamais les obligations que je vous ai,
» et jamais je ne serai ingrat.

» Je demeure, monsieur,

» Votre très-reconnaissant, très-respec-
» tueux et très-dévoué serviteur,

» CALEB WILLIAMS. »

Ce fut ainsi que j'employai la soirée d'un jour à jamais mémorable dans l'histoire de ma vie. M. Falkland n'étant pas encore rentré, quoiqu'on l'attendît d'un moment à l'autre, j'eus l'idée de me servir du prétexte de la fatigue pour éviter une entrevue avec lui. Je me mis au lit. Le lendemain matin j'appris qu'il n'était revenu que fort tard, qu'il m'avait fait demander, et qu'ayant su que j'étais au lit, il n'en avait pas dit davantage. Assez satisfait de ce rapport, je descendis à la salle du déjeuner, où je restai quelque temps à arranger des livres et à terminer quelques autres petites occupations, en attendant que M. Falkland parût. Au bout de quelques minutes, je reconnus son pas, que je distinguais à merveille, dans le corridor du salon. A l'instant même il s'arrêta, et je l'entendis qui parlait à quelqu'un, d'un ton assez délibéré, quoiqu'en baissant un peu la voix; mais, par mon nom qu'il répéta à plusieurs fois, je compris qu'il s'informait de moi. Alors, conformément au plan auquel j'avais cru devoir m'arrêter, je posai ma lettre sur la table à l'endroit où il avait coutume de s'asseoir, et je sortis par une porte au moment où il entrait par l'autre. Cela fait, je me retirai, dans l'attente de l'événement, dans une petite pièce qui formait cabinet au bout de la bibliothèque, et où je me tenais assez souvent.

Il n'y avait que trois minutes que j'y étais, quand j'entendis la voix de M. Falkland qui m'appelait. Je vins à la bibliothèque, où il était. Il avait l'air d'un homme qui médite quelque acte terrible, et qui cherche à se donner un extérieur d'indifférence et d'insensibilité. J'éprouvai à cet aspect une sensation d'horreur inexprimable et une fatale anxiété : « Voici votre lettre, dit-il en la jetant. Mon garçon, continua-t-il, je crois que vous m'avez montré à peu près tous vos tours, et que la farce est bientôt à sa fin. Avec vos singeries et vos absurdités, vous m'avez pourtant appris quelque chose; c'est qu'au lieu de m'en tourmenter comme j'ai fait, je ne broncherai pas, à présent, plus qu'un éléphant. Je vous écraserai avec la même indifférence que j'aurais à l'égard de tout autre insecte qui troublerait ma tranquillité.

» Je ne sais ce qui a donné lieu à votre entrevue

d'hier avec M. Forester; c'est peut-être le hasard; mais, quoi qu'il en soit, je ne l'oublierai pas. Vous m'écrivez ici que vous avez envie de quitter mon service. A cela, ma réponse est bientôt faite : vous ne le quitterez qu'avec la vie. Si vous en faites seulement la tentative, c'est une folie que vous aurez à maudire tant que vous existerez. C'est là ma volonté; il n'y a pas à résister. Le moment où vous me désobéirez sur cet article, comme sur tout autre, sera celui qui mettra fin pour jamais à vos extravagances. Il se peut que votre situation soit très-misérable; c'est votre affaire. Tout ce que je sais, c'est qu'il ne tient qu'à vous d'empêcher qu'elle devienne pire : il n'y a ni chance ni temps qui puisse la rendre meilleure.

» N'allez pas croire que j'aie peur de vous. Je porte une armure contre laquelle tous vos traits sont impuissants. J'ai creusé un abîme sous vos pas, et de quelque côté que vous veuillez remuer, en avant ou en arrière, à droite ou à gauche, il est tout prêt à vous engloutir. Si une fois vous y tombez, vous pourrez appeler à vous si haut qu'il vous plaira, il n'y aura pas d'homme sur terre qui entende vos cris; arrangez une histoire; — quelque plausible, quelque vraie même qu'elle soit, le monde entier vous aura en exécration comme un vil imposteur. Votre innocence ne vous servira de rien; je me ris d'une aussi faible défense. C'est moi qui vous dis cela; vous pouvez m'en croire. Est-ce que vous ne savez pas, misérable, » ajouta-t-il en changeant de ton tout à coup et en frappant la terre avec furie,

« que j'ai juré de conserver à tout prix ma réputation, qui m'est plus chère que l'univers et tous ses habitants pris ensemble? Et vous avez cru pouvoir y toucher! Allez, méchant reptile, cessez de lutter contre un pouvoir insurmontable. »

Cette phase de mon histoire est celle sur laquelle je réfléchis avec moins de complaisance. Comment se fit-il que je fus encore une fois entièrement subjugué par le ton impérieux de M. Falkland, et que je n'eus pas la force de proférer un mot? Le lecteur aura occasion de s'apercevoir par la suite, en beaucoup de circonstances, que je ne manquais ni de facilité pour imaginer des ressources, ni de courage pour entreprendre ma justification. La persécution a donné à la fin de la fermeté à mon caractère, et elle m'a appris à me comporter en homme. Mais dans la circonstance actuelle, je fus étourdi, confondu, muet d'effroi et d'irrésolution.

Le discours que je venais d'entendre était dicté par un véritable délire, et il fit naître en moi un transport du même genre. Il me détermina à faire la chose même qu'on m'interdisait avec des menaces si redoutables, et à fuir sur-le-champ de la maison de mon maître. Je ne pouvais pas m'expliquer avec lui; je ne pouvais pas non plus endurer le joug honteux qu'il m'imposait. Ce fut en vain que la raison vint à mon secours, et m'avertit de la témérité d'une mesure prise sans une préparation concertée. La raison n'avait plus de pouvoir sur mon âme. Il me semblait que je pouvais froidement examiner toutes les objections et tous les arguments pour et contre mon projet, apercevoir de quel côté se trouvaient la prudence, la vérité, le sens commun, mais que j'étais forcé de dire encore : je suis entraîné par un maître plus énergique et plus puissant que vous.

Je ne fus pas longtemps à exécuter ce que j'avais si promptement résolu. Je fixai le soir même pour l'époque de mon évasion. J'avais peut-être, même dans un intervalle aussi court, le temps suffisant pour délibérer. Mais toute réflexion était inutile; mon parti était pris, et chaque moment qui s'écoulait ne faisait qu'ajouter à l'impatience inexprimable avec laquelle je brûlais de me mettre en liberté. L'emploi de toutes les heures était arrêté régulièrement dans la maison; et celle que je choisis pour mon entreprise, ce fut une heure du matin. Je descendis tranquillement de ma chambre, une lampe à la main; je suivis un passage qui conduisait à une petite porte donnant sur le jardin; ensuite je traversai le jardin jusqu'à une barrière qui séparait une allée d'ormes et un sentier du dehors de la maison.

A peine pouvais-je en croire ma bonne fortune quand je vis l'exécution de mon projet aussi avancée, sans qu'il se fût présenté le moindre obstacle. Les images terribles que les menaces de M. Falkland me mettaient sans cesse devant les yeux me faisaient craindre de me voir arrêté et découvert à chaque pas, quoique la passion qui m'entraînait me fît toujours avancer avec la résolution du désespoir. Apparemment qu'il comptait trop sur l'effet de l'avertissement qu'il venait de m'intimer d'un ton si impérieux et si significatif pour juger nécessaire de prendre quelques précautions contre un pareil événement. Quant à moi, ravi de la manière favorable dont s'était terminée ma sortie, j'en tirai un excellent augure pour le succès final.

XXI

Le premier plan qui m'était venu à l'idée, c'était de gagner la grande route la plus voisine, et de prendre le premier carrosse public allant à Londres. J'imaginai que je serais là plus à l'abri des recherches, si la vengeance de M. Falkland le portait à me poursuivre, et je ne doutai pas de trouver bientôt parmi les ressources multipliées de la capitale une manière avantageuse de placer ma personne et mes talents. Dans mon arrangement, je réservais M. Forester comme une dernière ressource, à laquelle je n'aurais recours que dans le cas où j'aurais besoin d'une protection directe contre les traits du pouvoir et de la persécution. Ce qui me manquait surtout, c'était cette expérience du monde qui peut seule nous rendre féconds en ressources ou au moins nous rendre capables de faire une juste comparaison entre celles qui s'offrent à nous.

Après avoir fait mon plan, le cœur rempli de joie, je poursuivis le sentier détourné où je me trouvais poussé. Il faisait une nuit fort sombre, et il tombait une petite pluie très-fine; mais à peine m'en apercevais-je; jamais le ciel ne m'avait paru si serein et si brillant. Mes pas touchaient à peine la terre. « Je suis libre, me répétais-je mille fois à moi-même. Qu'ai-je à démêler à présent avec les dangers et les alarmes? Je sens que je suis libre; je sens que je resterai toujours libre. Y a-t-il une puissance capable de retenir dans les chaînes une âme ardente et déterminée? Y a-t-il une puissance qui ait le droit d'infliger la mort à un homme, quand toutes les facultés de son être lui commandent de vivre? » Je ne reportais plus qu'un œil d'horreur et d'indignation sur le honteux assujettissement dans lequel j'avais été tenu. Je ne sentais pas de haine contre l'auteur de mes infortunes; je puis le dire : la justice et la vérité ne me désavoueront pas; je n'éprouvais que de la pitié pour la cruelle destinée à laquelle il semblait condamné. Mais ce n'était qu'avec un dégoût inexprimable que je pensais à ces erreurs qui font que chaque homme est réservé à être plus ou moins esclave ou tyran. Je ne pouvais revenir de l'aveuglement du genre humain, de ce qu'il ne se levait pas tout entier pour secouer le joug insupportable de la misère et de l'ignominie. Quant à moi, je pris bien la résolution (et c'est une résolution à laquelle je n'ai jamais entièrement manqué) de me tenir toujours hors de cet odieux théâtre, et de ne jamais remplir le rôle d'opprimé ni d'oppresseur.

Pendant tout le cours de cette expédition nocturne, mon esprit demeura dans l'enthousiasme, plein de hardiesse et de confiance, accessible seulement à ce qu'il fallait de crainte pour le tenir dans une douce émotion, mais non pour produire rien de pénible ou de douloureux. Après trois heures de marche j'arrivai sans accident au village où je comptais prendre une place dans la voiture publique pour la capitale. Si matin, tout était tranquille, aucun son provenant de créature humaine ne frappa mon oreille. Ce ne fut qu'avec grande difficulté que je parvins à me faire introduire dans la cour d'une auberge, où je trouvai un garçon d'écurie qui pansait ses chevaux. Je reçus de lui l'information peu agréable que, la diligence ne passant par cet endroit que trois fois par semaine, on ne l'attendait pas avant le lendemain six heures du matin.

Cette nouvelle commença à rabattre un peu le transport d'ivresse auquel j'étais livré depuis l'instant où j'avais quitté la maison de M. Falkland. Toute ma fortune en argent comptant montait à environ onze guinées. J'en avais bien à peu près cinquante de plus qui m'étaient venues de la succession de mon père; mais cette somme était placée de manière à n'être pas à ma disposition pour l'instant, et je doutais même si je ne ferais pas mieux au bout du compte d'y renoncer tout à fait que de m'exposer en la réclamant à laisser un fil à mon persécuteur pour suivre mes traces, ce que j'avais le plus à redouter au monde. Il n'y avait rien que je désirasse aussi ardemment que d'anéantir tout moyen de communication entre nous pour l'avenir, de manière qu'il ne sût pas même si j'existais encore, et que de mon côté je n'entendisse pas seulement prononcer un nom si fatal à mon repos.

Dans l'état où étaient mes affaires, je sentis que la frugalité n'était pas une vertu à négliger, hors d'état, comme je l'étais, de prévoir les retards ou les obstacles qui pourraient contrarier mes projets quand une fois je serais arrivé à Londres. Pour cette raison et pour d'autres encore, je crus devoir persister dans mon premier plan de voyager par la diligence; la seule chose qui me restait à régler, c'était de savoir comment je m'arrangerais pour qu'un délai de vingt-quatre heures ne devînt pas pour moi, par quelque fâcheuse rencontre, une nouvelle source de calamités. Il n'était nullement prudent de passer tout ce temps au village où je me trouvais; il ne me semblait même pas à propos de l'employer à continuer mon chemin à pied sur la grande route. En conséquence, je me décidai à faire un circuit, dont la direction semblait d'abord s'écarter beaucoup de l'itinéraire que je projetais, mais qui, me jetant tout d'un coup dans un autre chemin de traverse, me ferait gagner, à la chute du jour, une ville de marché plus voisine de douze milles de la capitale.

Après avoir ainsi fait mon arrangement pour la journée, et m'être bien convaincu que c'était le plus convenable pour la circonstance, je chassai de mon esprit toutes mes inquiétudes, et je me laissai aller à tous les divers sujets de distraction qui s'offraient à moi. Je m'arrêtais ou bien je poursuivais ma route, suivant l'impulsion du moment. Tantôt, couché sur une butte de terre, je restais plongé dans une douce rêverie ; tantôt j'examinais en détail tous les sites qui se succédaient les uns aux autres. Les brouillards du matin se dissipèrent, et firent place à un ciel pur. Avec cette souplesse d'imagination qui caractérise si bien la jeunesse, j'oubliai en un instant les alarmes qui étaient depuis longtemps mes compagnes inséparables, et je vis l'avenir se déployer devant moi sous mille formes toujours nouvelles. A peine si, dans tout le cours de mon existence, j'ai passé une journée de jouissances plus délicieuses et plus variées... Contraste marqué et peut-être salutaire avec les terreurs qui l'avaient précédée et les scènes qui devaient la suivre.

J'arrivai le soir au lieu de ma destination; je m'informai de l'auberge où la diligence avait coutume de s'arrêter. Comme j'entrais dans la cour, je fus abordé par un homme à cheval qui y entrait au même instant, et qui me demanda si je ne m'appelais pas Williams.

Quoiqu'il fît déjà presque nuit quand j'avais gagné l'entrée de la ville, j'avais remarqué ce même homme qui venait en sens contraire au mien, et m'avait croisé à environ un demi-mille de là. Il m'avait lui-même observé avec un air de curiosité qui m'avait déplu, et, autant que j'avais pu le distinguer, il m'avait paru d'assez mauvaise mine. Il n'y avait pas deux minutes qu'il m'avait dépassé, lorsque j'avais entendu le pas d'un cheval qui venait lentement derrière moi. Cette circonstance m'avait causé quelque inquiétude. J'avais d'abord ralenti ma marche, et ceci ne m'ayant servi de rien, je m'étais arrêté pour laisser passer le cavalier, ce qu'il avait fait. Un coup d'œil que j'avais jeté sur lui m'avait fait penser que c'était le même homme que j'avais déjà remarqué. Il avait pressé le pas de son cheval, et était entré dans la ville. J'avais continué, et, peu de temps après, je l'avais vu à la porte d'un cabaret buvant un pot de bière; ce que je n'avais pu cependant apercevoir à cause de l'obscurité, sinon à l'instant même que j'avais été tout près de lui. J'avais été toujours en avant et ne l'avais pas revu, si ce n'est, comme je l'ai déjà dit, quand il m'aborda dans la cour de l'auberge.

Cette aventure avait, pendant ma route, troublé un moment la sérénité de mon esprit et y avait fait naître mille idées sinistres. Cependant, en y pensant davantage, mes craintes m'avaient paru sans fondement; si j'étais poursuivi, il me semblait que ce devait être nécessairement par quelqu'un des gens de M. Falkland, et non pas par un étranger. Or, cet homme, j'étais bien sûr de ne l'avoir jamais vu de ma vie. Je m'étais cru dispensé même des précautions les plus simples; car il était déjà presque nuit. Enfin, je m'étais déterminé à aller jusqu'à l'auberge, pour y prendre les informations dont j'avais besoin.

Je n'eus pas plutôt entendu le bruit du cheval, à mon entrée dans la cour, ainsi que la question qui me fut faite par le cavalier, qu'aussitôt j'eus l'esprit frappé de l'affreuse certitude de tout ce que je craignais. Tout incident qui avait quelque liaison avec la situation à laquelle je venais d'échapper était fait pour me glacer d'effroi. Ma première idée fut de m'enfuir à travers champs et de me fier pour ma sûreté à la vitesse de mes jambes; mais la chose n'était guère praticable; je remarquai que mon adversaire était seul, et il me sembla que d'homme à homme je pouvais raisonnablement espérer, de manière ou d'autre, de m'en débarrasser, soit par une ferme résolution, soit par les ressources de mon esprit.

Cette détermination prise, je lui répondis d'un ton brusque et résolu que j'étais bien celui qu'il avait nommé. « Je devine, ajoutai-je, pourquoi vous venez, mais c'est inutile; vous voudriez me ramener au château de Falkland, mais on ne m'arrachera jamais en vie de l'endroit où nous sommes. Je n'ai pas pris mon parti avant d'y avoir bien réfléchi, ni sans avoir de fortes raisons; et, puisque je l'ai pris, l'univers entier ne me le ferait pas changer. Je suis Anglais; et, Dieu merci, le privilége d'un Anglais, c'est d'être seul maître et seul juge de ses actions.

— Hé! là, là, me dit-il, calmez-vous un peu. Pourquoi, diable! vous presser si fort de deviner mes intentions et de me dire les vôtres? Mais, au reste, vous avez deviné juste, et peut-être avez-vous à vous applaudir de ce qu'il n'y a rien de plus fâcheux pour vous dans ma commission. Ce qu'il y a de sûr, c'est que M. Falkland compte bien que vous allez revenir avec moi ; et, de plus, j'ai une lettre pour vous ; peut-être, quand vous l'aurez lue, ne serez-vous pas aussi obstiné. Si cela ne suffit pas, on verra après ce qu'on aura à faire. »

En disant ceci, il me donna la lettre ; elle était de M. Forester, qu'il avait laissé, à ce qu'il me dit, à la maison de mon maître. Voici ce qu'elle portait :

« WILLIAMS,

» Mon frère Falkland a envoyé le porteur de la
» présente pour vous chercher. Il espère que, si on
» vous trouve, vous reviendrez à la maison. Je m'y
» attends aussi. Cela est de la dernière conséquence
» pour votre honneur et votre réputation. Quand
» vous aurez lu ceci, si vous êtes un bas et mépri-
» sable coquin, vous chercherez peut-être à vous
» enfuir. Si votre conscience vous dit que vous êtes
» innocent, il n'y a pas le moindre doute que vous
» reviendrez. Que je sache si j'ai été votre dupe et
» si, au moment où je me laissais aller à votre ex-
» térieur de candeur et de simplicité, je n'étais que
» l'instrument d'un déterminé fripon. Si vous venez,
» j'engage ma foi que, pourvu que vous laviez votre
» réputation, non-seulement vous aurez la liberté
» d'aller partout où il vous plaira, mais que vous
» aurez de moi tous les secours qui peuvent être en
» mon pouvoir. Prenez-y garde ! je ne m'engage à
» rien de plus.

» Valentin FORESTER. »

Quelle lettre ! pour une âme comme la mienne, brûlante de l'amour de la vertu ; une pareille lettre était capable de ramener, d'un bout de la terre à l'autre, celui à qui elle était adressée. Mon âme était pleine de confiance et d'énergie. J'étais sûr de mon innocence et bien résolu à la prouver. Tout à l'heure je consentais à être fugitif dans le monde; je me réjouissais même d'errer sans secours et sans autre ressource que mon industrie. Jusque-là je laissais faire Falkland : je lui abandonnais les biens de la fortune. Mais ma liberté, mais mon honneur, c'était bien différent! « Je ne souffrirai pas, dis-je, qu'il souille mon nom! »

Je repassai dans mon esprit chaque incident remarquable qui avait pu m'arriver dans la maison de M. Falkland. Excepté l'affaire du coffre mystérieux, je ne me rappelais rien dont on pût faire sortir l'ombre d'une accusation criminelle. Dans cette affaire, ma conduite, sans nul doute, avait été extrêmement répréhensible, et je n'y avais jamais pensé sans me la reprocher vivement. Mais je ne voyais pas que cette action fût de la nature de celles qu'on peut soumettre à la censure des lois. Bien moins encore pouvais-je me persuader que M. Falkland, que la seule possibilité de se voir découvert faisait frissonner, et qui devait se regarder comme entièrement à ma discrétion, osât jamais mettre en avant un fait si étroitement lié avec la cause de ses éternelles angoisses. En un mot, plus je méditais sur les expressions du billet de M. Forester, moins je pouvais m'imaginer la nature des scènes dont elles étaient en quelque sorte le prélude.

Toutefois, le mystère caché sous ces expressions

ne suffisait pas pour accabler mon courage. Mon caractère semblait subir une révolution complète. Quelque timide, quelque embarrassé que j'eusse été quand je regardais M. Falkland comme mon ennemi secret, je comprenais que les circonstances étaient totalement changées. « Falkland, me dis-je, accuse-moi ouvertement : si nous devons lutter ensemble, que ce soit à la face du jour; et, quelque redoutables que soient tes armes, je ne te crains pas! »

L'innocence et le crime me paraissaient les deux choses du monde les plus opposées. Je ne pouvais me persuader que la première pût jamais être confondue par l'autre, à moins que l'innocent ne fût trahi par son propre courage. Un des rêves favori de ma jeunesse était la vertu supérieure à la calomnie, déjouant par sa simplicité franche les artifices du vice, et faisant retomber sur son adversaire toute la honte dont il avait espéré la couvrir. J'étais décidé à ne pas contribuer à la perte de M. Falkland, mais je ne l'étais pas moins à obtenir moi-même justice.

Je vais raconter le résultat de cette confiance; et ce fut avec cette candeur généreuse que je me précipitai dans une ruine complète.

« Ami, dis-je au porteur de la lettre après un long silence, vous avez raison. Vous m'avez remis une lettre bien extraordinaire, en vérité; mais certainement je vous suivrai, quelles qu'en soient les conséquences. Jamais personne ne pourra jeter de blâme sur moi, tant qu'il sera en mon pouvoir de me justifier. »

Je sentis, dans la position où me mettait la lettre de M. Forester, non pas seulement la volonté, mais l'empressement et l'impatience de retourner. Nous nous procurâmes un second cheval, et nous fîmes notre route, mon compagnon et moi, dans le plus parfait silence. Pendant ce temps, mon esprit était sans cesse occupé à chercher l'explication de la lettre de M. Forester. Je connaissais bien toute la rigueur et l'obstination de M. Falkland à poursuivre les desseins qu'il avait le plus à cœur; mais je savais aussi que tout principe de vertu et de magnanimité était naturel à son caractère.

Quand nous arrivâmes, il était plus de minuit, et nous fûmes obligés de réveiller un des domestiques pour nous ouvrir. Je trouvai que M. Forester, dans l'idée que je pourrais arriver pendant la nuit, avait laissé un billet pour moi, dans lequel il me marquait de me mettre aussitôt au lit, et de prendre soin de n'être pas dans un état de fatigue ou d'épuisement pour l'affaire du lendemain. Je tâchai de me conformer à son avis, mais j'eus un sommeil agité et très-peu propre à réparer mes forces. Mon courage n'en fut pas abattu; la singularité de ma situation, mes conjectures sur le présent, mes craintes sur l'avenir, ne m'auraient pas même laissé la possibilité de m'abandonner à la langueur et à l'inactivité.

Le lendemain matin, la première personne que je vis fut M. Forester. Il me dit qu'il ne savait pas encore ce que M. Falkland avait à alléguer contre moi, parce qu'il n'avait pas voulu le savoir. Il était venu le jour précédent à la maison de son frère, où il avait un rendez-vous pour régler quelques affaires indispensables, avec l'intention de repartir aussitôt que les affaires seraient terminées, sachant bien que cette façon d'agir serait la plus agréable à M. Falkland. Mais il avait trouvé toute la maison en émoi, parce qu'on venait d'avoir depuis quelques heures la première alerte de mon évasion. M. Falkland avait dépêché des domestiques à ma poursuite sur tous les points, et il en était revenu un au moment de l'arrivée de M. Forester, portant la nouvelle qu'une personne conforme au signalement donné, avait été vue le matin à la ville, demandant une voiture pour Londres.

M. Falkland avait paru extrêmement troublé de ce rapport, et s'était emporté contre moi avec la dernière aigreur, m'appelant le plus ingrat et le plus dénaturé coquin du monde.

« Monsieur, avait repris M. Forester, prenez un peu plus garde à ce que vous dites; c'est un terme bien dur que celui de *coquin*, et il ne faut pas s'en servir légèrement. Les Anglais sont libres, et un homme ne doit pas être appelé *coquin* pour avoir voulu chercher une autre manière de gagner sa vie. »

M. Falkland avait secoué la tête, et, avec un sourire plein d'amertume : « Mon frère, mon frère, avait-il dit, vous êtes la dupe de ses artifices. Pour moi, il m'a toujours été suspect, et je me doutais de la perversité de son caractère; mais je viens de découvrir...

— Arrêtez, monsieur, avait interrompu M. Forester; je croyais, je l'avoue, que dans un moment d'aigreur vous pouviez employer contre lui des expressions dures sans y attacher de sens déterminé; mais si vous avez quelque grief sérieux contre Williams, je vous prie qu'il n'en soit pas question entre nous avant que je sache si ce garçon est à portée d'être entendu. Pour mon propre compte, je ne me soucie guère de l'opinion des autres. C'est une chose que le monde accorde ou retire avec si peu d'examen, qu'il est impossible de rendre la moindre raison des jugements qu'il porte. Mais cette considération ne m'autorise pas à prendre légèrement une mauvaise opinion de quelqu'un. Le moins que je puisse faire en faveur de ceux qui sont assez malheureux pour encourir le mépris et la haine publiques, c'est d'exiger qu'ils aient été préalablement entendus dans leur défense. Une règle très-sage dans nos lois veut que le juge monte sur le siége sans rien connaître du fond de la cause sur laquelle il va prononcer; et, comme particulier, je suis décidé à me conformer à cette règle. Je trouve juste de procéder contre un coupable d'une manière sévère et inflexible; mais plus je mettrai de rigueur dans les conséquences, plus je veux d'impartialité dans les préliminaires. »

Pendant que M. Forester me rapportait ces détails, il me voyait prêt à l'interrompre à chaque mot, tant j'étais tourmenté du besoin d'exprimer une partie des sentiments qu'excitait en moi son récit; mais il ne voulut jamais me laisser parler. « Non, non, Williams, me dit-il, je n'ai pas voulu entendre M. Falkland contre vous; je ne veux pas non plus entendre votre défense. Dans ce moment-ci je suis venu pour vous parler, et non pas pour vous écouter. J'ai cru à propos de vous avertir de votre danger; mais je n'ai rien de plus à faire pour le présent. Réservez pour un autre moment ce que vous avez à dire; arrangez votre défense du mieux qu'il vous sera possible; qu'elle soit vraie, si la vérité, comme je l'espère, peut vous amener à votre but, sinon la plus plausible et la plus ingénieuse que vous pourrez l'imaginer. Le soin de notre propre défense exige le concours de tous nos moyens; un homme qui se trouve mis en jugement a tout le monde contre lui, et reste seul contre tout le monde. Adieu, que le ciel vous envoie une heureuse délivrance. Si l'accusation de M. Falkland, quelle qu'elle soit, n'était que l'effet de la précipitation, comptez sur moi comme sur un ami plus zélé que jamais; sinon, voici le dernier témoignage d'amitié que vous recevrez de moi. »

On peut croire que cette harangue si singulière, si grave, si chargée de menaces conditionnelles, n'était guère propre à calmer l'anxiété de mon âme. J'ignorais totalement les griefs qu'on m'imputait, et ce n'était pas un petit sujet de surprise pour moi, tandis qu'il était en mon pouvoir d'être pour M. Falkland le plus formidable des accusateurs, de voir cependant tous les principes de l'équité assez complétement renversés pour que l'homme innocent et muni d'une arme aussi forte fût la partie accusée et souffrante, au lieu d'avoir, comme il était juste, le véritable criminel à sa merci. J'étais encore plus étonné de cette puissance surnaturelle qui semblait être dans les mains de M. Falkland pour ramener ainsi, d'une manière irrésistible, dans la sphère de son autorité, l'objet de sa persécution; réflexion qui ne laissait pas de décourager un peu cette soif d'indépendance qui était alors la passion dominante de mon âme.

Mais ce n'était pas le moment des réflexions. Pour l'homme opprimé et malheureux, les événements paraissent s'écarter de leur cours naturel, tandis qu'entraîné lui-même avec eux par une force insurmontable, tous ses efforts ne peuvent en modérer la rapidité. On me laissa seulement quelques instants pour me recueillir, et l'on procéda à l'instruction de mon procès. Je fus conduit à la bibliothèque où j'avais passé tant de moments heureux dans les plus paisibles méditations. Là, je trouvai M. Forester et trois ou quatre des gens de la maison, déjà assemblés, et qui m'attendaient ainsi que mon accusateur. Tout était disposé de manière à me faire sentir que je n'avais à compter que sur la justice des parties intéressées, et que je ne devais rien attendre de leur merci. M. Falkland entra par une porte presqu'au moment où j'entrais par l'autre.

FIN DU TOME PREMIER

TABLE

COULOMMIERS. — Typogr. A. MOUSSIN.

www.ingramcontent.com/pod-product-compliance
Ingram Content Group UK Ltd.
Pitfield, Milton Keynes, MK11 3LW, UK
UKHW020434200726
13857UKWH00002B/411

9 782011 749